高等院校金融学专业核心课程精

金融工程

第二版

FINANCE ENGINEERING

王安兴 编著

上海财经大学出版社

图书在版编目(CIP)数据

金融工程/王安兴编著. —2版. —上海：上海财经大学出版社,2016.10
高等院校金融学专业核心课程精品教材
ISBN 978-7-5642-2567-4/F.2567

Ⅰ.①金… Ⅱ.①王… Ⅲ.①金融工程-高等学校-教材 Ⅳ.①F830.49

中国版本图书馆 CIP 数据核字(2016)第 249943 号

□ 责任编辑　刘光本
□ 责编邮箱　lgb55@126.com
□ 封面设计　杨雪婷

JINRONG GONGCHENG

金 融 工 程

(第二版)

王安兴　编著

上海财经大学出版社出版发行
(上海市武东路 321 号乙　邮编 200434)
网　　址:http://www.sufep.com
电子邮箱:webmaster @ sufep.com
全国新华书店经销
同济大学印刷厂印刷
上海叶大印务发展有限公司装订
2016 年 10 月第 1 版　2016 年 10 月第 1 次印刷

787mm×1092mm　1/16　印张 14　349 千字
印数:5001—8000　定价:45.00 元

前言 Foreword

进入 21 世纪，金融工程在中国的应用日益普及，市场对金融工程人才的需求越来越多。为了适应市场对高质量金融工程人才的需求，结合十余年金融工程本科与硕士研究生教学经验，笔者对 2006 年版的《金融工程学》进行重大修改，以适应新形势下的金融工程人才培养需求。

金融工程的研究与实践包括金融工程工具、金融工程理论、金融工程技术和金融工程应用四个部分。为适应市场对金融工程人才的要求，本教材也按照这四个部分编写。

第一编"金融工程基础工具"分别介绍基本的衍生工具——远期与期货、期权、互换。在简单介绍中国衍生产品市场后，基于套利交易思想详细介绍了这三种衍生工具价格行为。

第二编"衍生证券的估价"简明扼要地介绍了资产定价理论，并分别用套利定价、风险中性测度定价和随机贴现因子定价三种方法给出二叉树模型和几何布朗运动模型下的衍生证券定价公式，通过丰富的案例介绍衍生证券价格的计算方法。最后简明介绍多因素模型的应用。

第三编"估值的数值分析方法"介绍数值分析原理、蒙特卡罗模拟、偏微分方差与有限差分方法在金融工程计算中的应用，用丰富的计算案例解释和比较各种计算方法。需要 Matlab 计算程序的读者可以向笔者索取。

第四编"金融工程应用"首先介绍金融创新、金融创新方法和各种创新产品，解释金融产品设计方法，对著名金融产品进行分析。然后分析衍生产品交易，不仅讨论套期保值交易和套利交易，也讨论投机交易，并且对各种类型的衍生产品交易给出案例，方便读者了解衍生产品交易的潜在机会与风险。最后介绍风险价值与风险管理方法。

本书用通俗的语言详细介绍了衍生产品的估价理论和估价技术，只要读者具有微积分和概率论的初步知识，就可以学习和掌握衍生产品的估价理论和估价技术。因此，本教材适合作为金融工程专业本科生、其他财经专业本科生和硕士研究生的金融工程学课程的教材，也可以作为相关金融从业人员学习和应用金融工程学的参考书。

偏重金融衍生品应用的读者可以主要学习第一编、第二编和第四编，偏重金融工程技术的读者可以主要学习第一编、第二编和第三编。如果读者希望系统学习金融工程的理论、技术与应用，则本书将是一本完美的教材。

笔者依据实际教学经验，在参阅了国内外大量文献的基础上编写而成，主要参考书目列于书后的参考文献中。若有重要遗漏，万望谅解。对本书错误和不尽如人意之处，恳请广大读者提出宝贵意见。

本书的出版受到上海财经大学教材建设项目（秉文计划，金融学类专业教学改革项目）的资助，在此笔者表示衷心的感谢。

王安兴

2016 年 10 月

目录 Contents

■ 前言/001

第一编　金融工程基础工具

■ 第一章　远期与期货/003
　第一节　中国的远期市场与期货市场/003
　第二节　远期与期货的基本概念/008
　第三节　远期与期货合约价格/010
　第四节　常见远期与期货分析/013
　本章小结/019
　问题与习题/019

■ 第二章　期权/021
　第一节　中国期权市场/021
　第二节　期权的基本概念/023
　第三节　期权价格/027
　第四节　期权组合与损益分析/030
　本章小结/037
　问题与习题/037

■ 第三章　互换/038
　第一节　中国互换市场/038
　第二节　互换的基本概念/039
　第三节　互换的简单应用/041
　第四节　利率互换合约定价/046

第五节 货币互换合约定价/051
第六节 其他互换/052
　本章小结/054
　问题与习题/054

第二编　衍生证券的估价

■ 第四章　资产价格行为与资产定价理论/057
第一节 基本资产价格行为模型/057
第二节 多因素模型/063
第三节 基本资产定价理论/066
　本章小结/068
　问题与习题/068

■ 第五章　衍生证券价格的计算/070
第一节 股票衍生产品定价/070
第二节 利率衍生证券定价/076
第三节 常见衍生产品的估价/078
　本章小结/080
　问题与习题/081

■ 第六章　多因素模型及其应用/083
第一节 市场模型与记账单位/083
第二节 本币和外币作为记账单位/085
第三节 远期测度/089
第四节 二因素扩散模型的应用/091
　本章小结/092
　问题与习题/092

第三编　估值的数值分析方法

■ 第七章　数值分析原理/097
第一节 数值计算误差的来源/097
第二节 误差和算法不稳定性/103
第三节 函数近似与插值/105
第四节 迭代法与方程求解/107
第五节 二叉树模型的应用/108

本章小结/114

问题与习题/115

■ 第八章　蒙特卡罗模拟/116

第一节　蒙特卡罗模拟基本原理/116

第二节　模拟随机变量/118

第三节　重复次数的选择/120

第四节　方差减少技术/121

第五节　准蒙特卡罗模拟/127

第六节　估价衍生证券——蒙特卡罗模拟的应用/127

本章小结/136

问题与习题/137

■ 第九章　偏微分方程与有限差分方法/138

第一节　偏微分方程引言和分类/138

第二节　有限差分方法数值解/139

第三节　显性和隐性有限差分方法/140

第四节　有限差分方法估价欧式期权/142

第五节　有限差分方法估价奇异期权和美式期权/147

本章小结/150

问题与习题/151

第四编　金融工程应用

■ 第十章　金融创新与金融产品设计/155

第一节　金融创新的需求/155

第二节　20世纪70年代以来的创新产品/158

第三节　金融产品创新/160

第四节　复合金融工具创新/165

第五节　金融产品设计/166

第六节　著名金融产品介绍/168

本章小结/171

问题与习题/172

■ 第十一章　衍生产品交易分析/173

第一节　衍生产品交易/173

第二节　对冲交易/177

第三节　套利交易策略/189
第四节　投机交易与衍生品交易的教训/190
　本章小结/192
　问题与习题/192

■ 第十二章　风险价值与风险管理/194
第一节　风险、风险价值与风险度量/194
第二节　风险价值(VaR)模型/198
第三节　VaR工具与资产管理/202
第四节　著名风险管理系统介绍/206
第五节　套期保值与风险管理/211
　本章小结/212
　问题与习题/212

■ 参考文献/213

第一编

金融工程基础工具

- 远期与期货
- 期权
- 互换

第一章

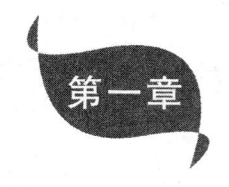

远期与期货

远期与期货合约是最基本的衍生产品,目前已经广泛应用于资产管理、企业风险管理。了解远期与期货价格的性质,已经成为现代经济中风险管理者、投资者、投机者和套利者必须具备的条件。本章下面详细介绍中国的期货与远期产品,以及产品价格的性质、远期和期货价值与远期价格决定的套利交易策略。

第一节 中国的远期市场与期货市场

一 远期与期货市场产品

远期市场是机构签订远期合约的市场。远期合约即一份经济合约,签约双方按照约定的时间、约定的价格买或者卖约定的资产或者商品。签约时间在现在,合约交易对象的交割发生在合约规定的将来。

在中国金融市场中,有债券远期、远期利率协议、人民币外汇远期等金融产品,部分产品信息如下:

1. 人民币外汇远期[①]

产品定义:人民币外汇远期交易是指交易双方以约定的外汇币种、金额、汇率,在约定的未来某一日期(成交日后两个营业日以上)交割的人民币外汇交易。

交易方式:双边询价。

交易币种:USD/CNY、EUR/CNY、JPY/CNY、HKD/CNY、GBP/CNY、AUD/CNY、NZD/CNY、SGD/CNY、CHF/CNY、CAD/CNY、CNY/MYR、CNY/RUB、CNY/ZAR、CNY/KRW。

交易时间:北京时间 9:30~23:30(周六、周日及法定节假日不开市)。

清算方式:双边清算或净额清算。

市场准入:具备银行间外汇市场即期会员资格且取得相关金融监管部门批准的衍生品业务资格的金融机构可根据业务需要单独或一并申请各类银行间人民币外汇衍生品会员。

---

① http://www.chinamoney.com.cn/fe/Channel/2618.

2. 债券远期交易[1]

产品定义：债券远期交易，是指交易双方约定在未来某一日期，以约定价格和数量买卖标的债券的行为。债券远期交易应通过全国银行间同业拆借中心交易系统进行。

标的券种：债券远期交易标的债券券种应为已在全国银行间债券市场进行现券交易的国债、央行票据、金融债券和经中国人民银行批准的其他债券券种。

交易方式：询价交易。

交易期限：远期交易从成交日至结算日的期限（含成交日不含结算日）由交易双方确定，但最长不得超过365天。

交易时间：T+0交易，北京时间上午9：00～12：00，下午13：30～16：50；T+1交易，北京时间上午9：00～12：00，下午13：30～17：00。中国内地法定假日不开市。

交易主体：全国银行间债券市场参与者（简称市场参与者）中，具有做市商或结算代理业务资格的金融机构可与其他所有市场参与者进行债券远期交易，其他金融机构可以与所有金融机构进行债券远期交易，非金融机构只能与具有做市商或结算代理业务资格的金融机构进行以套期保值为目的的债券远期交易。

3. 人民币远期利率协议[2]

产品定义：远期利率协议，是指交易双方约定在未来某一日，交换协议期间内一定名义本金基础上分别以固定利率和参考利率计算利息的金融合约。其中，远期利率协议的买方支付以固定利率计算的利息，卖方支付以参考利率计算的利息。

交易方式：询价交易和点击成交。远期利率协议交易既可以通过交易中心的交易系统达成，也可以通过电话、传真等其他方式达成。未通过交易中心交易系统的，金融机构应于交易达成后的次一工作日将远期利率协议交易情况送交易中心备案。

参考利率：远期利率协议的参考利率应为经中国人民银行授权的全国银行间同业拆借中心等机构发布的银行间市场具有基准性质的市场利率或中国人民银行公布的基准利率，具体由交易双方共同约定。

交易主体：全国银行间债券市场参与者（简称市场参与者）中，具有做市商或结算代理业务资格的金融机构可与其他所有市场参与者进行远期利率协议交易，其他金融机构可以与所有金融机构进行远期利率协议交易，非金融机构只能与具有做市商或结算代理业务资格的金融机构进行以套期保值为目的的远期利率协议交易。

交易时间：北京时间上午9：00～12：00，下午13：30～16：30。中国内地法定假日不开市。

期货市场是个人或机构签订期货合约的市场。所谓期货合约即一份经济合约，签约双方按照约定的时间、约定的价格买或者卖约定的资产或者商品。签约时间在现在，合约交易对象的交割发生在合约规定的将来。

期货是标准化的远期合约。目前，中国主要的期货交易市场有上海期货交易所、郑州商品交易所、大连商品交易所、中国金融期货交易所等。上市交易的期货品种包含金融期货和商品期货。金融期货主要包括股指期货，商品期货包括贵金属与金属期货、能源化工期货、农产品期货和其他商品期货等。

---

[1] http://www.chinamoney.com.cn/fe/Channel/2618.
[2] http://www.chinamoney.com.cn/fe/Channel/2618.

典型期货产品合约如表1.1～表1.4所示。

表1.1　　　　　　　中国金融期货交易所沪深300指数期货合约[①]

合约标的	沪深300指数
合约乘数	每点300元
报价单位	指数点
最小变动价位	0.2点
合约月份	当月、下月及随后两个季月
交易时间	上午：9:15～11:30，下午：13:00～15:15
最后交易日交易时间	上午：9:15～11:30，下午：13:00～15:00
每日价格最大波动限制	上一个交易日结算价的±10%
最低交易保证金	合约价值的12%
最后交易日	合约到期月份的第三个周五，遇国家法定假日顺延
交割日期	同最后交易日
交割方式	现金交割
交易代码	IF
上市交易所	中国金融期货交易所

表1.2　　　　　　　上海期货交易所阴极铜标准合约[②]

交易品种	阴极铜
交易单位	5吨/手
报价单位	元（人民币）/吨
最小变动价位	10元/吨
每日价格最大波动限制	不超过上一个交易日结算价的±3%
合约交割月份	1～12月
交易时间	上午：9:00～11:30，下午：1:30～3:00
最后交易日	合约交割月份的15日（遇法定假日顺延）
交割日期	最后交易日后连续五个工作日
交割品级	标准品：标准阴极铜，符合国标GB/T467-1997标准阴极铜规定，其中主成分铜加银含量不小于99.95% 替代品：高纯阴极铜，符合国标GB/T467-1997高纯阴极铜规定；或符合BS EN 1978:1998高纯阴极铜规定

[①] http://www.cffex.com.cn/flfg/jysgz/jygz.
[②] http://www.shfe.com.cn/products/au.

续表

交割地点	交易所指定的交割仓库
最低交易保证金	合约价值的 5%
交易手续费	不高于成交金额的万分之二(含风险准备金)
交割方式	实物交割
交易代码	CU
上市交易所	上海期货交易所

表 1.3　　　　　　　　　上海期货交易所黄金期货标准合约[①]

交易品种	黄金
交易单位	1 000 克/手
报价单位	元(人民币)/克
最小变动价位	0.01 元/克
每日价格最大波动限制	不超过上一个交易日结算价的±5%
合约交割月份	1~12 月
交易时间	上午：9:00~11:30,下午：1:30~3:00
最后交易日	合约交割月份的 15 日(遇法定假日顺延)
交割日期	最后交易日后连续五个工作日
交割品级	金含量不小于 99.95% 的国产金锭及经交易所认可的伦敦金银市场协会(LBMA)认定的合格供货商或精炼厂生产的标准金锭(具体质量规定见附件)
交割地点	交易所指定的交割金库
最低交易保证金	合约价值的 7%
交易手续费	不高于成交金额的万分之二(含风险准备金)
交割方式	实物交割
交易代码	AU
上市交易所	上海期货交易所

表 1.4　　　　　　　　　中国金融期货交易所 5 年期国债期货合约表[②]

合约标的	面值为 100 万元人民币、票面利率为 3% 的名义中期国债
可交割国债	合约到期月份首日剩余期限为 4~5.25 年的记账式附息国债
报价方式	百元净价报价

[①] http://www.SHFE.com.cn/products/au.
[②] http://www.cffex.com.cn/flfg/jysgz/jygz.

最小变动价位	0.005元
合约月份	最近的三个季月(3月、6月、9月、12月中的最近三个月循环)
交易时间	9:15~11:30,13:00~15:15
最后交易日交易时间	9:15~11:30
每日价格最大波动限制	上一个交易日结算价的±1.2%
最低交易保证金	合约价值的1%
最后交易日	合约到期月份的第二个星期五
最后交割日	最后交易日后的第三个交易日
交割方式	实物交割
交易代码	TF
上市交易所	中国金融期货交易所

除上海期货交易所、中国金融期货交易所有期货交易外,大连商品交易所和郑州商品交易所也是中国重要的商品期货交易市场。

二 保证金

表1.1~表1.4中的最低保证金是交易所要求的保证金,而且交易所有权利随时调整最低保证金。期货交易人员(机构)通常是通过期货公司(经纪商)进行期货交易,期货公司通常也收取保证金。因此,期货交易人员或机构不仅需要支付交易所规定的最低保证金,还需要支付期货公司要求的保证金。

交易所保留随时调整保证金标准的权力。如果期货交易出现涨跌停板,或者遇国家法定长假等情况,交易所可能调整保证金标准。

远期交易是柜台交易,交易对手之间直接签订合约,交易行为不需要保证金。期货合约的交易对手通过期货公司(经纪商)在期货交易所进行交易,交易双方称为经纪商的客户。客户彼此不知道自己的交易对手,似乎自己是和交易所交易。交易行为需要保证金。

所有期货交易所的保证金制度基本相似。每签订一份期货合约,交易双方必须按照其所签订期货合约合同交易价值的一定比例缴纳资金给交易经纪商,用于期货合约的结算和保证履约。这笔资金称为初始保证金。

期货交易所实行当日无负债结算制度。经纪商每天根据期货交易所指定的清算价格进行清算,即在每日交易结束后,交易所按当日结算价结算所有合约的盈亏、交易保证金、手续费、税金等费用,对应收取、应付的款项同时划转,相应增加或减少会员的结算准备金。结果是期货交易双方的保证金账户中的资金经常发生变化。

在期货合约有效期内,期货交易双方的保证金账户不能低于一个最低水平,称为维持保证金。保证金账户中超过初始保证金的部分可以随时转出保证金账户。当保证金低于维持保证金时,经纪商会发出追加保证金通知,客户可以选择在规定时间内补充保证金或自行平仓。如果没有及时补充保证金至初始保证金水平,合约会被经纪商或交易所强行平仓。强行平仓的有关费用和发生的损失由合约的持有者承担。

保证金账户内保证金的变化参见图 1.1。

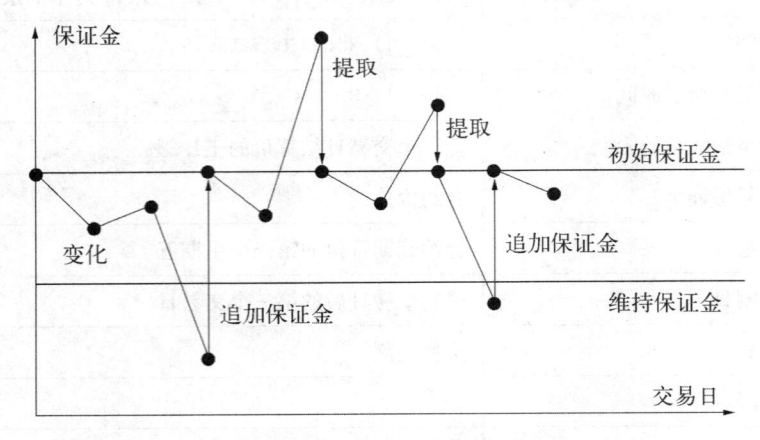

图 1.1 保证金账户变化示意图

例 1.1 保证金制度与每日无负债结算制度的解释。假设某客户开仓买入玉米 1 605 合约 1 手,价格为 2 000,保证金比例为 10%,则该会员的保证金占用为 2 000×10×10%×1＝2 000 元,建议投入资金 2 000×2＝4 000 元(50%仓位)。

当日结算时,若结算价上涨 3%(即 2 060),那么:若满仓操作,则盈利为(60×10)/2 000＝30%;若仓位为 50%,则收益率为(60×10)/4 000＝15%。

若结算价下跌 3%(即 1 940),那么:满仓操作,亏损则为 600 元,保证金需占用 1 940×10×10%＝1 940,需追加 1 940－(2 000－600)＝540 元;若仓位为 50%,则不需追加保证金。

第二节 远期与期货的基本概念

一 远期合约

定义 1.1 一份经济合约称为远期合约,签订合约的双方承诺在确定的将来时间、按确定的价格购买或出售某项资产。

习惯上称远期合约为远期,称签订的合约为交易双方的头寸。其中,购买标的资产的一方称为多头方或多头,出售标的资产方称为空头方或空头。合约中确定的价格称为交割价格,合约到期日称为交割日期。远期合约是机构之间签订的非标准化的合约,通常没有集中交易远期合约的市场。

远期合约在签约时,我们假设合约对于签约双方而言是公平合约,如果有一方在合约签订后立即将这个合约转让给第三方,第三方不需要为了得到这份合约而支付任何费用。这时,远期合约的价值为零。

定义 1.2 如果当前签订合约时,对签约双方而言,远期合约价值为零,则该合约的交割价格称为当前的远期价格。

由于标的资产的市场价格每天都在变化,并且每天市场对合约到期日的价格预期都在变化,不同时期签订的远期合约,其交割价格也会不同,远期价格会随着时间的变化而变化。特别地,当远期合约到期时,远期合约标的资产的市场价格通常不等于合约的交割价格,合约的多头方和空头方各有损益。远期合约多头方的损益(收益、回报)为 $S_T - K$,空头方的损益正好与多头方相反,为 $K - S_T$。其中,K 是合约的交割价格,S_T 是合约到期时标的资产的市场价格。合约到期日远期合约的损益参见图 1.2。

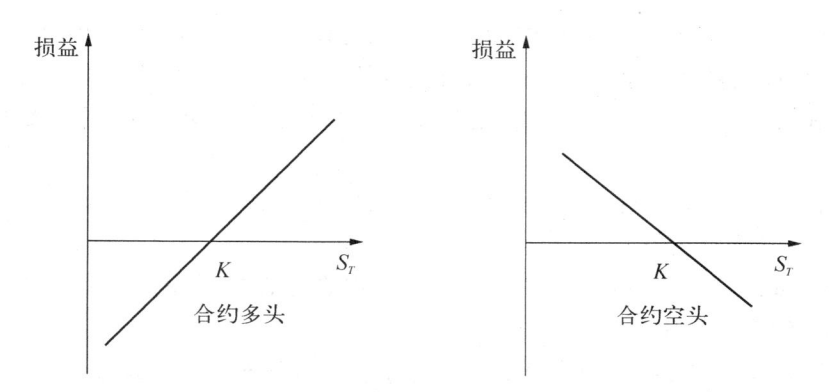

K=执行价格　S_T=T时资产的市场价格

图 1.2　远期或期货合约的合约损益状态(支付情况)

二　期货合约(期货)

定义 1.3　一份经济合约称为期货合约,签订合约的双方承诺在确定的将来时间、按确定的价格购买或出售某项资产。

习惯上称期货合约为期货,称期货合约标的资产为现货,签订的合约为交易双方的头寸。其中,期货合约通常在交易所内交易,合约条款由交易所制定,是标准化的合约。购买标的资产方称为多头方或为多头。出售标的资产方称为空头方或空头。合约中确定的价格称为交割价格。合约到期日称为交割日期。期货合约通常简称为期货,与现货对应。

定义 1.4　如果当前签订合约时,对签约双方而言,期货合约价值为零,则该合约的交割价格称为当前的期货价格。

金融市场信息报告中的期货价格行情,通常是指到期日相同的期货价格的时间序列。不同到期日的期货合约有不同的期货行情。随着时间的推移,期货价格不断变化,这是因为合约剩余期限在变化,现货价格也在变化。

与远期合约的性质相似,期货价格会随着时间的变化而变化。当期货合约到期时,期货合约标的资产的市场价格通常不等于合约的执行价格,合约的多头方和空头方各有损益。合约到期日期货合约的损益与远期合约的损益相同(参见图 1.2)。

与远期合约不同的是,期货合约在交易所交易,而远期合约则是在签约双方自己选定的地点签约。期货合约是标准化的协议,在协议中交易所已经指定合约应交割的资产数额、期货价格的标价方法、(可能)任何一天中期货价格变化的范围等内容。期货合约交易的多头方和空头方不能修改合约内容,只能接受或拒绝合约。而远期合约的内容由合约签约双方自己拟定,他们可以对合约的条款进行修改。

第三节　远期与期货合约价格

一 远期价格

记 T 为远期合约到期时刻,t 为现在时刻,S_t 为标的资产 t 时刻的价格,S_T 为标的资产到期时刻的价格,K 为合约中的交割价格,f 为 t 时刻远期合约多头的价值,F 为 t 时刻的远期价格,r 为 t 时刻连续复利的无风险年利率。在下面的分析中,我们假设市场是完善的和有效的,没有税收和交易成本,可以无限制地进行买空卖空交易,市场中不存在无风险套利的机会。

远期价格 F 完全不同于远期合约的价值 f。在合约签订的瞬间,$F=K$,$f=0$。随着时间 t 的变化,F 和 f 都在变化。

性质 1.1　如果远期合约的标的资产为不支付收益的证券,则远期合约的价值 $f=S-Ke^{-r(T-t)}$,远期价格 $F=Se^{r(T-t)}$。

证明　考虑两个资产组合,组合 A 由一个远期合约多头加一笔数额为 $Ke^{-r(T-t)}$ 的现金构成,现金用于投资无风险资产。组合 B 是一个单位的期货合约标的资产。

设想当期货合约到期时,组合 A 的现金部分的价值为 K,被用来履行期货合约,得到一份资产。而组合 B 正好是一份资产。所以,组合 A 和组合 B 在期货合约到期时完全相同。

由于期货合约仅在合约到期日才能被执行,组合 A 与组合 B 的将来价值或现金流完全相同。因此,在今天,组合 A 的价值必须等于组合 B 的价值;否则,必然有一个组合相对贵、一个相对便宜。在今天卖空相对贵的组合,买进便宜的组合,可以得到正的现金收入。等到期货合约到期时,则多头头寸和空头头寸正好相互抵消,没有任何债务。这样,在市场上就可以获得无风险套利的机会。而这在正常的市场上是不可能的。所以,在今天必然有组合 A 的价值等于组合 B 的价值,即 $f+Ke^{-r(T-t)}=S$。于是,$f=S-Ke^{-r(T-t)}$。

在新的远期合约生效时,远期价格应该使远期合约的价值为 0。所以,令远期合约的价值 $f=S-Ke^{-r(T-t)}=0$,得到的执行价格就是远期价格。于是,远期价格为:

$$F=Se^{r(T-t)}$$

例 1.2　市场交易的某股票今天的价格是每股 17.50 元,连续复利的无风险利率 $r=10\%$。如果一投资者希望签订购买该股票的远期合约,在 7 个月后购买 352 股该股票,则投资者公平的远期价格为 $F=17.50\times e^{0.10\times 7/12}=18.5512$,在合约到期日,投资者需要支付 6 530.02 元人民币,得到 352 股该公司股票。

如果有投资者愿意以 $F=19$ 的远期价格与你签订 7 个月后买该公司股票的远期合约,则你应该立刻与该投资者签约。同时,以连续复利的无风险利率 $r=10\%$ 借款 17.50 元,借款的期限是 7 个月,然后用借来的 17.50 元按照市场价格买 1 股该股票。这样,7 个月后,你履行远期合约,出售手中的股票给该投资者,得到 19 元,用 $17.50 \times e^{0.10 \times 7/12} = 18.5512$ 元偿还借款的本息,剩余 0.4488 元。这样,你就可以得到无风险利益。

反之,如果有投资者愿意以 $F = 18$ 的远期价格与你签订 7 个月后卖该公司股票的远期合约,则你应该立刻与该投资者签约,同时进行股票的卖空交易,出售 1 股该股票,卖空期限是 7 个月,得到 17.50 元。将这笔钱按照无风险利率储蓄,期限是 7 个月。在 7 个月到期后,储蓄得到的本金和利息是 18.5512 元,用 18.00 元履行远期合约,得到 1 股股票,用该股票偿还卖空的股票。这样你得到无风险收益 0.5512 元。

例 1.3 如果一份远期合约的执行价格是 15230 元,剩余到期期限还有 8 个月,一份合约约定购买 100 股股票,市场无风险利率是 10%,该股票价格是每股 150.50 元。则对该远期合约的多头方,合约的价值是 $f = S - Ke^{r(T-t)} = 150.50 \times 100 - 15230 e^{-0.10 \times 8/12} = 1229.94$ 元;对空头方,合约的价值是 1229.94 元。当前的远期价格是

$$F = Se^{r(T-t)} = 14079.38(元)$$

性质 1.2 已知远期合约的标的资产支付现金收益,在远期合约有效期内资产支付现金收益的现值为 I,则远期合约的价值 $f = S - I - Ke^{-r(T-t)}$,远期价格 $F = (S-I)e^{r(T-t)}$。

证明 考虑两个资产组合,组合 A 由一个远期合约多头加一笔数额为 $Ke^{-r(T-t)}$ 的现金构成,现金用于投资无风险资产。组合 B 是一个单位的期货合约标的资产加一笔以无风险利率 r 借的 I 资金。

设想当期货合约到期时,组合 A 的现金部分的价值为 K,被用来履行期货合约,得到一份资产。而组合 B 用期货合约标的资产的收益偿还债务后,正好也是一份资产。所以,组合 A 和组合 B 在期货合约到期时完全相同。

由于期货合约仅在合约到期日才能被执行,组合 A 与组合 B 的将来现金流完全相同。由于市场没有无风险套利机会,在今天,组合 A 的价值必须等于组合 B 的价值。所以,必然有 $f + Ke^{-r(T-t)} = S - I$,于是,

$$f = S - I - Ke^{-r(T-t)}$$

在新的远期合约生效时,远期价格应该使远期合约的价值为 0。所以,令远期合约的价值 $f = S - I - Ke^{-r(T-t)} = 0$,得到的执行价格就是远期价格。于是,

$$F = (S-I)e^{r(T-t)}$$

例 1.4 考虑一股票远期合约的多头,期限是 10 个月,股票今天的市场价格是每股 17.50 元,连续复利的无风险利率 $r = 10\%$,公司股票在 3 个月、6 个月和 9 个月后每股分红为 0.25 元,则红利的现值是 $I = 0.25 e^{-0.10 \times 3/12} + 0.25 e^{-0.10 \times 6/12} + 0.25 e^{-0.10 \times 9/12} = 0.713571$,于是远期价格是

$$F = (17.50 - 0.713571)e^{-0.10 \times 10/12} = 18.14524(元)$$

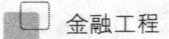

性质 1.3 如果远期合约的标的资产按照连续复利率 q 支付红利,则远期合约的价值为 $f = Se^{-q(T-t)} - Ke^{-r(T-t)}$,远期价格为

$$F = Se^{(r-q)(T-t)}$$

证明 考虑两个资产组合,组合 A 由一个远期合约多头加一笔数额为 $Ke^{-r(T-t)}$ 的现金构成,现金用于投资无风险资产。组合 B 是 $e^{-q(T-t)}$ 单位的期货合约标的资产,并且将资产的所有收入再投资于该资产。

设想当期货合约到期时,组合 A 的现金部分的价值为 K,被用来履行期货合约,得到一份资产。而组合 B 在期货合约到期时,正好也是一份资产。所以,组合 A 和组合 B 在期货合约到期时完全相同。由于期货合约仅在合约到期日才能被执行,组合 A 与组合 B 的将来现金流完全相同,它们今天的价值也应该相同。于是,在市场不存在无风险套利机会的条件下,有 $f + Ke^{-r(T-t)} = Se^{-q(T-t)}$,从而性质获证。

例 1.5 考虑一股票远期合约的多头,期限是 6 个月,股票今天的市场价格是每股 17.50 元,连续复利的无风险利率 $r = 10\%$,公司股票的连续红利率是 4%,于是,远期价格是

$$F = 17.50e^{(0.10-0.04)\times 6/12} = 18.03295(\text{元})$$

性质 1.4 $f = (F-K)e^{-r(T-t)}$,K 为原来合约的交割价格,F 为 t 时刻的远期价格。

证明 由性质 1.1、性质 1.2、性质 1.3 立即可得。

例 1.6 考虑一股票远期合约的多头,期限还有 6 个月,远期合约的执行价格是 18.00 元。股票不分红,今天股票的市场价格是每股 17.50 元,连续复利的无风险利率 $r = 10\%$,于是,远期价格是 $F = 17.50e^{0.10\times 6/12} = 18.39724(\text{元})$,远期合约的价值是

$$f = (18.39724 - 18.00)e^{-0.10\times 6/12} = 0.37787(\text{元})$$

二 期货价格与远期价格

从期货价格与远期价格的定义可以看出,两者之间的关系相当密切。事实上,如果无风险利率恒定,且对所有期限都不变(水平利率期限结构),两个标的资产相同、交割日相同的远期合约和期货合约有相同的价格。如果利率是已知时间的函数,两个交割日相同的远期合约和期货合约有相同的价格。

但是,由于利率期限结构通常不是水平的,利率的变化不可预测,远期合约和期货合约价格通常不是相同的。产生这种差异的主要原因,是由于期货合约在交易所交易,而远期合约是机构之间的商业合约。在交易所进行期货交易,实行保证金交易制度,并且期货合约每日结算。每日结算导致事实上每天都有资金的交付,引致交易成本。这种交易成本与利率关系

密切。如果合约标的资产的价格 S 与利率正相关,当 S 上升时,由于实行每日结算制度,期货合约的多头方获得现金,可以将现金按照市场利率进行投资。因为标的资产的价格 S 与利率正相关,这时的投资利率平均而言比较高。当 S 下跌时,期货合约的多头方亏损,需要支付现金,而这时,很可能利率较低,多头方可以较低的利率融资。因此,在标的资产的价格与利率正相关时,多头方有利,期货价格会高于远期价格。

而远期合约是不同的两个交易者(机构)之间的合约,不需要进行每日结算。因此,在合约有效期内不会发生成本。这样,导致期货价格与远期价格可能的差异。

如果标的资产价格 S 与利率正相关,则期货价格比远期价格高;如果 S 与利率负相关,则期货价格比远期价格低。不过,如果期货合约与远期合约的有效期不长,仅为数月时,期货价格和远期价格之间的差异很小,可以忽略不计。因此,在大多数情况下,我们假设期货价格等于远期价格。当期货价格与远期价格差异比较大时,我们必须区分期货价格与远期价格,并且关注这些差别对资产选择和风险管理的意义。

随着期货合约期限的增加,远期价格和期货价格的差异可能很大,而且这种差异的大小与期货合约的标的资产种类也有关。实证研究表明,如果标的资产是金融产品,期货价格与远期价格之间的差别可能较小;如果标的资产是商品,那么期货价格与远期价格之间的差别可能较大。

第四节 常见远期与期货分析

一 股票指数期货

股票指数反映一个假想的股票组合的价值变化,每种股票在组合的权重等于该股票的市场价值与该股票组合的总市场价值的比。股票指数随时间的变化定义为假想的股票组合的价值变化,如沪深 300、上证 50、中证 500 指数等指数产品。

大多数股票指数不因这个股票组合的成分股票派发现金红利而调整指数值,因此,在分析股票指数和指数期货时,股票指数可以看作支付红利的股票。

股票指数期货的标的资产是股票指数,股票指数期货的价格通常是现金而不是交割标的指数。因为交割指数中的成分股票非常麻烦,需要交割大量股票,在技术上通常是不可行的。股票指数期货的结算价格是合约中指定的指数值,通常是交割日股票收盘时的指数收盘价。合约交割价格与指数收盘价之差乘以合约份数就是交割金额。

中国金融期货交易所目前有三个股指期货产品:沪深 300 指数期货、上证 50 指数期货和中证 500 指数期货。其中,沪深 300 指数期货每份合约价值为指数点数乘以 300 元,现金交割。详细的产品介绍请访问中国金融期货交易所网站。

大部分指数可以看作支付红利的证券,这个证券是指数的成分股的股票组合,指数红利是持有这个股票组合成分股票投资者所得到的红利之和。如果认为红利是连续支付的,则记 q 是红利收益率;如果认为红利是在不同时间一次性支付的,则记 I 为期货合约有效期内指数红利的现值。

性质 1.5 如果指数的连续红利率是 q,则股票指数的期货价格是 $F = Se^{(r-q)(T-t)}$;如果在期货合约有效期内指数红利的现值是 I,则股票指数的期货价格是

$$F = (S-I)e^{r(T-t)}$$

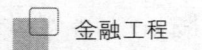

证明 根据性质 1.2、性质 1.3,本性质显然成立。

例 1.7 考虑 3 个月的 S&P500 指数期货,假设这个指数中的股票红利率是每年 3%,当前指数值是 950,无风险利率是每年 8%,则期货价格是

$$F = 950e^{(0.08-0.03)\times 3/12} = 961.9495(元)$$

二 货币的远期和期货

货币远期和期货合约是指买卖外汇的合约,合约的标的资产是一定数量的外国货币。假设 S 是本币表示的一单位外汇的即期价格,K 是远期合约中指定外汇的交割价格,外汇持有人能获得发行国货币的无风险利率的收益,设外汇的无风险利率为 r_f,本币无风险利率为 r。

性质 1.6 外汇远期合约价值为 $F = Se^{-r_f(T-t)} - Ke^{-r(T-t)}$,远期价格为

$$F = Se^{(r-r_f)(T-t)}$$

这个结论就是国际金融中广为人知的利率平价关系。

证明 将外币理解为生息金融资产,根据性质 1.3,本性质显然成立。

例 1.8 利用期货、现货价格关系,可以制定期、现套利交易策略。对于货币期货与现货交易,如果 $F > Se^{(r-r_f)(T-t)}$,表明市场中外币远期被高估、现货被低估,应该卖出远期、买入现汇进行套利。套利交易步骤如下:

(1) 在国内货币市场以利率 r 借 $Se^{-r_f(T-t)}$,时间 T 偿还借款;
(2) 用这笔借款在外汇现货市场买外汇 $e^{-r_f(T-t)}$,以国外的无风险利率 r_f 投资这笔现汇,投资时间为 T;
(3) 签订一个单位外汇的远期合约空头。

在期货合约到期时间 T,由于有利息收入,外币资产是一个单位外币。投资者用这笔外汇履行远期合约,得到本币 F;投资者需要偿还借款 $Se^{(r-r_f)(T-t)}$,而 $F > Se^{(r-r_f)(T-t)}$,投资者获得无风险净利润 $F - Se^{(r-r_f)(T-t)}$。

反之,如果 $F < Se^{(r-r_f)(T-t)}$,表明市场中外币远期被低估、现汇被高估,应该远期买入、现汇卖出进行套利。套利交易步骤如下:

(1) 在国外货币市场以利率 r_f 借 $e^{-r_f(T-t)}$,时间 T 偿还借款;
(2) 用这笔借款在外汇现货市场买本币 $Se^{-r_f(T-t)}$,以国内的无风险利率 r 投资这笔现汇,投资时间为 T;
(3) 签订一个单位外汇的远期合约多头。

在期货合约到期时间 T,由于有利息收入,本币资产是 $Se^{(r-r_f)(T-t)}$。投资者支付 F 履行远

期合约,得到一个单位的外币,投资者用这个外币偿还借款。因为 $F < Se^{(r-r_f)(T-t)}$,投资者获得无风险净利润 $Se^{(r-r_f)(T-t)} - F$。

三 商品期货

商品期货的标的资产主要有两类:一类是以投资为目的而持有的商品,如黄金、白银,称为投资资产;另一类是以消费为目的而持有的商品,如石油、铜、棉花等,称为消费资产。如果期货合约的标的商品是以投资为目的而持有,则我们可以基于无套利条件给出这种商品期货价格;如果期货合约的标的商品是以消费为目的而持有,则我们仅能给出商品期货价格的上限,不能给出期货价格的定价公式。

1. 投资资产(黄金和白银)期货

持有金融资产几乎不需要花费成本,而持有商品可能产生储存成本。因此,商品期货的价格与金融资产期货价格有所不同。如果将在期货合约有效期内持有商品的成本看作负收益,根据第二节的讨论,我们可以决定商品期货价格。记 S 为商品现货价格,如果存储成本与商品价格无关,则记 U 为期货合约有效期内存储成本现值,U 可以认为是合约有效期内的负收益;如果存储成本总是与商品价格成比例,则记 u 为存储成本与价格比率,u 可以认为是负的红利率。根据第二节的分析,我们有如下性质:

性质 1.7 如果存储商品既没有任何成本,也没有任何收益,则该商品的期货价格和现货价格有如下关系:

$$F = Se^{r(T-t)}$$

如果存储商品的成本是 U,与商品价格无关,则该商品的期货价格和现货价格有如下关系:

$$F = (S+U)e^{r(T-t)}$$

如果存储商品的成本与价格成比例,则该商品的期货价格和现货价格有如下关系:

$$F = Se^{(r+u)(T-t)}$$

读者可以自己去证明。

例 1.9 考虑一年黄金期货合约。假设储存黄金的费用是每年每盎司是 1.5 美元,储存费用在保管结束时支付。黄金的现货价格是一盎司 1 200 美元,无风险年利率是 7%,则储存成本是:

$$U = 1.5e^{-0.07 \times 1} = 1.398\,591$$

远期(期货)价格是

$$F_0 = (1\,200 + 1.398\,591)e^{0.07 \times 1} = 1\,288.509\,818$$

如果当前市场上的期货价格 $F_0 > 537.754\,1$,套利者可以借钱买黄金现货,同时卖空一年的期货合约,锁定将来的黄金价格。在期货合同到期时用卖黄金收入偿还借款,获得无风险收益。如果 $F_0 < 537.7541$，套利者可以借黄金现货、卖出黄金，用收到的卖黄金货款放贷，同时签订黄金期货多头合同。在期货合同到期时买进黄金偿还所借，获得无风险收益。当然，套利交易的所有借贷到期日与期货合约一致。

2. 其他商品(消费或使用)期货

用于消费或使用的商品有使用或消费价值，这类商品期货的价格不完全能用套利方法来决定它的期货价格。

性质1.8 假设商品不是用于投资目的，而仅用于消费和使用。如果存储商品的成本是 U，与商品价格无关，则该商品的期货价格和现货价格有如下关系：

$$F \leqslant (S+U)e^{r(T-t)}$$

如果存储商品的成本与价格成比例，则该商品的期货价格和现货价格有如下关系：

$$F \leqslant Se^{(r+u)(T-t)}$$

证明 我们仅给出储存成本与商品价格无关时的证明，储存成本与商品的价格成比例时的证明作为习题。

首先，我们证明 $F > (S+U)e^{r(T-t)}$ 不可能成立。采用反证法证明。如果 $F > (S+U)e^{r(T-t)}$，则套利者为了利用这个机会，可以进行如下交易活动：

(1) 以无风险利率 r 借钱 $S+U$，购买一个单位的商品，并支付储存费用；

(2) 卖空一个单位的这种商品的期货合约。

这个策略可以确保在 T 时获得确定的利润 $F-(S+U)e^{r(T-t)}$。对任何商品，这个策略都可履行。然而，当套利者这样做时，将倾向于使 S 增加、F 减少。因此，不等式 $F > (S+U)e^{r(T-t)}$ 不可能长期成立，所以

$$F \leqslant (S+U)e^{r(T-t)}$$

下面我们说明，对非投资商品，$F = (S+U)e^{r(T-t)}$ 并不总是成立。

如果 $F < (S+U)e^{r(T-t)}$，对黄金、白银这类投资商品，如果投资者观察到这个不等式关系，他们将发现如下交易可以获利：

(1) 持有期货合约的多头；

(2) 卖空商品(借商品出售)，将收入投资于无风险资产，期货合约到期日是偿还商品的日期，也是无风险资产投资到期日。

如果我们将期货合约看作远期合约，则这个策略可以确保在期货合约到期日 T 时获得确定的利润 $(S+U)e^{r(T-t)}-F$。套利者这样做的结果将倾向于使 F 增加、S 减少。因此，如果商品是用于投资目的，则 $F = (S+U)e^{r(T-t)}$ 一定成立。

但是，如果商品对投资者有使用价值或消费价值，则投资者可能不愿意卖空商品的交易；如果商品对投资者没有使用价值，通常投资者手中不可能持有该商品，需要向其他机构借商品进行卖空交易。但是，拥有该商品的机构通常需要使用或者消费该商品。这样，就没有足够的套利交易的力量使 F 增加或 S 减少。因此，存在 $F < (S+U)e^{r(T-t)}$ 的可能，$F = (S+U)e^{r(T-t)}$ 不一定成立。

3. 便利收益与持有成本

持有商品可以从暂时的商品短缺中获利，或者为生产经营活动带来利益。这种获利或好

处称为具有便利收益。因为存在便利收益,商品的期货价格不完全能通过无套利机会条件获得。

便利收益度量期货价格与套利交易收益之间的差别。对黄金类投资资产,便利收益为零;否则,市场存在套利机会。消费资产行为类似投资资产,提供便利收益。便利收益反映市场关于将来商品可获得性的预期。如果将来很容易得到一个商品,则这个商品的便利收益将很低;如果这个商品将来短缺,则便利收益就很高。显然,便利收益与该商品的存货有关:如果该商品的存货很多,则便利收益就很低;否则就很高。

期货价格与现货价格之间的关系可以用持有成本描述。持有成本是指持有资产所带来的成本,包括存储成本加上融资购买资产所支付的利息,再减去资产的收益。如果期货合约的标的资产是不支付红利的股票,则持有资产的成本就是无风险利率 r,因为持有股票既没有存储成本,也没有收益;如果资产是股票指数,则持有资产的成本就是无风险利率与股息率之差;如果资产是货币,则持有资产的成本就是国内外无风险利率之差。

4. 跨期套利

当市场中交易同一商品不同期限的期货合约时,这些期货价格之间必须满足一定的关系。不然,市场中就存在套利机会。

性质 1.9 假设 F_1 和 F_2 是基于同一种商品的两份期货合约的执行价格,期货合约的到期日分别为 t_1 和 t_2,且 $t_1 < t_2$,则一定有 $F_2 \leqslant (F_1+U)e^{r(t_2-t_1)}$。其中,$r$ 为无风险利率,U 是 t_1 到 t_2 期间的商品存储费用,并以无风险利率 r 贴现到时刻 t_1(假设远期合约与期货合约的价格相等)。

证明 反证法。如果 $F_2 > (F_1+U)e^{r(t_2-t_1)}$,则进行如下交易:

(1) 在今天签订两份商品期货合约和一份借贷协议。第一份期货合约在 t_1 时以 F_1 买该商品,第二份期货合约在 t_2 时以 F_2 卖该商品。借贷协议在 t_1 时以利率 r 借 F_1+U,在 t_2 时偿还借贷的本息。

(2) 在 t_1 时以利率 r 借 F_1+U,执行期货合约 F_1,用 F_1 购买商品,用 U 支付储存费用。

(3) 在 t_2 时,用手中的商品执行期货合约 F_2,用执行期货合约的收入偿还贷款。

投资者刚签订两份期货合约时,手中有两份期货合约:一份是执行价格为 F_1 的多头,到期日是 t_1;另一份是执行价格为 F_2 的空头,到期日是 t_2。

到时刻 t_1,经过申请贷款和执行期货合约 F_1,投资者手上还有一份合约 F_2 的空头、一份商品以及支付储存商品所需要的费用,同时投资者欠有债务 F_1+U。

到时刻 t_2,进行交易后,投资者手中既没有债务,也没有商品,也没有期货合约。但是,因为假设 $F_2 > (F_1+U)e^{r(t_2-t_1)}$,投资者手中剩余资金 $F_2-(F_1+U)e^{r(t_2-t_1)}$,以上交易没有任何成本支出,但是获得了无风险收益。这在正常市场条件下是不可能长期存在的,所以,一定有

$$F_2 \leqslant (F_1+U)e^{r(t_2-t_1)}$$

这种交易策略称为跨期套利。

例 1.10 2016 年 9 月 3 日,上海期货交易所 9 月份交割的铜期货合约 1609 的价格是 36 550 元人民币,10 月份交割的铜期货合约 1610 的价格是 36 570 元。显然,在正常的情况

下,对无风险利率 $r>0$ 和存储铜的费用 $U>0$,一定有 $36\,570 \leqslant (36\,550+U)e^{r/12}$,所以,没有跨期套利机会。

四 远期利率协议(FRA)

定义 1.5 远期利率协议是一个远期合约,协议的双方同意在指定的未来某个时期将某个确定的利率应用于某个确定的本金。

在一个远期利率协议中,协议中的利率称为协议利率。协议规定:在 t_1 时刻协议的一方向对手方借确定数目的钱,称为本金 L,借贷利率为 R_k。在 t_2 时刻偿还本息共 $Le^{R_k(t_2-t_1)}$。远期利率协议的现金流描述如下:

在时刻 t_1: $-L$

在时刻 t_2: $Le^{R_k(t_2-t_1)}$

$$V(t) = Le^{R_k(t_2-t_1)}e^{-r_2(t_2-t)} - Le^{-r_1(t_1-t)}$$

例 1.11 数字电器公司 DE 在 1 个月后需要支付原配件供应商 100 万元人民币,在 3 个月后才能收到货款。为了不致不能按时支付原配件供应商款项,公司 DE 决定与银行签订远期利率协议。双方同意在 1 个月后银行贷款给公司 DE,贷款期限是 2 个月,贷款利率是 14%(年利率),贷款本金是 100 万元人民币。这份远期利率协议的协议利率是 14%,在 1 个月后公司 DE 从银行得到 100 万元贷款,3 个月后公司 DE 偿还银行贷款本息共 102.360 8 万元人民币。

定义 1.6 如果当前签订远期利率协议时,对签约双方而言,远期利率协议合约的价值为零,则该合约的协议利率称为利率协议的远期价格。

性质 1.10 如果 r_1 是期限为 t_1 的即期利率,r_2 是期限为 t_2 的即期利率,则远期合约的价值为 $V(t) = Le^{R_k(t_2-t_1)}e^{-r_2(t_2-t)} - Le^{-r_1(t_1-t)}$,远期利率协议的远期价格 r_f 等于远期利率,即 $r_f = R_f$。

证明 对远期利率协议的现金流进行折现,得到远期合约的价值

$$V(t) = Le^{R_k(t_2-t_1)}e^{-r_2(t_2-t)} - Le^{-r_1(t_1-t)}$$

令 $V(t) = Le^{R_k(t_2-t_1)}e^{-r_2(t_2-t)} - Le^{-r_1(t_1-t)} = 0$,推出

$$r_k = \frac{r_2(t_2-t) - r_1(t_1-t)}{t_2-t_1}$$

于是,当协议利率等于远期利率 r_f 时,远期利率协议价值为零,合约是公平协议利率。

显然,随着时间的推移,市场利率将不断变化,过去的远期利率协议的价值也在不断变化。利率远期价格与即期利率之间必须满足一定的关系,否则,市场存在套利机会。

本章小结

本章介绍了中国远期和期货合约产品、远期和期货合约的定义、定价分析和远期价格与期货价格的决定。在应用远期价格和期货价格时,应该注意它们之间的差别。如果标的资产在期货或远期合约有效期内有现金或有价证券支付,则远期价格和期货价格可能有变化。金融资产的远期和期货合约与投资资产的远期和期货合约性质相似,我们可以通过套利定价原理计算远期或期货价格。但是,对于商品期货,无套利方法仅能估计远期价格或期货价格的上限。

市场中存在多种金融资产期货或商品期货,这些期货价格之间、期货价格与现货价格之间必须满足一定的关系;否则,市场中存在套利机会。

问题与习题

1. 请访问中国所有的远期与期货市场网站,总结中国市场中的期货和远期产品。
2. 请解释远期、远期价格、期货、期货价格。
3. 如果市场交易的某股票今天的价格是每股 20.50 元,连续复利的无风险利率 $r=10\%$,如果一投资者希望签订购买该股票的远期合约,在 7 个月后购买 30 000 股该股票。请计算投资者公平的远期价格,合约到期日投资者为得到 35 200 股该公司股票需要支付的现金。
4. 在习题 3 中,如果有投资者愿意以 $F=22$ 的远期价格与你签订 7 个月后买该公司股票的远期合约,请问你是否有套利机会?如果有,如何交易来实现套利?
5. 如果一份远期合约的执行价格是 15 000 元,到期期限还有 8 个月,一份合约购买 100 股股票,市场无风险利率是 10%,股票价格是每股 150.50 元,则对该远期合约的多头方,合约的价值是多少?
6. 考虑一股票远期合约的多头,期限是 10 个月,股票今天的市场价格是每股 20.50 元,连续复利的无风险利率 $r=10\%$,公司股票在 3 个月、6 个月和 9 个月后每股分红 0.30 元。请计算远期价格。
7. 考虑一股票远期合约的多头,期限是 6 个月,股票今天的市场价格是每股 22.50 元,如果远期合约的标的资产按照连续复利率 4% 支付红利,请计算远期价格。
8. 请解释期货价格与远期价格在什么条件下相同,在什么条件下不同。
9. 请解释股票指数期货。
10. 请解释货币的远期和期货。
11. 假设美国和日本 6 个月的年利率是 10% 和 3%,当前的汇率是 1 美元兑 100 日元,则对 6 个月的日元远期合约,远期价格是一日元兑换多少美元?或 1 美元兑换多少日元?
12. 请证明性质 1.7。
13. 在 2016 年 9 月 13 日这天,如果上海期货交易所一份 9 月份交割的铜期货合约 1609 的价格是 36 530 元人民币,10 月份交割的铜期货合约 1610 的价格是 36 550 元。请问是否存在跨期套利机会？

14. 假设在国债市场上，45 天短期国债价格隐含的 45 天期即期利率为 10%，135 天短期国债价格隐含的 135 天期即期利率为 10.5%，短期国债期货价格隐含的远期利率为 10.9%。请问在国债市场上是否存在套利机会？如果存在，如何操作才能获得无风险利益？

15. 如果债券的市场价格为 P，关于债券的期货合约期限是 t 年，债券的息票率为 c，持有债券的息票收入为 tc。在期货合约期内，如果市场借、贷利率均为 r，单利计息。记期货合约的期货价格是 F，则 $F = P + Pt(r-c)$。如果借款利率是 r_B，贷款利率是 r_L，$r_B > r_L$，注明：期货价格的上限为 $F = P + Pt(r_B - c)$，下限为 $F = P + Pt(r_L - c)$。

16. 假设在国债市场上，面值 1 000 元的 45 天短期国债价格是 987.577 8 元，面值 1 000 元的 135 天短期国债价格是 961.390 1 元，还有 45 天到期的短期（90 天）国债期货价格是 973.848 元，即在国债期货合约到期时，期货合约的多头方以 974.201 6 元的价格购买一份期限为 90 天、面值为 1 000 元的国债。请问市场是否有套利机会？如果有，如何兑现套利收益？

第二章

期　权

第一节　中国期权市场

期权市场是机构签订期权合约的市场。所谓期权,即一份合约,合约的一方有权利按照合约约定的时间、约定的价格向对手购买或者出售约定的资产或者商品。签约时间在现在,合约交易对象的交割发生在合约规定的将来。当然,合约中有权利的一方也可以选择放弃合约中赋予的权利。

在中国金融市场中,有人民币对外汇期权、50ETF 期权等金融产品。人民币对外汇期权交易在中国外汇交易中心进行。

一　人民币对外汇期权交易[①]

产品定义:人民币对外汇期权交易(以下简称"期权交易")是指在未来某一交易日以约定汇率买卖一定数量外汇资产的权利。期权买方以支付期权费的方式拥有权利;期权卖方收取期权费,并在买方选择行权时履行义务(普通欧式期权)。期权交易币种、金额、期限、定价参数(波动率、执行价格、即期价格/远期汇率、本外币利率等)、成交价格(期权费)和结算安排等由交易双方协商确定。

交易方式:双边询价。

交易币种:USD/CNY、EUR/CNY、JPY/CNY、HKD/CNY、GBP/CNY。

交易时间:北京时间 9:30～23:30(周六、周日及法定节假日不开市)。

清算方式:由交易双方按约定方式进行清算,目前主要采用双边清算。

市场准入:具备银行间外汇市场即期会员资格且取得相关金融监管部门批准的衍生品业务资格的金融机构可根据业务需要单独或一并申请各类银行间人民币外汇衍生品会员。

二　50ETF 期权[②]

50ETF 期权在上海证券交易所(简称"上交所")交易。上交所统一制定股票期权合约,合约规定买方有权在将来特定时间以特定价格买入或者卖出约定股票或者跟踪股票指数的交易型开放式指数基金(ETF)等标的物的标准化合约。

[①] http://www.chinamoney.com.cn/fe/Channel/2618.

[②] http://www.sse.com.cn/lawandrules/sserules/options.

期权是交易双方关于未来买卖权利达成的合约。就个股期权来说,期权的买方(权利方)通过向卖方(义务方)支付一定的费用(权利金),获得一种权利,即有权在约定的时间以约定的价格向期权卖方买入或卖出约定数量的特定股票或ETF。当然,买方(权利方)也可以选择放弃行使权利。如果买方决定行使权利,卖方就有义务配合。

上证50ETF期权合约基本条款见表2.1。

表 2.1　　　　　　　　　　上证 50ETF 期权合约基本条款

合约标的	上证 50 交易型开放式指数证券投资基金("50ETF")
合约类型	认购期权和认沽期权
合约单位	10 000 份
合约到期月份	当月、下月及随后两个季月
行权价格	5个(1个平值合约、2个虚值合约、2个实值合约)
行权价格间距	3 元或以下为 0.05 元,3 元至 5 元(含)为 0.1 元,5 元至 10 元(含)为 0.25 元,10 元至 20 元(含)为 0.5 元,20 元至 50 元(含)为 1 元,50 元至 100 元(含)为 2.5 元,100 元以上为 5 元
行权方式	到期日行权(欧式)
交割方式	实物交割(业务规则另有规定的除外)
到期日	到期月份的第四个星期三(遇法定节假日顺延)
行权日	同合约到期日,行权指令提交时间为 9:15~9:25,9:30~11:30,13:00~15:30
交收日	行权日次一交易日
交易时间	上午 9:15~9:25,9:30~11:30(9:15~9:25 为开盘集合竞价时间) 下午 13:00~15:00(14:57~15:00 为收盘集合竞价时间)
委托类型	普通限价委托、市价剩余转限价委托、市价剩余撤销委托、全额即时限价委托、全额即时市价委托以及业务规则规定的其他委托类型
买卖类型	买入开仓、买入平仓、卖出开仓、卖出平仓、备兑开仓、备兑平仓以及业务规则规定的其他买卖类型
最小报价单位	0.000 1 元
申报单位	1 张或其整数倍
涨跌幅限制	认购期权最大涨幅=max{合约标的前收盘价×0.5%,min[(2×合约标的前收盘价-行权价格),合约标的前收盘价]×10%} 认购期权最大跌幅=合约标的前收盘价×10% 认沽期权最大涨幅=max{行权价格×0.5%,min[(2×行权价格-合约标的前收盘价),合约标的前收盘价]×10%} 认沽期权最大跌幅=合约标的前收盘价×10%
熔断机制	连续竞价期间,期权合约盘中交易价格较最近参考价格涨跌幅度达到或者超过 50% 且价格涨跌绝对值达到或者超过 5 个最小报价单位时,期权合约进入 3 分钟的集合竞价交易阶段
开仓保证金最低标准	认购期权义务仓开仓保证金=[合约前结算价+max(12%×合约标的前收盘价-认购期权虚值,7%×合约标的前收盘价)]×合约单位 认沽期权义务仓开仓保证金=min[合约前结算价+max(12%×合约标的前收盘价-认沽期权虚值,7%×行权价格),行权价格]×合约单位

续表

维持保证金最低标准	认购期权义务仓维持保证金＝[合约结算价＋max(12%×合约标的收盘价－认购期权虚值,7%×合约标的收盘价)]×合约单位 认沽期权义务仓维持保证金＝min[合约结算价＋max(12%×合约标的收盘价－认沽期权虚值,7%×行权价格),行权价格]×合约单位

第二节　期权的基本概念

一　期权

定义 2.1　一份经济合约称为期权,签订合约的双方承诺,一方拥有在某一确定时间以某一确定的价格购买或出售合约标的资产的权利。当拥有权利的一方行使权利时,对方必须履行相应的义务。

其中,购买权利方称为期权合约的多头方,其头寸称为多头。对手方称为空头方,其头寸称为空头。合约中确定的价格称为交割价格,也称为执行价格或敲定价格。合约到期日称为交割日期,也称为到期日、执行日或期满日。

定义 2.2　如果期权的持有者有权在某一确定时间以某一确定的价格购买标的资产,则该期权称为认购期权。

认购期权有时也称为看涨期权、买权。

定义 2.3　如果期权的持有者有权在某一确定时间以某一确定的价格出售标的资产,则该期权称为认沽期权。

认沽期权有时也称为看跌期权、卖权。

1. 欧式期权和美式期权

如果期权的多头方仅在期权合约到期日才能行使权利,则该期权合约称为欧式期权;如果期权的多头方能在期权合约签约到期日之间任何时刻行使权利,则该期权合约称为美式期权。

2. 欧式期权的头寸损益

性质 2.1　如果我们记 S_T 为在期权合约到期日时期权合约标的资产价格,T 为合约到期时间,K 为期权的执行价格,则欧式期权合约在到期日的损益如表 2.2 和图 2.1 所示。

表 2.2　　　　　　　　　　　　欧式期权的损益

	认 购 期 权	认 沽 期 权
多头	$\max(S_T - K, 0)$	$\max(K - S_T, 0)$
空头	$-\max(S_T - K, 0) = \min(K - S_T, 0)$	$-\max(K - S_T, 0) = \min(S_T - K, 0)$

例 2.1　投资者 I 持有以每股 23.50 元购买上市公司 DE 股票 1 000 股的欧式期权,以每股 13.50 元出售上市公司 UC 股票 2 000 股的欧式期权,期权到期日是 2017 年 6 月 30 日。在 2017 年 6 月 30 日,如果上市公司 DE 股票的收盘价为每股 25.00 元,公司 UC 的股票价格为 15.00 元。于是,在 2017 年 6 月 30 日,投资者 I 的认购期权的价值为 (25.00－23.50)×1 000＝1 500 元,它的认沽期权的价值是零。

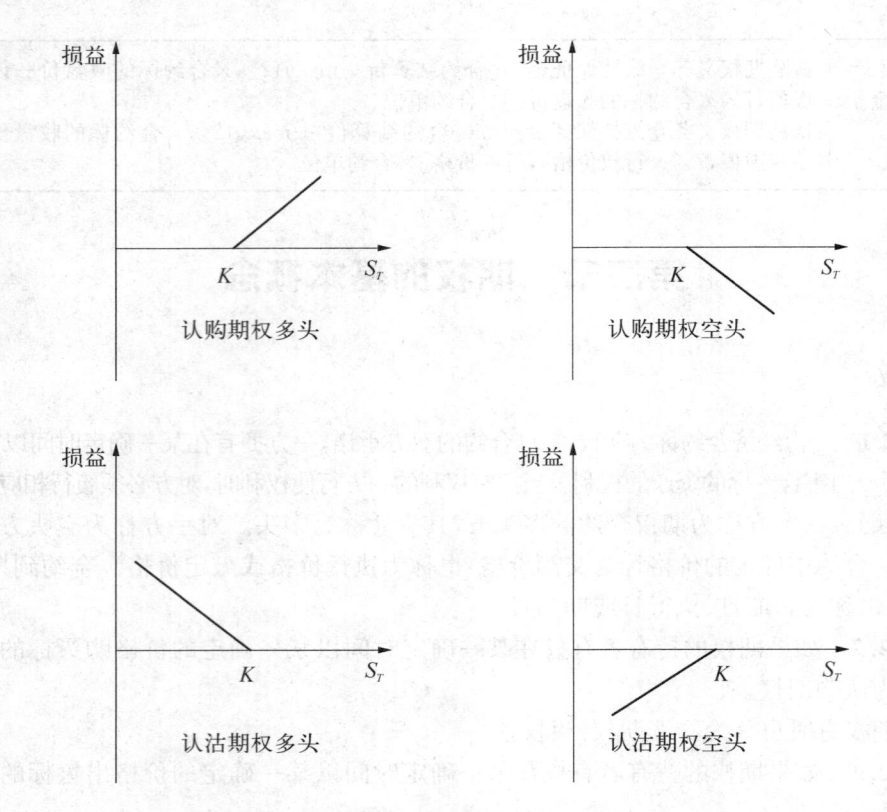

$K=$执行价格 $S_T=T$时资产的市场价格

图 2.1 认购与认沽期权到期日的损益

二 奇异期权

前述期权产品是标准化的衍生证券,有时也称为大众型期权。如果将标准期权合约的部分条款改变,则我们可以得到不同的衍生产品,称为奇异期权或创新产品。

在期权合约的条款中,有三个重要变量:标的资产、合约期限、执行价格。修改部分或全部条款,就创新出不同的衍生产品,得到各种形式的期权。

定义 2.4   如果期权的多头方只能在特定的日期执行期权,或者只能在期权有效期中的某段时期执行期权,或者执行价格可以按照约定的公式变化,则称期权为**非标准美式期权**。

例 2.2 百慕大期权:期权只能在期权有效期内事先确定的日期执行,或者在期权到期日行使权利。

定义 2.5   如果现在签订的期权合约在将来某个时刻才开始有效,期权的执行价格按照约定的公式(通常是期权开始有效是股票价格的函数)给出,这种期权称为**远期开始期权**。

远期开始期权的期权费在期权合约签订时就要支付,这种期权通常在生效时是实值期权。

例 2.3 一个远期开始期权的期权开始时间是 t_1。期权的执行价格是当时的股票价格 S_1,期权的到期日是 $t_2 > t_1$。

定义 2.6 如果期权的多头方能在一定时刻,选择该期权是看涨期权还是看跌期权,则称期权为**选择者期权**。

例 2.4 选择者期权合约规定,在 t 时,期权的多头方有权选择期权是看涨期权或看跌期权。如果是看涨期权,则期权的执行价格是 K_1,到期日是 T_1;如果是看跌期权,则期权的执行价格是 K_2,到期日是 T_2。

购买看涨期权能使投资者在标的资产价格上涨时获利,购买看跌期权能使投资者在标的资产价格下跌时获利。但投资者在购买期权时,无法准确预计标的资产价格未来的走势。而选择期权能使投资者在一定时刻后选择该期权是看涨期权还是看跌期权。在选择者期权合约中,看涨期权和看跌期权可以具有不同的执行价格和到期日,但标的资产必须相同。

定义 2.7 如果期权的支付依赖于期权股票(标的资产)的价格水平在一定时期内是否达到事先明确规定的指数,这种期权称为障碍期权,参照指数称为障碍水平。

常见的有如下障碍期权:

入局期权(knock-in options):期权只有在标的资产的价格达到一定界限时才会生效。
出局期权(knock-out options):期权只有在标的资产的价格达到一定界限时才会作废。
考虑到股票初始价格与障碍水平的关系,可以将障碍期权分为上升期权和下跌期权。
上升期权:障碍水平大于股票初始价格。
下跌期权:障碍水平小于股票初始价格。
组合障碍的种类与障碍水平和股票初始价格的关系,我们有如下常见的障碍期权:**上升入局期权**(up-and-in options)、**下跌入局期权**(down-and-in options)、**上升出局期权**(up-and-in options)、**下跌出局期权**(down-and-in options)。

障碍的设定可以非常灵活,障碍水平的种类非常丰富,可以是时间的确定性函数,也可以是另外一个资产的价格(随机过程);可以有两个或多个障碍水平,也可以明确规定障碍水平变化条件,(随机)从一个障碍水平变化为另外一个障碍水平。

例 2.5 如果障碍期权的障碍水平是一个随机指数,如障碍水平是标准普尔 500 指数,期权的支付依赖于在期权合约有效期内标准普尔 500 指数达到某个水平,则称期权为障碍期权。

障碍期权的拥有者并非总是有权利,所以障碍期权比普通期权便宜,为特定目的的资产管理者提供了低交易成本的资产管理工具。

定义 2.8 如果期权的到期支付仅有两个值:一个固定数目的现金,或者不支付,则称期权是**二值期权**。

二值期权在支付上与标准期权不同,主要有下列四种:

现金或无偿看涨期权(cash-or-nothing call):如果期权到期时标的资产的价格高于执行价格,其支付为一固定金额 Q,否则支付为 0;

现金或无偿看跌期权(cash-or-nothing put):如果期权到期时标的资产的价格低于执行价格,其支付为一固定金额 Q,否则支付为 0;

资产或无偿看涨期权(asset-or-nothing call):如果期权到期时标的资产的价格高于执行价格,其支付为标的资产的价格,否则支付为 0;

资产或无偿看跌期权(asset-or-nothing put):如果期权到期时标的资产的价格低于执行价格,其支付为标的资产的价格,否则支付为 0。

不难看出,从支付上来说,一份看涨期权多头等价于一份资产或无偿看涨期权多头和一份现金或无偿看涨期权空头;一份看跌期权多头等价于一份资产或无偿看跌期权空头和一份现金或无偿看跌期权多头。

定义 2.9 如果期权的支付依赖于期权期限内标的资产价格的最大值或最小值,则称期权为**回望期权**。

回望看涨期权的执行价格是标的资产在期权期限内的最小值;**回望看跌期权**的执行价格为标的资产在期权期限内的最大值。

因此,回望看涨期权能使期权持有者以最低的价格购买标的资产,回望看跌期权能使持有者以最高的价格卖出标的资产,而不用担心交易的时间。

定义 2.10 如果期权的持有者可以在期权期限内向期权卖者"呼叫"一次,期权的到期支付为呼叫时期权的内在价值和期权到期时内在价值中的最大值,则称期权为呼叫期权。

呼叫期权是一种欧式期权。假设多头呼叫时标的资产的价格为 S_τ,期权到期时标的资产的价格为 S_T,期权的执行价格为 K,则看涨期权的支付为 $\max(S_\tau - K, S_T - K)$;看跌期权的支付为 $\max(K - S_\tau, K - S_T)$。

定义 2.11 如果期权的支付依赖于标的资产在一定时期内的平均价格,则称期权为亚式期权。

亚式期权又可分为执行价格固定的亚式期权和执行价格为股票历史价格平均的亚式期权。在执行价格固定的亚式期权中,看涨期权的支付为 $\max(S_{ave} - K, 0)$,看跌期权的支付为 $\max(K - S_{ave}, 0)$;在执行价格为股票历史价格平均的亚式期权中,看涨期权的支付为 $\max(S_T - S_{ave}, 0)$,看跌期权的支付为 $\max(S_{ave} - S_T, 0)$。

其中,S_{ave} 是标的资产在一定时期内的平均价格,它既可以为算术平均价格,也可以为几何平均价格。标的资产价格的观察频率会影响亚式期权的价格。如果观察是离散的,算术平均是

$$S_{aave} = \frac{1}{n}\sum_{i=1}^{n}S_i$$

几何平均是

$$S_{gave} = \Big[\prod_{i=1}^{n}S_i\Big]^{1/n}$$

如果观察是连续的,算术平均是

$$S_{aave} = \frac{1}{T}\int_0^T S(t)\,dt$$

几何平均是

$$S_{gave} = \exp\left[\frac{1}{T}\int_0^T \ln S(t)\,dt\right]$$

定义 2.12 如果期权的标的资产是资产组合而不是个别资产,则称期权为篮子期权。

篮子期权的支付取决于资产组合的价值。资产组合中通常包括股票、股指、外汇等。

定义 2.13 如果期权的标的资产是期权,则称期权为复合期权。

复合期权又分为四种:以看涨期权为标的资产的看涨期权;以看跌期权为标的资产的看涨期权;以看涨期权为标的资产的看跌期权;以看跌期权为标的资产的看跌期权。作为标的资产的期权的期限要长于复合期权的期限。

三 期权交易

交易的期权分场内交易的期权和场外交易的期权。场内交易的期权是指在交易所进行交易的期权。期权交易所是进行有组织的期权交易的、标准化的、规范的市场。这些期权的标的资产有股票、外汇、股票指数和期货合约等。股票期权大约有 500 种,主要货币都有外汇(货币)期权。指数期权的种类有很多,著名的有 S&P100 期权和 S&P500 期权。其中,S&P100 期权是美式期权,S&P500 期权是欧式期权。期货期权的标的资产是期货合约,即期权合约指定的交易资产是一份期货合约。

场外交易的期权是指不在期权交易所进行交易的期权。这些交易通常在金融机构之间以及金融机构及其客户之间进行,主要通过电话、传真等手段谈判进行。达成协议后,通过传真或其他方式确认交易。场外期权交易的市场非常发达,外汇期权和利率期权的场外交易特别活跃。这些期权合约分别满足不同客户的需求,具有非标准化的特点。

第三节 期权价格

一 期权价格的影响因素

定义 2.14 投资者为取得以确定的价格买(卖)一项资产的权利所付出的价格,称为期权价格。

无论是认购期权还是认沽期权,欧式期权还是美式期权,它们对多头方都有一定价值。为了使期权的空头方愿意出让这个权利,多头方必须付钱。这个钱就是期权的价格。显然,期权价格与期权条款有关。

期权的价值在其有效期内是不断变化的,如果期权持有者立即执行期权,可以获得正的现金流,也就是期权价值大于零,则称期权是实值期权(in the money);如果期权立即执行,持有者的现金流为零,也就是期权价值等于零,则称期权是两平期权(at the money);如果期权立即执行,持有者有负的现金流,也就是期权价值小于零,则称期权是虚值期权(out of the money)。

期权的内在价值(intrinsic value)是指零与期权立即执行时所具有价值之间的极大值,即 $\max(abs(K-S), 0)$。如果期权不被执行,随着时间的推移,期权将来可能具有获利的机会,称为期权合约的时间价值(time value)。

显然，根据期权合约我们可以发现，影响期权价格的因素有：当前股票的价格、期权合约的执行价格、期权合约的到期期限、期权合约有效期内预计股票发放的红利。除此之外，如果将来股票间隔变化的幅度很大，则持有期权合约的多头方将来获利的可能性也大，因此，期权价格也受期权价格变化幅度大小的影响，即期权价格与股票价格的波动率有关。由于无风险利率是资金的成本基准，无风险利率的大小对金融资产价值有影响，所以，期权价格也受无风险利率水平的影响。期权价格与影响因素的关系参见表2.3。

表2.3　　　　　　　　　　期权价格与影响因素的关系

变　　量	欧式认购期权	欧式认沽期权	美式认购期权	美式认沽期权
股票价格	＋	－	＋	－
执行价格	－	＋	－	＋
到期时间	？	？	＋	＋
波动率	＋	＋	＋	＋
无风险利率	＋	－	＋	－
股票红利	－	＋	－	＋

注：＋号表示期权价格变化方向与对应变量的变化方向相同，－号表示期权价格变化方向与对应变量的变化方向相反，？号表示不确定。例如，如果股票价格上升，则认购期权价格上升，认沽期权价格下降，等等。

二　期权价格的范围

在下面的分析中，我们假设市场没有交易费用，没有税收，所有市场交易者可以按相同的无风险利率借入和贷出资金，市场没有无风险套利机会。记 S 为股票现价，K 为期权执行价格，T 为期权合约的到期时间，t 为现在的时间，S_T 为 T 时刻股票的价格，r 为现在到 T 时刻的无风险投资利率，利息按连续复利计算，C 为购买一股股票的美式认购期权的价值，P 为出售一股股票的美式认沽期权的价值，c 为购买一股股票的欧式认购期权的价值，p 为出售一股股票的欧式认沽期权的价值，σ 为股票价格的波动率。

虽然期权价格与各个影响因素之间的关系很复杂，期权价格很难用明确的关系表示出来。但是，经过简单的分析，我们可以发现，期权价格满足一定的不等式关系。如果期权的价格超过一定上限或低于一定下限，则有套利机会。

性质2.2　当前认购期权价格小于股票的现价，认沽期权价格小于期权合约的执行价格，即：

$$c \leqslant S \text{ 和 } C \leqslant S, p \leqslant K \text{ 和 } P \leqslant K, \text{并且 } p \leqslant Ke^{-r(T-t)}$$

性质2.3　不付红利股票的欧式认购期权和欧式认沽期权价格的下限是：

$$c \geqslant S - Ke^{-r(T-t)}, p \geqslant Ke^{-r(T-t)} - S$$

证明　分别构造四个资产组合：

组合A：一个欧式认购期权加上金额为 $Ke^{-r(T-t)}$ 的现金

组合B：一股股票

组合C：一个欧式认沽期权加上一股股票

组合D：金额为 $Ke^{-r(T-t)}$ 的现金

分别将组合 A、组合 D 中的现金按照无风险利率进行投资。于是，在时刻 T，组合 A 的价值为 $\max(S_T, K)$，组合 B 的价值为 S_T，组合 C 的价值为 $\max(S_T, K)$，组合 D 的价值为 X。因此，时刻 T 组合 A 的价值不低于组合 B，时刻 T 组合 C 的价值不低于组合 D。为了满足市场无套利机会条件，在任意时刻，必须有 $c + Ke^{-r(T-t)} > S$，$p + S > Ke^{-r(T-t)}$，也就是

$$c > \max(S - Ke^{-r(T-t)}, 0) \text{ 和 } p > \max(Ke^{-r(T-t)} - S, 0)$$

性质 2.4 不付红利股票的欧式认购期权和欧式认沽期权价格满足平价关系：

$$c + Ke^{-r(T-t)} = p + S$$

性质 2.5 如果标的资产是不付红利股票，则美式认购期权和认沽期权的下限分别为：

$$C \geqslant S - Ke^{-r(T-t)} \text{ 和 } P \geqslant K - S$$

证明 分别构造四个资产组合：

组合 E：一个美式认购期权加上金额为 $Ke^{-r(T-t)}$ 的现金

组合 F：一股股票

组合 G：一个美式认沽期权加上一股股票

组合 H：金额为 $Ke^{-r(T-t)}$ 的现金

分别将组合 E，组合 H 中的现金按照无风险利率进行投资。于是，在时刻 T，组合 E 的价值为 $\max(S_T, K)$，组合 F 的价值为 S_T，组合 E 的价值不低于组合 F。在时刻 $\tau < T$，如果执行认购期权，组合 E 的价值为 $S - K + Ke^{-r(T-t)}$，组合 E 的价值总是低于组合 F。因此，在到期日之前，不付红利股票的认购期权绝不应该执行。于是，不付红利股票的美式认购期权的价值与相同股票的欧式认购期权的价值相同，

$$C > \max(S - Ke^{-r(T-t)}, 0) \geqslant S - Ke^{-r(T-t)}$$

在时刻 T，组合 G 的价值为 $\max(S_T, K)$，组合 H 的价值为 K，组合 G 的价值不低于组合 H。在时刻 $\tau < T$，如果执行认购期权，组合 G 的价值为 K，大于组合 H 的价值 $Ke^{-r(T-t)}$。因此，$P \geqslant Ke^{-r(T-t)} - S$ 对所有时间 t 成立。于是，有

$$P \geqslant K - S$$

从证明过程我们可以看到，对美式认购期权，提前行使权利是不利的，因此，期权持有者不会提前执行，美式认购期权等价于欧式认购期权。而对于美式认沽期权，则存在提前执行的可能，其价值比欧式认沽期权高。

性质 2.6 如果期权的标的资产股票在期权有效期内不分红，则美式认沽期权和认购期权之间有如下关系：

$$S - K \leqslant C - P \leqslant S - Ke^{-r(T-t)}$$

性质 2.7 如果期权的标的资产股票在期权有效期内分发红利，红利的现值为 D，则认购期权和认沽期权的下限分别为：

$$c \geqslant S - D - Ke^{-r(T-t)}, C \geqslant S - D - Ke^{-r(T-t)} \text{ 和 } p \geqslant D + Ke^{-r(T-t)} - S, P \geqslant D + Ke^{-r(T-t)} - S$$

如果股票在期权有效期内支付连续红利率 q，则欧式认购期权和认沽期权的下限分别为：

$$c \geqslant Se^{-q(T-t)} - Ke^{-r(T-t)}, \quad p \geqslant Ke^{-r(T-t)} - Se^{-q(T-t)}$$

性质 2.8 记 D 表示期权有效期内红利的现值,则欧式认沽期权和认购期权之间的平价关系为:

$$c + D + Ke^{-r(T-t)} = p + S$$

美式认沽期权和认购期权之间的关系是:

$$S - D - K < C - P < S - Ke^{-r(T-t)}$$

如果股票在期权有效期间支付连续红利率 q,则欧式认沽期权和认购期权之间的平价关系是:

$$c + Ke^{-r(T-t)} = p + Se^{-q(T-t)}$$

第四节 期权组合与损益分析

一 有保护的交易策略

有保护的交易策略,是一个期权和股票的组合。如果是对认购期权的多头或空头提供保护,称为有保护的认购期权;如果是对认沽期权的多头或空头提供保护,称为有保护的认沽期权。

股票的多头和认购期权的空头组合,或者,股票的空头和认购期权的多头组合,构成有保护的认购期权,这个组合的价值既有上限又有下限,损益分别为 $S_T - \max(S_T - K, 0)$ 和 $\max(S_T - K, 0) - S_T$,如图 2.2a 和图 2.2b 所示。

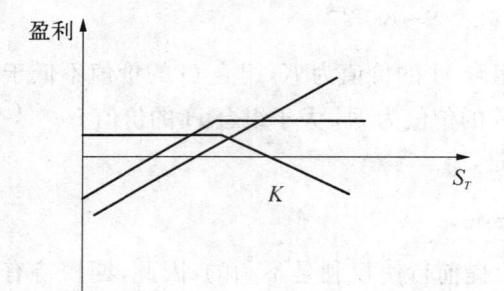

a.股票多头和看涨期权空头

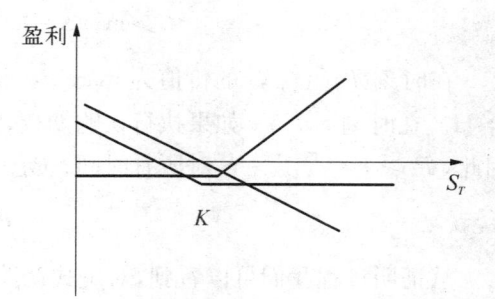

b.股票空头和看涨期权多头

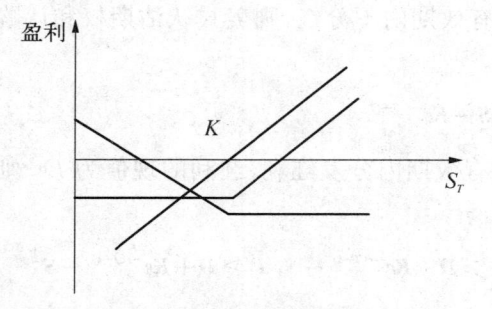

c.股票多头和看跌期权多头

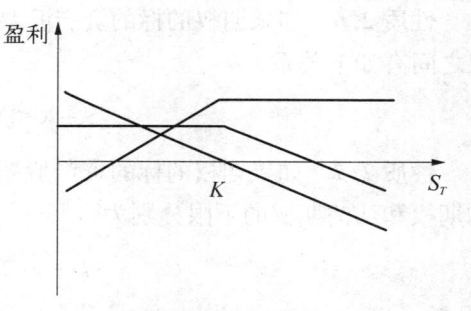

d.股票空头和看跌期权空头

图 2.2 有保护的交易策略

股票的多头和认购期权的多头组合,或者,股票的空头和认购期权的空头组合,构成有保护的认沽期权,损益分别为 $S_T+\max(K-S_T,0)$ 和 $\min(S_T-K,0)-S_T$,如图 2.2c 和图 2.2d 所示。图 2.2c 的组合价值有下限,图 2.2d 的组合价值有上限。

根据期权的平价关系(性质 2.8),$p+S=c+Ke^{-r(T-t)}+D$,这说明,认沽期权的多头和股票多头的组合等价于一个认购期权的多头和现金 $Ke^{-r(T-t)}+D$ 的组合。所以,图 2.2c 的组合的损益与认购期权的多头损益相似,图 2.2d 的组合的损益与认购期权的空头损益相似。

期权的平价关系还可以写为 $S-c=Ke^{-r(T-t)}+D-p$,也就是说,股票多头与认购期权的空头的组合等价于现金 $Ke^{-r(T-t)}+D$ 与认沽期权空头的组合。所以,图 2.2a 的组合的损益与认沽期权的空头损益相似,图 2.2b 的组合的损益与认沽期权的多头损益相似。

二 差价期权

定义 2.15 差价期权是相同类型的多个期权头寸的组合。

差价期权包括多个认购期权的头寸,或多个认沽期权的头寸。差价期权的种类很多,只要对相同类型的期权进行交易得到期权的不同组合,就可以得到各种差价期权。

1. 牛市差价期权

用认购期权构造牛市差价期权:购买一个确定执行价格的股票认购期权和出售一个相同股票的较高执行价格的认购期权。

损益分析见表 2.4、图 2.3、图 2.4。

表 2.4　　　　　　　　　　　　牛市差价期权的支付

股票价格范围	认购期权多头支付	认购期权空头支付	总　支　付
$S_T \geqslant K_2$	S_T-K_1	K_2-S_T	K_2-K_1
$K_1<S_T<K_2$	S_T-K_1	0	S_T-K_1
$S_T \leqslant K_1$	0	0	0

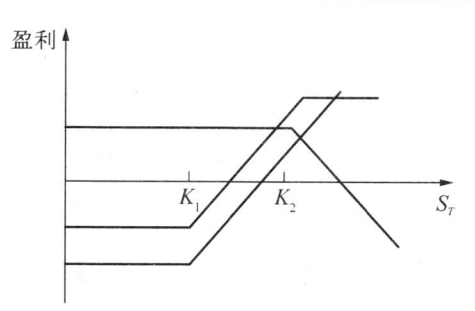

图 2.3　牛市差价期权(认购期权)

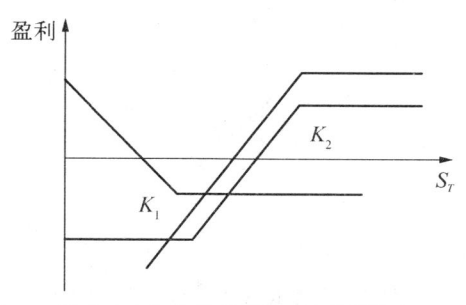

图 2.4　牛市差价期权(认沽期权)

用认沽期权构造牛市差价期权：购买一个确定执行价格的股票认沽期权和出售一个相同股票的较高执行价格的认沽期权。

损益分析见表 2.5。

表 2.5 牛市差价期权的支付

股票价格范围	认沽期权多头支付	认沽期权空头支付	总 支 付
$S_T \geqslant K_2$	$S_T - K_1$	$K_2 - S_T$	$K_2 - K_1$
$K_1 < S_T < K_2$	$S_T - K_1$	0	$S_T - K_1$
$S_T \leqslant K_1$	0	0	0

如果投资者预期股票价格将上涨但涨幅不大，投资者可以利用牛市差价期权作为股票交易策略，通过进行期权交易获得预期兑现时的股票上涨收益。

2. 熊市差价期权

用认购期权构造熊市差价期权：购买某一执行价格较高的认购期权并出售执行价格较低的认购期权。

损益分析见表 2.6、图 2.5、图 2.6。

表 2.6 熊市差价期权的支付

股票价格范围	认购期权多头支付	认购期权空头支付	总 支 付
$S_T \geqslant K_2$	$S_T - K_2$	$K_1 - S_T$	$-(K_2 - K_1)$
$K_1 < S_T < K_2$	0	$K_1 - S_T$	$-(S_T - K_1)$
$S_T \leqslant K_1$	0	0	0

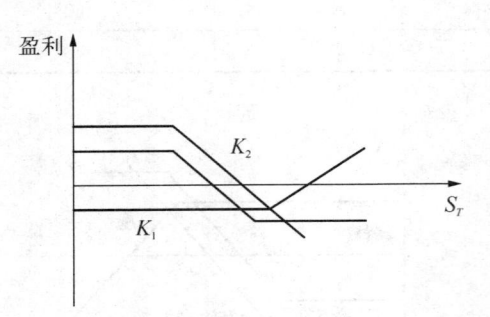

图 2.5 熊市差价期权（认购期权）

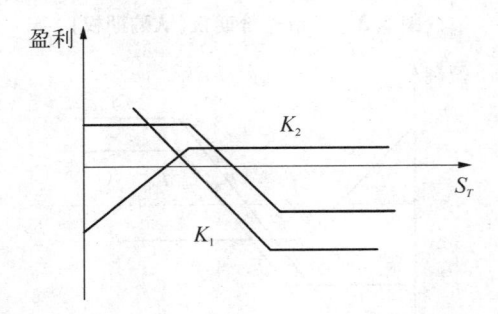

图 2.6 熊市差价期权（认沽期权）

用认沽期权构造牛市差价期权：购买某一执行价格较高的认沽期权并出售执行价格较低的认沽期权。

损益分析见表 2.7。

表 2.7　　　　　　　　　　　　　　熊市差价期权的支付

股票价格范围	认沽期权多头支付	认沽期权空头支付	总　支　付
$S_T \geqslant K_2$	$S_T - K_2$	$K_1 - S_T$	$-(K_2 - K_1)$
$K_1 < S_T < K_2$	0	$K_1 - S_T$	$-(S_T - K_1)$
$S_T \leqslant K_1$	0	0	0

如果投资者预期股票价格将下跌但跌幅不大，投资者可以利用熊市差价期权作为股票交易策略，通过进行期权交易获得预期兑现时的股票下跌的收益。

3. 蝶式差价期权

用认购期权构造蝶式差价期权：购买一个较低执行价格为 K_1 的认购期权，购买一个较高执行价格为 K_3 的认购期权，出售两个执行价格为 K_2 的认购期权，其中，$K_1 < K_2 < K_3$，$K_2 = 0.5(K_1 + K_3)$。

蝶式差价期权的损益分析见表 2.8、图 2.7。

表 2.8　　　　　　　　　　　蝶式差价期权的支付（由认购期权构成）

股票价格范围	第一个期权多头支付	第二个期权多头支付	期权空头支付	总　支　付
$S_T < K_1$	0	0	0	0
$K_1 < S_T < K_2$	$S_T - K_1$	0	0	$S_T - K_1$
$K_2 < S_T < K_3$	$S_T - K_1$	0	$-2(S_T - K_2)$	$K_3 - S_T$
$S_T > K_3$	$S_T - K_1$	$S_T - K_3$	$-2(S_T - K_2)$	0

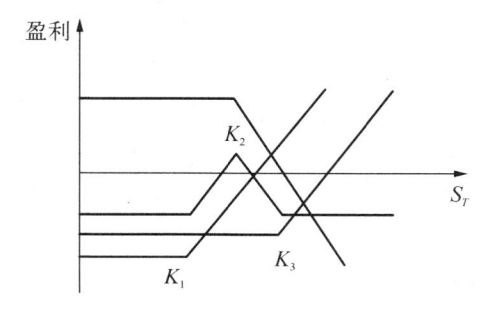

图 2.7　蝶式差价期权的支付（由认购期权构成）

用认沽期权构造蝶式差价期权：购买一个较低执行价格为 K_1 的认沽期权，购买一个较高执行价格为 K_3 的认沽期权，出售两个执行价格为 K_2 的认沽期权，$K_1 < K_2 < K_3$。

蝶式差价期权的损益分析见表 2.9。

表 2.9　　　　　　　　　　　蝶式差价期权的支付(由认沽期权构成)

股票价格范围	第一个期权多头支付	第二个期权多头支付	期权空头支付	总 支 付
$S_T < K_1$	0	0	0	0
$K_1 < S_T < K_2$	$S_T - K_1$	0	0	$S_T - K_1$
$K_2 < S_T < K_3$	$S_T - K_1$	0	$-2(S_T - K_2)$	$K_3 - S_T$
$S_T > K_3$	$S_T - K_1$	$S_T - K_3$	$-2(S_T - K_2)$	0

如果投资者预期股票价格将维持不变,投资者可以碟式差价期权作为股票交易策略,通过进行期权交易获得预期兑现时的收益。

4. 日历差价期权

用认购期权构造日历差价期权:出售一个认购期权同时购买一个具有相同执行价格且期限较长的认购期权,期权的到期日越长,其价格越高。

损益分析见图 2.8、图 2.9。

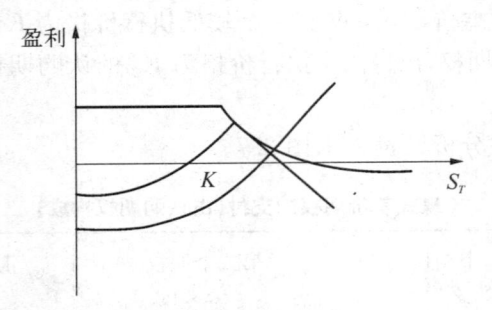

图 2.8　用认购期权构造日历差价期权

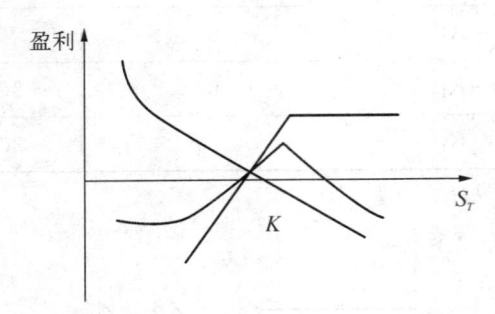

图 2.9　用认沽期权构造日历差价期权

用认沽期权构造日历差价期权:出售一个认沽期权的同时购买一个具有相同执行价格且期限较长的认沽期权。

中性日历差价期权:选取的执行价格非常接近股票的现价。

牛市日历差价期权:执行价格较高

熊市日历差价期权:执行价格较低

倒置日历差价期权:购买期限短的期权,出售期限长的期权。

日历差价期权作为碟式差价期权的替代交易策略。

三 组合期权

1. 跨式期权

跨式期权有底部跨式期权和顶部跨式期权两种。

底部跨式期权的构造：购买具有相同执行价格、相同到期日的同种股票的认购期权和认沽期权的多头。这种组合的损益见表2.10和图2.10。

表 2.10　　　　　　　　　　　　底部跨式期权的损益分析

股票价格范围	认购期权的支付	认沽期权的支付	总　支　付
$S_T \leqslant K$	0	$K - S_T$	$K - S_T$
$S_T > K$	$S_T - K$	0	$S_T - K$

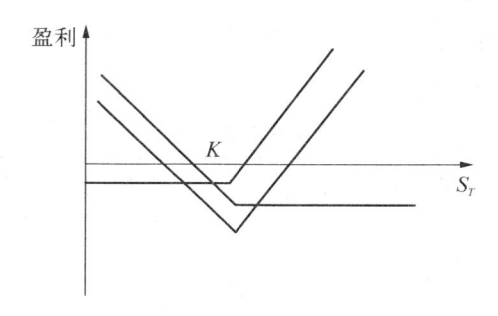

图 2.10　底部跨式期权的损益分析

顶部跨式期权的构造：出售具有相同执行价格、相同到期日的同种股票的认购期权和认沽期权的多头。这种交易策略是高风险策略。

如果投资者预期股票价格将大幅变化，但股票价格变化的方向不确定，则投资者可以底部跨式期权作为股票交易策略，通过进行期权交易获得预期兑现时的收益。相反，如果投资者预期股票价格几乎不变，则投资者可以顶部跨式期权作为股票交易策略，通过进行期权交易获得预期兑现时的收益。

2. Strips 与 Straps

Strips 的构造：具有相同执行价格和相同到期日的一个认购期权和两个认沽期权的多头。这种组合的损益见图2.11。

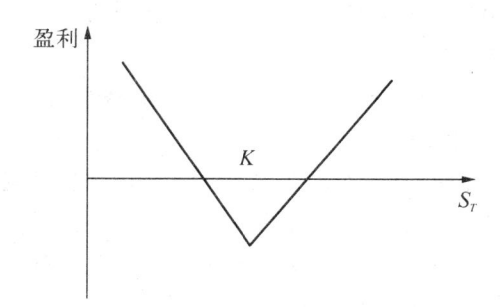

图 2.11　Strips 的损益

Straps 的构造：具有相同执行价格和相同到期日的两个认购期权和一个认沽期权的多头。这种组合的损益见图 2.12。

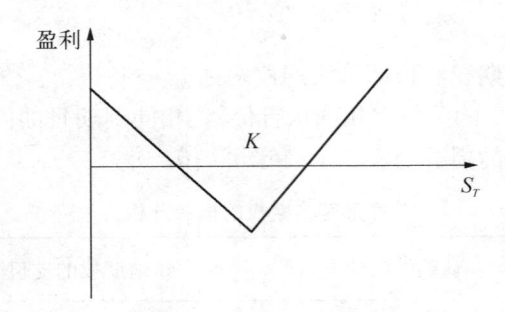

图 2.12 Straps 的损益

3. 宽跨式期权

宽跨式期权有底部垂直价差组合和顶部垂直价差组合两种。

底部垂直价差组合：购买相同到期日但执行价格不同的一个认沽期权和一个认购期权。这种组合的损益见表 2.11 和图 2.13。

表 2.11　　宽跨式期权损益

股票价格范围	认购期权的支付	认沽期权的支付	总　支　付
$S_T \leqslant K_1$	0	$K_1 - S_T$	$K_1 - S_T$
$K_1 < S_T < K_2$	0	0	0
$S_T \geqslant K_2$	$S_T - K_2$	0	$S_T - K_2$

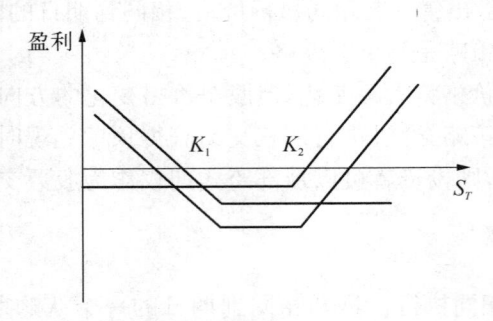

图 2.13 宽跨式期权损益

顶部垂直价差组合：出售相同到期日但执行价格不同的一个认沽期权和一个认购期权。这种交易策略是高风险策略。

Strips 与 Straps、宽跨式期权也可以作为股票交易策略使用。

4. 其他复合期权的损益状态

概念上，我们可以进行各种组合，如果在 T 时刻到期的欧式期权的执行价格可以取任何价位，理论上就可以获得（近似）任意形式的损益状态，构造出各种收益分布的组合。也就是说，股票的任何将来变化形式都可以通过组合各种期权实现复制。因此，如果投资者有股票预期，则可以通过期权交易方式获取股票价格预期的收益。

这里不再详细讨论其他复合期权的损益状态。感兴趣的读者可查阅相关文献。

本章小结

本章介绍了中国期权产品、期权与期权价格的性质。期权有看涨期权和看跌期权,有美式期权和欧式期权,还有奇异期权。当前股票(期权标的资产)的价格、期权合约的执行价格、期权合约的到期时间、期权合约有效期内预计股票发放的红利、股票预期收益率的波动率、无风险利率等因素影响期权价格。

应用无套利分析,我们可以发现期权价格的上下限及欧式看涨期权和欧式看跌期权价格必须满足的平价关系。对于美式看涨期权,提前行使权利是不利的,因此,期权持有者不会提前执行。美式看涨期权等价于欧式看涨期权。而对于美式看跌期权,则存在提前执行的可能,其价值比欧式看跌期权高。

不同期权组合可以创造出不同的风险收益特征,这种期权组合策略不仅可以作为投机交易的工具,也可以作为风险对冲工具、套期保值的工具。

问题与习题

1. 请访问中国所有的期权市场网站,总结中国市场中的期权产品。
2. 请解释什么是期权,并比较认购期权、认沽期权、欧式期权和美式期权的异同。
3. 分析欧式期权头寸在期权合约到期时的损益。
4. 什么是奇异期权?
5. 请说明期权价格与标的资产当前的市场价格、期权合约的执行价格、期权合约的到期期限、标的资产波动率、无风险利率、股票红利之间的关系。
6. 请证明书中各性质。
7. 如果当前市场无风险利率(任意期限的年利率)是10%,股票价格是25.50元/股,期权的期限还有9个月,期权的执行价格为26.00元/股,股票不付红利。请分别计算欧式看涨、认沽期权和美式看涨、认沽期权价格的上下限。
8. 在上题中,如果期权的标的资产在期权有效期内分发红利的现值为1元,请分别计算欧式看涨、认沽期权和美式看涨、认沽期权价格的上下限。
9. 如果当前市场无风险利率(任意期限的年利率)是10%,股票价格是25.50元/股,期权的期限还有9个月,期权的执行价格为26.00元/股,欧式认购期权的价格是7元,股票不付红利。请计算欧式认沽期权的价格。
10. 在上题中,如果期权的标的资产在期权有效期内分发红利的现值为1元,请计算欧式认沽期权的价格。

第三章

互　　换

第一节　中国互换市场

互换市场是机构签订互换合约的市场。所谓互换合约即一份经济合约，交易双方按照约定的时间，相互交换约定的现金流。签约时间在现在，现金流的交换发生在合约规定的将来时间。

货币互换往往也称为掉期。

在中国金融市场中，有人民币外汇掉期、人民币利率互换等金融产品。这些产品在中国外汇交易中心进行。

一　人民币外汇掉期[①]

产品定义：人民币外汇货币掉期交易是指在约定期限内交换约定数量的人民币与外币本金，同时定期交换两种货币利息的交易。本金交换的形式包括：

（1）在协议生效日双方按约定汇率交换人民币与外币的本金，在协议到期日双方再以相同的汇率、相同的金额进行一次本金的反向交换；

（2）在协议生效日和到期日均不实际交换人民币与外币的本金；

（3）在协议生效日不实际交换本金，在到期日实际交换本金；

（4）主管部门规定的其他形式。

利息交换是指交易双方定期向对方支付以换入货币计算的利息金额。交易双方可以按照固定利率计算利息，也可以按照浮动利率计算利息。

交易方式：双边询价。

交易币种：USD/CNY、EUR/CNY、JPY/CNY、HKD/CNY、GBP/CNY。

交易时间：北京时间 9：30～23：30（周六、周日及法定节假日不开市）。

清算方式：双边清算。

市场准入：具备银行间外汇市场即期会员资格且取得相关金融监管部门批准的衍生品业务资格的金融机构，可根据业务需要单独或一并申请各类银行间人民币外汇衍生品会员。

---

① http://www.chinamoney.com.cn/fe/Channel/2618.

二 人民币利率互换[①]

产品定义：人民币利率互换交易是指交易双方约定在未来的一定期限内，根据约定的人民币本金和利率计算利息并进行利息交换的金融合约。

交易方式：询价交易和点击成交。利率互换可以通过全国银行间同业中心的交易系统进行；未通过交易中心系统达成的，金融机构应在利率互换交易达成后的下一个工作日12:00前将交易情况送交易中心备案。

参考利率：利率互换交易的参考利率应为经中国人民银行授权全国银行间同业拆借中心发布的银行间市场具有基准性质的市场利率或人民银行公布的基准利率。

交易主体：全国银行间债券市场参与者（简称市场参与者）中具有做市商或结算代理业务资格的金融机构可与其他所有市场参与者进行利率互换交易，其他金融机构可以与所有金融机构进行利率互换交易，非金融机构只能与具有做市商或结算代理业务资格的金融机构进行以套期保值为目的的利率互换交易。

交易时间：北京时间上午 9:00~12:00，下午 13:30~17:00。中国国内法定假日不开市。

在国际互换市场，互换市场制度建设的主要工作由 ISDA（International Swaps and Derivatives Association）进行。ISDA 主协议奠定了全球互换市场制度的基础。相关资料可以在网上查询。

第二节 互换的基本概念

一 互换

定义 3.1 互换是两个机构之间达成的协议，协议规定双方按照约定的公式和约定的时间，在将来彼此交换现金流。

互换合约的开始日期、互换到期日、现金流支付频率、现金流计算公式等是互换合约的核心要素。常见的互换合约现金流每季度或半年支付，现金流计算公式通常与市场利率挂钩。

互换合约常常规定本金，而且本金也可能进行交换。有些互换合约，本金仅是名义的，用来计算利息，实际并不交换。

从互换的定义看，互换可以看作是一系列远期合约的组合。远期合约的许多性质，可以用来描述互换合约。

根据互换合约，合同方按照规定的时间频率支付一笔现金流，同时收到一笔现金流。这两个现金流分别等同于一份债券。因此，互换可以看作一个债券多头与债券空头的组合。

二 利率互换

定义 3.2 在一定的期限内，协议的一方按照合约规定的固定利率和名义本金向另一方支付利息，同时得到另一方按照合约规定的浮动利率和名义本金支付的利息。

合约中浮动利率的选择可以有各种形式。在中国，利率互换交易的参考利率应为经中国

[①] http://www.chinamoney.com.cn/fe/Channel/2618.

人民银行授权全国银行间同业拆借中心发布的银行间市场具有基准性质的市场利率或中国人民银行公布的基准利率。在欧美金融市场，LIBOR（伦敦同业银行间放款利率）是最常用的基准利率，是国际金融市场贷款的参考利率，在互换合约中也被广泛应用。

例如，如果互换合同中指明，浮动利率定为 6 个月期、年利率为 LIBOR＋0.5％，则说明贷款期限被分成 6 个月的期限，对每个期间开始时利率设定为当前 6 个月期、年利率为 LIBOR＋0.5％，利息在每个期间结束时支付。利率互换中双方并不实际交换名义本金，利息也不需要全额交换，而需要将浮动与固定利率差额部分乘上名义本金所得到的数额支付给"获利"一方即可。

例 3.1 2013 年 3 月 1 日，A 公司与 B 公司签订一份利率互换合约，合约开始于 2013 年 3 月 1 日，互换期限为 3 年。B 公司同意向 A 公司支付以年利率 5％和本金 1 亿元人民币所计算的利息；A 公司同意向 B 公司支付以 6 个月 LIBOR 和同样本金所计算的浮动利息。协议规定每 6 个月交换一次利息，5％的利率按半年复利计息。B 公司的头寸如表 3.1 所示，互换示意图见图 3.1。

表 3.1　　　　　　给出各个时期的互换现金流（百万元人民币）

时间	LIBOR 利率	收到的浮动现金流	支付的固定现金流	净现金流
2013 年 3 月 1 日	4.20％			
2013 年 9 月 1 日	4.80	＋2.10	－2.50	－0.40
2014 年 3 月 1 日	5.30	＋2.40	－2.50	－0.10
2014 年 9 月 1 日	5.50	＋2.60	－2.50	＋0.15
2015 年 3 月 1 日	5.60	＋2.75	－2.50	＋0.25
2015 年 9 月 1 日	5.90	＋2.80	－2.50	＋0.30
2016 年 3 月 1 日	6.40	＋2.95（＋102.95）	－2.50（－102.50）	＋0.45

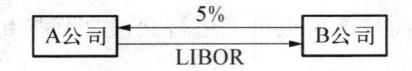

```
              5%
 A公司 ←――――――――→ B公司
         LIBOR
```

图 3.1　A 公司与 B 公司之间的利率互换

在这个例子中，B 公司被称为是固定利率支付方或浮动利率接受方，B 公司的头寸可以认为是一个浮动利率债券的多头和一个固定利率债券的空头，因此，互换合约的估价可以认为是两个债券的组合。A 公司被称为是浮动利率支付方或固定利率接受方，A 公司的头寸与 B 公司的头寸正好相反。

三　货币互换

定义 3.3 基本的货币互换是将一种货币贷款的本金和利息与另外一种货币贷款的本金和利息进行交换。互换的本金部分通常与当前汇率计算的价值几乎等价。

在利率互换中,仅有固定利率与浮动利率的交换。货币互换一共有三种利率交换形式:固定利率与浮动利率的交换、浮动利率与浮动利率的交换、固定利率与固定利率的交换。

利率互换通常不交换本金,仅交换利息。货币互换需要交换本金和使用本金发生的利息。本金在货币互换有效期开始时交换,一般按互换开始时的汇率交换本金,互换结束时再将本金换回(与结束时的实际汇率无关)。利息则按本金乘以互换规定的利率所得的数额进行全额交换。

例 3.2 假设一家银行与其他机构签订一份 5 年期美元交换英镑的互换合约,银行收美元本金以及按照固定利率计算的美元利息,支付英镑本金以及按照固定利率支付的英镑利息。互换合约从 2012 年 3 月 1 日开始,2017 年 3 月 1 日结束。美元本金为 1 500 万,利息为 8%;英镑本金为 1 000 万,利息为 11%。银行的货币互换见图 3.2,互换现金流见表 3.2。

图 3.2 银行的货币互换

表 3.2　　　　　　　　　　银行的货币互换(百万)

时　　间	美　元	英　镑
2012 年 3 月 1 日	−15.00	10.00
2013 年 3 月 1 日	0.60	−0.70
2014 年 3 月 1 日	0.60	−0.70
2015 年 3 月 1 日	0.60	−0.70
2016 年 3 月 1 日	0.60	−0.70
2017 年 3 月 1 日	15.60	−10.70

例 3.2 中的互换是固定利率换固定利率,固定利率换浮动利率、浮动利率换浮动利率的互换合约现金流与固定利率换固定利率类似,不过由于是交换市场浮动利率,当前我们不确定需要交换的现金流大小。

第三节　互换的简单应用

利率互换可以用来转换公司的资产和负债,将浮动利率的贷款(债务)转换为固定利率的贷款(债务)。货币互换可以转换资产和负债的货币种类,规避汇率风险或满足监管要求。

一 调整资产组合风险头寸的工具

1. 利用互换转换某项负债

例3.3 公司 A 以固定利率 5.2% 借了 10 亿元贷款,公司 B 以浮动利率 LIBOR+80 个基点借了 10 亿元贷款。公司 A 希望支付浮动利率,公司 B 希望支付固定利率。通过如下互换,公司 A 可将 5.2% 的固定利率贷款转换为 LIBOR+20 个基点的浮动利率贷款,公司 B 可将 LIBOR+80 个基点的浮动利率贷款转化为 5.8% 的固定利率贷款。

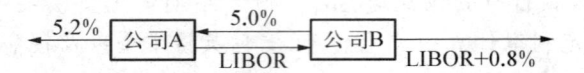

$$5.2\% \leftarrow 公司A \underset{LIBOR}{\overset{5.0\%}{\rightleftarrows}} 公司B \rightarrow LIBOR+0.8\%$$

图 3.3 公司 A 与公司 B 用利率互换转换负债

经过互换后,公司 A 和公司 B 的现金流如下:

公司 A:支付 5.2% 的年利率给外部借款者;支付 LIBOR 年利率给互换对手;收到互换对手 5% 的年利率。最终,公司 A 支付 LIBOR+0.2% 的固定利率,固定利率负债转换为浮动利率负债。

公司 B:支付 LIBOR+0.8% 的年利率给外部借款者;收到互换对手 LIBOR 的年利率;支付互换对手 5% 的年利率。最终,公司 B 支付 5.8% 的固定利率,浮动利率负债转换为固定利率负债。

2. 利用互换规避外汇风险

例3.4 公司 C 进口了一套大型设备,需要在将来用外币分期支付设备货款,将来的现金流如表 3.3 所示。

表 3.3   公司 C 预期现金流

时间	现金支出(万欧元)
2017 年 3 月 1 日	80
2018 年 3 月 1 日	100
2019 年 3 月 1 日	180

公司为了规避汇率风险,可以与一家银行签订如下互换合约:在 2017 年 3 月 1 日,用 880 万元人民币换 80 万欧元;2018 年 3 月 1 日用 1 050 万元人民币换 100 万欧元;2019 年 3 月 1 日用 1 800 万元人民币换 180 万欧元。最终,公司 C 未来的支付现金流全部是人民币,没有汇率风险。

3. 利用互换转换某项资产

例3.5 公司 A 有 10 亿以 LIBOR−25 个基点的浮动利率盈利的资产,公司 B 有 10 亿元以 4.7% 的固定利率盈利的资产。公司 A 希望得到固定利率的收益,公司 B 希望得到浮动利率的收益。通过如下互换,公司 A 可将按 LIBOR—25 个基点的浮动利率盈利的资产转换为 4.75% 的固定利率盈利的资产,公司 B 可将 4.7% 的固定利率盈利的资产转化为 LIBOR—30 个基点的浮动利率盈利的资产。

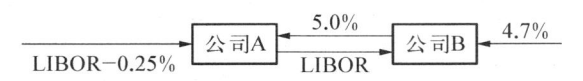

```
                          5.0%              4.7%
 LIBOR−0.25% →  公司A  ←――――→  公司B  ←――――
                          LIBOR
```

图 3.4　公司 A 与公司 B 用利率互换转换资产

经过互换后,公司 A 和公司 B 的现金流如下:

公司 A:从投资中收到 LIBOR—25 基点的利率;支付 LIBOR 年利率给互换对手;收到互换对手 5% 的年利率。最终,公司 A 支付 5.5% 的固定利率,浮动利率资产转换为固定利率资产。

公司 B:从债券中收到 4.7% 的年利率;收到互换对手 LIBOR 的年利率;支付互换对手 5% 的年利率。最终,公司 B 支付 LIBOR—0.3% 的浮动利率,固定利率资产转换为浮动利率资产。

4. 为符合监管要求的互换

例 3.6　一家地方国有银行 HB 进行一项海外投资项目,将来的现金流如表 3.4 所示。

表 3.4　银行 HB 将来现金流

时　间	现金收入(万美元)
2017 年 3 月 1 日	75
2018 年 3 月 1 日	100
2019 年 3 月 1 日	175

由于本国外汇管理规则的要求,银行 HB 不能持有外币资产和负债,需要进行货币互换,满足监管的要求。银行 HB 可以与金融中介签订如下互换合约:在 2017 年 3 月 1 日,用 75 万美元交换 621 万元人民币;2018 年 3 月 1 日用 100 万美元交换 800 万元人民币;2019 年 3 月 1 日用 175 万美元交换 1 365 万元人民币。最终,银行 HB 的资产负债表中没有外币资产。

二　比较优势与互换利益

互换有时还能利用市场的不完善,利用公司的市场地位获得利益。

例 3.7　公司 A 和公司 B 分别向银行申请贷款的利率报价见表 3.5。公司 A 和公司 B

都希望得到 1 000 万元人民币的贷款,贷款期限是 10 年。公司 A 欲借入与 6 个月 LIBOR 相关的浮动利率资金,公司 B 欲按固定利率借款,见表 3.5。

表 3.5 贷款利率表

	固定利率	浮动利率
公司 A	10.00%	6 个月期 LIBOR+0.30%
公司 B	11.20%	6 个月期 LIBOR+1.00%

为了以尽可能低的成本达到公司 A 和公司 B 理想的贷款需求,可以考虑设计一个利率互换。

由于公司 A 在借固定利率的市场上支付的利率是 10.00%,比公司 B 在借固定利率的市场上支付的利率 11.20% 少 1.20%,而公司 A 在借浮动利率的市场上支付的利率是 6 个月期 LIBOR+0.30%,比公司 B 在借浮动利率的市场上支付的利率仅少 0.70%,公司 A 在借固定利率的市场上有相对优势,公司 B 在借浮动利率的市场上有相对优势,可考虑利率互换计划。公司 A 按照固定利率 10.00% 借 1 000 万元,公司 B 按照浮动利率 6 个月期 LIBOR+1.00% 借 1 000 万元,然后双方按照图 3.5 所示方式互换贷款。

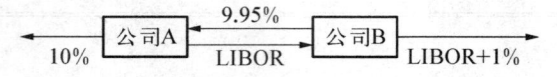

图 3.5 公司 A、公司 B 利率互换

这个互换的预期总潜在收益为:

$$(11.20\% + 0.30\%) - (10.00\% + 1.00\%) = 0.5\%$$

这个利率互换能成立的前提是在固定利率市场和浮动利率市场上,公司 A 和公司 B 能得到计划中的合约。只有公司 B 能连续以 LIBOR+1.0% 借入浮动利率资金时,它付出的利率才为 10.95%。如果市场条件发生变化,如公司的信用评级出现变化,则公司 B 有可能得不到希望的浮动利率贷款合同,见表 3.6。

表 3.6 公司 A 和公司 B 直接贷款与互换贷款的利率支付比较

公司 A 支付利率		公司 B 支付利率	
直接贷款	互换	直接贷款	互换
6 个月期 LIBOR+0.30%	6 个月期 LIBOR+0.05%	11.20%	10.95%

例 3.8 在例 3.7 的利率互换中,公司 A 与公司 B 可能彼此互不了解对方的融资需求和融资成本,是否存在互换机会也不确定。它们通常可以向金融中介询价,讨论潜在的互换可能。在互换合约设计时,也可以考虑通过金融中介进行。将互换预期总潜在收益 0.5% 中的 0.1% 分配给金融中介,公司 A 和公司 B 分别获得 0.2% 的收益。互换交易按照图 3.6 所示的方式进行。

图 3.6 加入中介的公司 A、公司 B 利率互换

经过互换后,公司 A 和公司 B 的贷款利率支付见表 3.7。

表 3.7　　　　　　　公司 A 和公司 B 直接贷款与互换贷款的利率支付比较

公司 A 支付利率		公司 B 支付利率	
直接贷款	互　换	直接贷款	互　换
6 个月期 LIBOR+0.30%	6 个月期 LIBOR+0.10%	11.20%	11.00%

例 3.9　在 2017 年 3 月 1 日,公司 A 欲借 100 万英镑,而公司 B 欲借 140 万美元,期限都是 3 年,当前外汇市场 1 英镑兑换 1.4 美元。公司 A 和公司 B 在英镑和美元借贷市场的借贷利率状况见表 3.8。

表 3.8　　　　　　　　公司 A 和公司 B 的美元、英镑贷款利率

借款利率	美　元	英　镑
公司 A	8.0%	11.6%
公司 B	10.0%	12.0%

由于公司 A 在借美元的市场上支付的利率是 8%,比公司 B 在借美元的市场上支付的利率 10% 少 2%,而公司 A 在借英镑的市场上支付的利率是 11.6%,比公司 B 在借美元的市场上支付的利率 12% 仅少 0.4%,因此公司 A 在借美元的市场上有相对优势,公司 B 在借英镑的市场上有相对优势,可考虑货币互换计划。

公司 A 借 140 万美元,公司 B 借 100 万英镑,然后双方互换贷款本金和债务。这个互换的预期总收益=相对劣势总成本−相对优势总成本=(10.0%+11.6%)−(8%+12%)=1.6%。经过互换后,双方融资总成本可降低 1.6%。

一种可能的互换如图 3.7 所示。

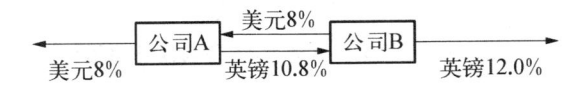

```
              美元8%
美元8% ──── 公司A ─────── 公司B ──── 英镑12.0%
              英镑10.8%
```

图 3.7　公司 A 与公司 B 之间的利率互换

例 3.10　在例 3.9 的货币互换中公司 B 承担汇率风险,如果不引入中介,则公司 A 和公司 B 中一定有一家公司承担汇率风险。公司 A 和公司 B 为了避免汇率风险,可以通过金融中介进行互换,由金融中介承担汇率风险,如图 3.8 所示。

```
              美元8%              美元9.4%
美元8% ──── 公司A ──── 金融机构 ──── 公司B ──── 英镑12%
              英镑11%              英镑12%
```

图 3.8　公司 A 与公司 B 之间、金融中介的利率互换

从表 3.9 可以看出,与没有互换相比,通过货币互换,互换双方均取得利益。

表 3.9　　　　　　　公司 A 和公司 B 直接贷款与互换贷款的利率支付比较

公司 A 支付利率		公司 B 支付利率	
直接贷款	互　换	直接贷款	互　换
11.60%	11.00%	10.00%	9.40%

最早产生利率互换与货币互换的原因,是因为在分割市场上不同机构获得贷款的成本不同。于是双方各自在"相对优势"市场上获得贷款,再进行本金互换并支付使用利息,从而降低融资成本。随着金融市场全球一体化的发展,货币互换这种原始动机在减弱,但作为调整资产组合风险头寸的工具,货币互换仍然具有广阔的市场。

第四节 利率互换合约定价

一 利率互换模型

我们考虑基本的互换协议,假设协议的支付日期分别为时刻 $T_i = T_0 + i\delta$, $i = 1, \cdots, n$,互换本金是 H,T_0 是互换协议的开始日期,在日期 T_i 的支付浮动利率为 $l(T_i - \delta, T_i)$,支付的固定利率为 K。$l(T_i - \delta, T_i)$ 表示 $T_i - \delta$ 借钱、T_i 偿还的货币市场利率。在欧美市场,$l(T_i - \delta, T_i)$ 通常是 LIBOR 利率。在中国市场,$l(T_i - \delta, T_i)$ 通常用 SHIBOR 代替。

引入记号:

$$i(t) = \min\{i \in \{1, 2, \cdots, n\} : T_i > t\}$$

其中,t 表示当前时间,$T_{i(t)}$ 表示互换合约规定的距 t 最近一次现金流支付的时间(参见图 3.9 和图 3.10)。

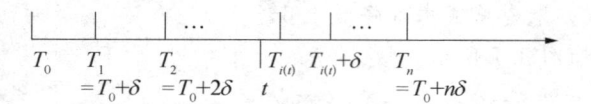

图 3.9 互换时间关系图(t 在互换开始后)

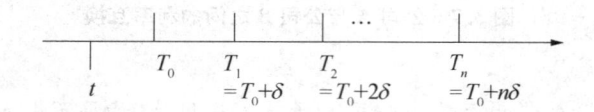

图 3.10 互换时间关系图(t 在互换开始前)

由于经常用到即期利率(收益曲线)、贴现因子、远期利率,现在我们给出即期利率、贴现因子和远期利率的记号。

记当前 t 到时刻 T 的贴现因子为 $P(t, T)$,当前 t 时刻 T_1 至 T_2 的远期利率为 $H(t, T_1, T_2)$。

本章中,我们使用单利计息的各种利率。单利利率与复利利率、连续复利利率的换算关系,请查阅相关文献。

二 利率互换价值

利率互换协议可以认为是本金为 H 的两个债券的资产组合:一个固息债券支付固定利率 K,一个浮息债券支付浮动(即期)利率 $l(T_i - \delta, T_i)$。按照市场习惯,利息按单利计算,固息债券每期固定(利息支付为 $HK\delta$),附息债券每期支付利息 $Hl(T_i - \delta, T_i)\delta$。我们记固息

债券在当前时间 t 的价值为 V_t^{fix}，浮息债券在当前时间 t 的价值为 V_t^{fl}。

固息债券和浮息债券的利息流见图 3.11。

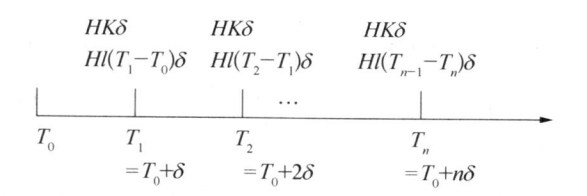

图 3.11 固息债券与浮息债券的利息流

由于我们能观察到当前市场收益曲线，知道所有固息债券的现金流，于是，现金流按照收益曲线贴现，可以得到固息债券在当前时间 t 的价值为：

$$V_t^{fix} = \sum_{i=i(t)}^{n} HK\delta P(t, T_i) = HK\delta \sum_{i=i(t)}^{n} P(t, T_i) \tag{3.1}$$

下面我们分析浮息债券的当前价值。

首先，我们说明在互换初期 T_0 浮息支付现金流的价值就是本金价值与期末本金现值的差。

设想以本金 H 按照市场利率进行 n 次投资，第 i 次投资时间是 T_{i-1}，结束时间是 T_i ($i = 1, 2, \cdots, n$)，每次投资收益是 $Hl(T_i - \delta, T_i)\delta$，与浮息债券的利息支付完全一致。投资现金流如图 3.12 所示。

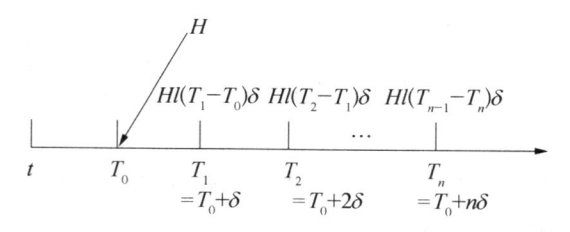

图 3.12 投资现金流与现值

这个想象的投资利息流加期末本金在 T_0 的现值就是本金 H。而浮息债券的利息支付与这个投资的利息流完全一致。因此，货币互换的浮息债券在 T_0 时的价值就是本金 H 减去本金 H 从 T_0 贴现到 T_0 的价值。

现在假设 $t \leqslant T_0$，即互换协议在将来时刻 T_0 开始有效，我们讨论 t 时刻货币互换的价值。根据图 3.10 及前面的讨论，所有将来浮息支付在当前的价值为：

$$V_t^{fl} = H[P(t, T_0) - P(t, T_n)], \quad t \leqslant T_0 \tag{3.2}$$

于是，互换固定利率支付方的合约价值为：

$$V = H[P(t, T_0) - P(t, T_n)] - HK\delta \sum_{i=i(t)}^{n} P(t, T_i), \quad t \leqslant T_0 \tag{3.3}$$

如果 $t > T_0$，则表示互换协议已经开始执行一段时间，最近的现金互换执行时间是 $i(t)$，类似 $t \leqslant T_0$ 条件下的分析，在 $i(t)$ 以后产生的利息流的现值为 $H[P(t, T_{i(t)}) - P(t, T_n)]$。而在 $i(t)$ 时支付的利息为 $H\delta l(T_{i(t)} - \delta, T_{i(t)})$，其现值为 $H\delta l(T_{i(t)} - \delta, T_{i(t)})P(t, T_{i(t)})$。于是，所有将来浮动利率支付的当前价值为：

$$V_t^{fl} = H\delta l(T_{i(t)} - \delta, T_{i(t)})P(t, T_{i(t)}) + H[P(t, T_{i(t)}) - P(t, T_n)], \quad T_0 \leqslant t < T_n \quad (3.4)$$

其中，$l(T_{i(t)} - \delta, T_{i(t)})$ 在 t 时刻是已知数据，于是，互换支付固息方的合约价值为

$$\begin{aligned} V &= H\delta l(T_{i(t)} - \delta, T_{i(t)})P(t, T_{i(t)}) + H[P(t, T_{i(t)}) - P(t, T_n)] - HK\delta \sum_{i=i(t)}^{n} P(t, T_i), \quad t \geqslant T_0 \\ &= P(t, T_{i(t)})[H\delta l(T_{i(t)} - \delta, T_{i(t)}) + H] - HK\delta \sum_{i=i(t)}^{n-1} P(t, T_i) - H(1+K\delta)P(t, T_n), \quad t \geqslant T_0 \end{aligned}$$
$$(3.5)$$

我们可以用式(3.5)计算互换支付固息方的合约价值。互换收到固息方的合约价值为式(3.5)的相反数。

式(3.5)是将互换合约视为固息债券与浮息债券的组合方式得到互换合约价值，我们也可以推导出将互换合约视为一系列远期合约时互换合约价值的计算公式。

由于

$$\begin{aligned} H\delta l(T_i - \delta, T_i)P(T_i - \delta, T_i) &= H\delta \frac{l(T_i - \delta, T_i)}{1 + \delta l(T_i - \delta, T_i)} \\ &= HP(T_i - \delta, T_i - \delta) - HP(T_i - \delta, T_i) \end{aligned}$$

最后一个等号后面的值正好就是互换的浮动利率支付值。因此，在任意 $t \leqslant T_i - \delta$，将来的浮动利率支付现值一定是

$$HP(t, T_i - \delta) - HP(t, T_i) = H\delta P(t, T_i) \frac{1}{\delta}\left(\frac{P(t, T_i - \delta)}{P(t, T_i)} - 1\right)$$

由于

$$L(t; T_i - \delta, T_i) = \frac{1}{\delta}\left(\frac{P(t, T_i - \delta)}{P(t, T_i)} - 1\right)$$

所以

$$HP(t, T_i - \delta) - HP(t, T_i) = H\delta P(t, T_i)L(t; T_i - \delta, T_i) \quad (3.6)$$

因此，在 T_i 时得到的支付 $H\delta l(T_i - \delta, T_i)$ 在 $t \leqslant T_i - \delta$ 的现值为 $H\delta P(t, T_i)L(t; T_i - \delta, T_i)$，即未知的将来支付的即期利率 $l(T_i - \delta, T_i)$ 用当前的远期利率 $L(t; T_i - \delta, T_i)$ 代替，并用当前的无风险贴现因子 $P(t, T_i)$ 贴现。而

$$P(t, T_{i(t)}) - P(t, T_n) = \sum_{i=i(t)+1}^{n} [P(t, T_{i-1}) - P(t, T_i)], \quad t > T_0$$

从式(3.4)和式(3.6)可得：

$$V_t^{fl} = H\delta P(t, T_{i(t)})l(T_{i(t)} - \delta, T_{i(t)}) + H\delta \sum_{i=i(t)+1}^{n} P(t, T_i)L(t; T_i - \delta, T_i), \quad t > T_0 \quad (3.7)$$

当 $t \leqslant T_i - \delta$ 时，式(3.7)中第一项不出现，所以，

$$V_t^{fl} = H\delta \sum_{i=i(t)}^{n} P(t, T_i)L(t; T_i - \delta, T_i) \quad (3.8)$$

于是，互换支付固息方的合约价值为

$$V = H\delta \sum_{i=i(t)}^{n} P(t, T_i)(L(t; T_i - \delta, T_i) - K), \quad t \geqslant T_0 \quad (3.9)$$

式(3.9)就是视利率互换合约为一系列远期合约组合的方式计算利率互换合约价值，用式(3.9)计算互换支付固息方的合约价值，互换收到固息方的合约价值为式(3.9)的相反数。

说明：在以上的讨论中，假设利率互换不存在违约风险，因此，可以将利率期限结构的即期利率、远期利率作为折现率。

在互换价值计算公式时我们采用单利形式计算远期利率、即期利率和贴现因子。采用复利或者连续复利来计算远期利率、即期利率、贴现因子，应用互换价值计算公式时需要进行调整。

三 互换率与远期互换率

定义 3.4 互换率 $\tilde{l}(T_0, \delta)$ 定义为在 $t = T_0$ 时使 $V_t^{fix} = V_t^{fl}$ 的固定利率支付 K，即

$$\tilde{l}(T_0, \delta) = \frac{\sum_{i=1}^{n}(T_0; T_i - \delta, T_i)P(T_0, T_i)}{\sum_{i=1}^{n}P(T_0, T_i)} = \frac{1 - P(T_0, T_n)}{\delta \sum_{i=1}^{n}P(T_0, T_i)} \quad (3.10)$$

式(3.10)可以通过令式(3.9)等于 0 得到。按照互换率的定义，互换率使互换合约在开始时协议双方将来支付的现金流当前价值相同，因此，如果按照互换率签订互换协议，则合约的价值是零。

例 3.11 如果当前 T_0 开始的互换协议期限为 4 年，互换频率为 3 个月，零息票债券价格为 $P(T_0, T_{16}) = 0.90$，$\sum_{i=1}^{16} P(T_0, T_i) = 12.50$，则互换率 $\tilde{l}(T_0, \delta) = \dfrac{1 - 0.90}{0.25 \times 12.50} = 3.2\%$。

下面我们讨论远期互换和远期互换率。远期互换是进入一个互换协议，这个互换协议的开始时间为将来的时刻 T_0，协议的固定利率支付现在已经确定。类似远期利率，我们也有远期互换率。

定义 3.5 远期互换率 $L(t; \delta, T_0)$ 定义为在 $t \leqslant T_0$ 时使 $V_t^{fix} = V_t^{fl}$ 的固定利率支付 K，即

$$L(t; \delta, T_0) = \frac{\sum_{i=1}^{n}L(t; T_i - \delta, T_i)P(t, T_i)}{\sum_{i=1}^{n}P(t, T_i)} = \frac{P(t, T_0) - P(t, T_n)}{\delta \sum_{i=1}^{n}P(t, T_i)} \quad (3.11)$$

式(3.11)可以通过令式(3.3)等于 0 得到。

按照远期互换率的定义，如果协议双方按照远期互换率在今天签订将来开始的互换合约，则协议双方将来支付现金流的当前价值相同，因此，如果按照远期互换率签订远期互换协议，则合约的价值是零。

例 3.12 如果远期互换协议开始时间是 6 个月后，互换期限为 4 年，互换频率为 3 个月，当前零息票债券价格为 $P(t, T_0) = 0.94$，$P(t, T_{16}) = 0.90$，$\sum_{i=1}^{16} P(T_0, T_i) = 12.50$，则远期互换率

$$L(t; \delta, T_0) = \frac{0.94 - 0.90}{0.25 \times 12.50} = 1.28\%$$

四 利率互换价值计算

例 3.13 假设利率互换合约本金为 $100 百万,每半年支付一次利息,合约持有方支付 6 个月 LIBOR 利率,收 8% 固定利率,合约剩余期限为 1.25 年。当前 3 个月、9 个月、15 个月的 LIBOR 利率(即期利率)分别为 10%、10.5%、11%(连续复利),最近一次支付日 6 个月 LIBOR 利率是 10.2%。计算互换合约对该持有方的价值。

解 固息支付时间分别是 0.25 年、0.75 年和 1.25 年,支付利息为 $100 百万×8%/2=4 百万,本金为 100 百万;浮息支付时间为 0.25 年,支付利息为 $100 百万×10.2%/2=5.1 百万,本金为 100 百万。根据即期利率计算的期限为 0.25、0.75 和 1.25 年的贴现因子分别为 0.975 3、0.924 3 和 0.871 5,又根据式(3.5),互换价值为:

$$4\times 0.975\,3 + 4\times 0.924\,3 + 104\times 0.871\,5 - 105.1\times 0.975\,3 = -4.267 (百万)$$

这个计算过程也可以用表 3.10 表示。

表 3.10   利率互换价值计算——债券

时间(年)	固息债券	浮息债券	贴现因子	固息债券现值	浮息债券现值
0.25	4	105.1	0.975 3	3.901	102.504 5
0.75	4		0.924 3	3.697	
1.25	104		0.871 5	0.871 5	
总计				98.238	102.505
互换价值				98.238−102.505=−4.267	

表 3.6 的第一列数据为现金流支付时间,第二列为股息债券现金流,第三列为浮息债券在 0.25 年后的价值。贴现因子根据即期利率计算得到。因为即期利率是连续复利计息,所以贴现因子分别为 $P(0,0.25)=e^{-10\%\times 0.25}$,$P(0,0.75)=e^{-10.5\%\times 0.75}$,$P(0,1.25)=e^{-11\%\times 1.25}$。贴现因子乘以债券利息得到债券利息现值,将债券利息现值相加得到债券价值。互换价值是债券价值之差。

例 3.14 例 3.13 也可以将互换合约视为三个远期利率协议的组合,用式(3.9)计算互换价值。计算过程用表格形式表示为表 3.11。

表 3.11   利率互换价值计算——远期

时间(年)	固息现金流	远期利率(%)	浮息现金流	净现金流	贴现因子	现值
0.25	4	10.200	−5.100	−1.1	0.975 3	−1.073
0.75	4	11.044	−5.522	−1.522	0.924 3	−1.407
1.25	4	12.102	−6.051	−2.051	0.871 5	−1.787
						−4.267(总计)

表3.7中的远期利率是单利计息。因为式(3.9)中的远期利率$L(t; T_i-\delta, T_i)$是单利计息,而例3.13中当前3个月、9个月、15个月的LIBOR利率(即期利率)是连续复利利率。根据远期利率、即期利率的定义,我们有

$$P(0, 0.75) = P(0, 0.25) \times (1+0.5 \times L(0; 3, 9))^{-1}$$
$$P(0, 1.25) = P(0, 0.75) \times (1+0.5 \times L(0; 9, 15))^{-1}$$

计算得到:

$$L(0; 3, 9) = 11.044\%, L(0; 9, 15) = 12.104\%$$

表3.7中第四列浮息现金流由表中对应远期利率除以2乘以互换本金得到。第五列净现金流由第二列与第四列数据相加得到,贴现因子与表3.6相同。表格最后一列给出互换价值

第五节 货币互换合约定价

一 货币互换合约价值

类似利率互换,货币互换可以认为是一份外币债券的多头和一份本币债券的空头组合。对于公平的货币互换合约,在合约签订时合约的价值为零。随着时间的推移,互换有了或正或负的价值。

与利率互换一样,我们站在支付本币、收到外币的一方来考察互换的价值。互换合约的本币债券和外币债券可以是固定利率,也可以是浮动利率。用B_F为互换中外币债券价值,B_D为互换中国内债券价值,S为即期汇率,则互换的价值为:

$$V = SB_F - B_D \tag{3.12}$$

固息债券价值的计算公式参见式(3.1),浮息债券价值的计算公式参见式(3.2)和式(3.8)。

从$V = SB_F - B_D$可以看出,影响货币互换价值的三个因素是外币利率、本币利率和汇率。如果外币利率上升,则互换合约外币收取方获得更多的现金流;如果本币利率上升,则使合约中的实际支付比市场支付要少;如果外币兑本币汇率上升,则可以获取以本币计价的更多现金流。

与利率互换相似,货币互换也可以视为一系列远期外汇合约的组合,可以通过这些外汇合约价值求和来计算货币互换合约价值。

二 货币互换合约计算

例3.15 假设日本的LIBOR/swap率是4%,美国LIBOR/swap率是9%。日元换美元的货币互换合约收日元、支付美元,本金为10百万美元、1 200百万日元。每年支付一次,每

次收 6% 日元、支付 8% 美元,互换持续 3 年。当时汇率为 1 美元换 110 日元。

可以分别视货币互换为债券组合、一系列远期组合来计算这个互换价值。以债券估值计算的数据见表 3.12,以远期估值计算的数据见表 3.13。

表 3.12　　　　　　　　　债券组合计算货币互换价值

时间	现金流($)	现值($)	现金流(yen)	现值(yen)
1	0.8	0.731 1	60	57.65
2	0.8	0.668 2	60	55.39
3	0.8	0.610 7	60	53.22
3	10.0	7.633 8	1 200	1 064.30
总计		9.643 9		1 230.55
价值		9.643 9−1 230.55/110=1.543 0		

表 3.13　　　　　　　　外汇远期组合计算货币互换价值

时间	美元现金流 $	日元现金流 yen	远期汇率	日元现金流 $	净现金流	现值
1	−0.8	60	0.009 557	0.573 4	−0.226 6	−0.207 1
2	−0.8	60	0.010 047	0.602 8	−0.197 2	−0.164 7
3	−0.8	60	0.010 562	0.633 7	−0.166 3	−0.126 9
3	−10.0	1 200	0.010 562	12.674 6	+2.674 6	2.041 7
总计						1.543 0

表 3.12 和表 3.13 的计算留作习题。

第六节　其 他 互 换

一　互换创新产品

前面我们介绍的互换,是一方支付固定利率另一方支付浮动利率的形式。它可以看作一序列远期合约,也可以看作两个债券的组合。这种"大众型"的互换是基本的互换合约。

在互换协议中,基本的要素是互换本金大小、本金标明的货币、将来的现金流支付的时间、支付的公式和支付的货币、互换期限。对这些要素的任意组合,就得到不同的互换协议,也是不同的产品创新。在利率互换协议中,可以作为互换利率参考指标的浮动利率有很多,如 6 个月 LIBOR 利率、1 个月商业票据收益率、短期国债收益率等。

下面介绍几种互换产品。

1. 交叉货币利率互换

交叉货币利率互换是以一种货币的固定利率换另外一种货币的浮动利率,相互支付的货币可能是同一种货币。比如,用美元固定利率交换欧元的 LIBOR 浮动利率,以欧元 LIBOR 利率计算浮动利息,乘以美元本金后得到浮动支付的美元数量。

2. 本金增长型、减少型与变化型互换

在互换协议中,名义本金是可以变化的。名义本金可以按照约定的公式增长,也可以按照约定的公式减少。例如,名义本金可以按照参考利率水平等指标进行调整,利率水平越低,本金减少(或者增加)越多;名义本金也可以是变化型,即本金既可以增加,也可以减少;等等。

3. 基点互换

基点互换合约中互换利率都是浮动利率,但它们的参考利率不同。例如,可以分别将基准利率和 LIBOR 利率作为参考利率,在此基础上,以一定的基点作为基础交换资金。

4. 可延长互换与可赎回互换

如果互换合约的一方有权延长互换期限,则称互换合约为可延长互换;如果互换合约的一方有权提前终止互换协议,则称互换合约为可赎回互换。

5. 零息互换

零息互换合约规定,合约中固定利息的多次支付现金流实际上是一次性支付,而不是分期支付。具体支付的时间可以在协议开始时支付,也可以在协议终止时支付。

6. 后期确定互换

通常互换合约中,浮动利率确定在前,利息支付在后。后期确定互换合约规定,在每次计息期结束后确定互换的浮动利率。

7. 差额互换

差额互换合约是对两种货币的浮动利率的现金流进行交换,两种利息现金流按照同种货币的相同名义本金计算。例如,名义本金是美元,但浮动参考利率分别是 6 个月期的美元 LIBOR 和 6 个月期的欧元 LIBOR。

8. 远期互换

远期互换合约的互换协议生效日是未来某一确定时间。

二 基于资产的互换

更一般形式的互换可以将商品价格变化、资产价格变化与利率、汇率或与它们相关的指标进行交换,交换现金流的公式在协议中明确。在市场中交易此类互换协议,可以通过市场发现商品价格、资产预期收益率等。

随着互换协议条款的不同,可以签订多种多样的互换协议。因此,互换不仅具有一般金融产品的性质,还能满足机构多样化、个性化的需求。

1. 股票(权益)互换

股票指数所产生的红利和资本利得与固定利率或浮动利率互换。例如,假设一机构持有指数组合,预计下半年股市收益会下降。为了避免收益损失,该机构可以选择将股票卖出,待日后再买入。但这么做一是增加交易成本,二是使得组合头寸波动。该机构出于维持分散化投资组合的目的(甚至出于维持对上市企业控制权的目的),可以进入短期互换市场,做权益互换。将半年期股指收益与固定收益(如年利率为 8%)互换,既锁定收益又维持组合头寸(见图 3.13)。

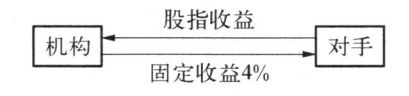

图 3.13 权益互换

2. 商品互换

商品互换是将一定量的商品平均现货价格与固定价格进行交换。通过这种互换,商品生产厂商可以锁定商品销售价格,作为经营风险管理工具(见图3.14)。

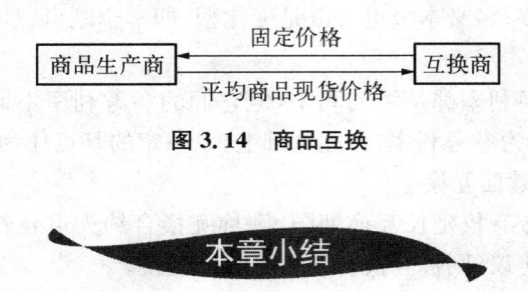

```
                    固定价格
   商品生产商  ←——————————→  互换商
                平均商品现货价格
```

图 3.14 商品互换

本章小结

本章介绍了中国互换产品与互换的性质以及它们的简单应用。最常见的互换是利率互换和货币互换。互换合约可以看作一系列远期合约,也可以看作一两个债券的资产组合。应用这个思想,我们给出了利率互换和货币互换的定价公式,介绍了各种形式的互换和互换期权。

问题与习题

1. 请总结中国市场中的互换产品。
2. 请解释互换合约。
3. 请解释互换合约与远期合约的异同。
4. 如果一家地方银行SB与一家全国性银行ICB签订如下互换协议:互换的名义本金是500万元,期限三年,CBI每六个月支付15万元给SB,SBI每三个月支付利息6.25万元给SB。请说明这份互换协议的现金流互换支付情况。
5. 请解释利率互换并给出一个利率互换的例子。
6. 请解释货币互换并给出一个货币互换的例子。
7. 请举例说明互换如何应用与转换负债。
8. 请举例说明如何利用互换规避外汇风险。
9. 请给出一些互换产品。
10. 请解释如何通过利率互换、货币互换获得融资利益。
11. 货币互换也可以视为一系列远期外汇合约的组合,可以通过这些外汇合约价值求和来计算货币互换合约价值。请写出货币互换价值计算公式,并推导证明。
12. 计算例3.15。

第二编

衍生证券的估价

- 资产价格行为与资产定价理论
- 衍生证券价格的计算
- 多因素模型及其应用

第四章

资产价格行为与资产定价理论

衍生证券的价值依赖于标的资产的性质,衍生证券的定价理论依赖于衍生证券**标的资产(基础资产)**的行为模型。衍生证券的基础资产可分为交易证券和非交易证券。仅被投资者用于投资的资产称为交易证券,股票、债券、黄金和白银等都是交易证券。非交易证券描述不能或非用于投资的资产,如利率、通货膨胀率、许多商品等都是非交易证券。由于股票是最常见的交易证券,利率是最常见的非交易证券,在以后的讨论中,我们用**股票代表交易证券,利率代表非交易证券**。

我们首先讨论不支付红利的股票价格的特性。如果有效市场假说成立,则股票的期望收益率与股票的价格水平无关,股票收益率的不确定性与股票的价格水平无关。这也跟市场的直觉一致,送股或缩股不会影响公司的预期收益率,也不应影响预期收益率的波动率。因此,任何描述股票期望收益率的数学模型,应该具有这两个性质。

下面介绍几个描述股票价格行为的模型。这些模型之所以经常被用来作为股票价格模型,一个重要的理由是它们满足股票期望收益率与股票价格水平无关、股票收益率的不确定性与股票的价格水平无关这两个性质。

一般而言,非交易证券不具有资产期望收益率与资产价格水平无关、资产收益率的不确定性与资产的价格水平无关这两个性质。因此,非交易证券的行为模型用 Ito 过程模拟,利率模型就是一个例子。下面首先介绍两个描述股票价格行为模型——二叉树模型和几何布朗运动模型,然后介绍利率模型。

最后,我们介绍套利定价、风险中性定价和随机贴现因子定价等基本的资产定价理论。

第一节 基本资产价格行为模型

一 二叉树价格模型

1. 二叉树

定义 4.1 如果股票价格过程 $\{S_t; t=0, 1, \cdots\}$ 满足,$S_t/S_{t-1} \in \{d, u\}$,$\forall t > 0$,S_t/S_{t-1} 与 S_{t-i},$\forall i > 0$ 独立,其中 S_0 是股票初期价格,$0 < d < 1 < u$,则称资产价格服从二项资产价格模型。

这个模型也称为二叉树模型,S_t 取 $t+1$ 个可能值,如果 S_t,$t \in \{0, 1, 2, \cdots, T\}$,则称为 T 期模型。如果一期无风险利率为 R,为了避免市场中出现套利机会,则通常要求

$0 < d < 1+R < u$。如果给定股票价格上升和下降的概率,**则容易验证**,股票期望收益率与股票价格水平无关,股票收益率的不确定性与股票的价格水平无关(见图 4.1)。

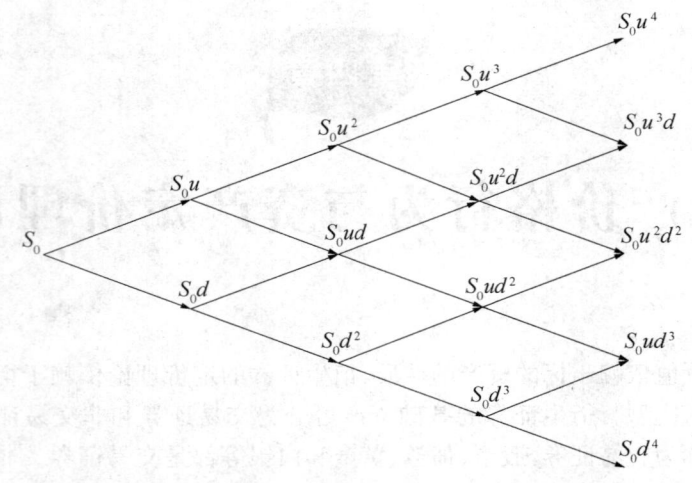

图 4.1 多步二叉树($N=4$)

2. 股票价格过程

在 3 期二叉树模型中,假设股票价格的初始值为 S_0,则股票价格过程的可能值分别为:

$$S_1 \in \{dS_0, uS_0\}, S_2 \in \{d^2S_0, udS_0, u^2S_0\}, S_3 \in \{d^3S_0, u^2dS_0, ud^2S_0, u^3S_0\}$$

3. 现实世界概率测度

如果我们给出股票价格上升的概率 p 和下降的概率 $q=1-p$,这个概率依赖于现实世界中股票价格变化的概率,则股票过程的预期收益率均值 μ、收益率的方差为 σ^2 分别为:

$$\mu = E_{t-1}[S_t/S_{t-1} - 1] = up + dq - 1$$

$$\sigma^2 = E_{t-1}[(S_t/S_{t-1} - 1) - \mu]^2 = (u-d)pq$$

显然,均值和方差是常数,与当前的股票价格无关。二叉树模型下股票的收益率、方差与当前股票价格无关的特征,与金融市场有效性假设一致。

4. 风险中性概率测度(鞅)

假设股票价格上升的概率为 p,下降的概率为 q,其中,

$$p \triangleq \frac{1+R-d}{u-d}, \quad q \triangleq \frac{u-(1+R)}{u-d} \tag{4.1}$$

概率 p,q 对应的概率测度 $\mathbb{Q}$,则 $E_{t-1}^{\mathbb{Q}}[(1+R)^{-t}S_t] = (1+R)^{-(t-1)}S_{t-1}$,$t=1,2,\cdots$,即在概率测度 $\mathbb{Q}$ 下,随机过程 $\{(1+R)^{-t}S_t, t \in \{0,1,2,\cdots\}\}$ 是鞅。由于这个鞅过程是原始过程以无风险利率折现而得到,过程 $\{S_t, t \in (0,1,2,\cdots)\}$ 的增长速度是无风险利率,故称概率测度 $\mathbb{Q}$ 为风险中性概率测度,p,q 是风险中性概率。

例 4.1 设 $S_0 = 4$,$u = 2$,$d = 1/2$,如果无风险利率是 10%,则风险中性概率为:

$$p = 0.4, q = 0.6$$

二 几何布朗运动模型

1. 几何布朗运动价格

定义 4.2 如果股票价格过程 $\{S_t; t \in [0, \infty)\}$ 服从随机微分方程 $dS = \mu S dt + \sigma S dz$，则称过程 $\{S_t; t \in [0, \infty)\}$ 服从几何布朗运动模型，其中，漂移 μ 和 σ 是常数。

在应用中，σ 解释为股票价格的波动率，μ 是股票的预期收益率。这个模型也称几何布朗运动。显然，股票期望收益率与股票价格水平无关，股票收益率的不确定性与股票的价格水平无关。

在为衍生证券估价时，有时我们并不要求股票价格的波动率 σ 和预期收益率 μ 是常数，σ 和 μ 可以是时间与股票价格的函数。这时，我们称为广义几何布朗运动模型。

2. 股票价格过程

性质 4.1 如果股票价格服从几何布朗运动模型 $dS = \mu S dt + \sigma S dz$，则

$$S_t = S_0 \exp\{\sigma z_t + (\mu - \sigma^2/2)t\}, \ln S_t \sim \varphi[\ln S_0 + (\mu - \sigma^2/2)t, \sigma^2 t] \tag{4.2}$$

证明 定义 $G = \ln S$，

由于 $\dfrac{\partial G}{\partial S} = \dfrac{1}{S}, \dfrac{\partial^2 G}{\partial S^2} = -\dfrac{1}{S^2}, \dfrac{\partial G}{\partial t} = 0$，根据 Ito 引理可得

$$dG = (\mu - \sigma^2/2)dt + \sigma dz$$

因此，$G_t - G_0 = \int_0^t (\mu - \sigma^2/2)ds + \int_0^t \sigma dz_s = (\mu - \sigma^2/2)t + \sigma z_t$，过程 $\{G_t, t \geq 0\}$ 的概率测度 $\mathbb{Q}$ 是正态分布。

因为 $G = \ln S$，于是 $\ln S_t - \ln S_0 = (\mu - \sigma^2/2)t + \sigma z_t$，所以，

$$S_t = S_0 \exp\{\sigma z_t + (\mu - \sigma^2/2)t\}, \ln S_t \sim \varphi[\ln S_0 + (\mu - \sigma^2/2)t, \sigma^2 t]$$

这里，我们假设 $z_0 = 0$。

记 $\eta = \dfrac{1}{t} \ln \dfrac{S_t}{S_0}$，则 η 是股票在 $(0, t)$ 的收益率。根据性质 4.1，η 服从正态分布，均值为 $\mu - \sigma^2/2$，方差为 σ^2/t。注意到 η 的均值与股票的瞬时收益率不同。

3. 风险中性概率测度

假设收益曲线是水平的，利率 R 是与时间无关的常数，定义折现过程 $D_t = \exp\{-Rt\}$，则

$$D_t S_t = S_0 \exp\{\sigma z_t + (\mu - R - \sigma^2/2)t\}$$

应用 Ito 引理计算，得到

$$d(D_t S_t) = (\mu - R) D_t S_t dt + \sigma D_t S_t dz_t = \sigma D_t S_t (\theta dt + dz_t)$$

这里，

$$\theta = (\mu - R)/\sigma \tag{4.3}$$

定义为**风险的市场价格**，它是与市场维纳过程 $\{z_t; t \geq 0, z_0 = 0\}$ 对应的风险的市场价格，也与市场维纳过程 $\{z_t; t \geq 0, z_0 = 0\}$ 相应的市场概率测度 $\mathbb{Q}$ 一一对应。

令 $d\tilde{z}_t = \theta dt + dz_t$，则 $\tilde{z}_t = \theta t + z_t; t \geq 0, \tilde{z}_0 = 0$，存在概率测度 $\tilde{\mathbb{Q}}$，在概率测度 $\tilde{\mathbb{Q}}$ 下，

过程 $\{\tilde{z}_t = \theta t + z_t ; t \geqslant 0\}$ 也是标准维纳过程。测度 $\mathbb{Q}$ 与 $\tilde{z}_t$ 对应。

因为 $d(D_t S_t) = \sigma D_t S_t d\tilde{z}_t$，于是 $D_t S_t = S_0 + \sigma \int_0^t D_u S_u d\tilde{z}_u$ 在概率测度 $\mathbb{Q}$ 下是 Ito 积分，因此也是鞅过程，于是，我们得到：

$$E_t^{\mathbb{Q}}[D_s S_s] = D_t S_t, \quad \forall s \geqslant t \tag{4.4}$$

称概率测度 $\mathbb{Q}$ 为与市场概率测度 $\mathbb{Q}$ 等价的风险中性概率测度，或简称等价鞅测度。

在风险中性概率测度 $\mathbb{Q}$ 下，直接计算，我们可以得到

$$dS = RSdt + \sigma S d\tilde{z}$$

即在风险中性概率测度 $\mathbb{Q}$ 下，股票价格过程的瞬时增长率是无风险利率，并且，

$$S_t = S_0 \exp\{\sigma \tilde{z}_t + (R - \sigma^2/2)t\} \tag{4.5}$$

三 利率模型

在本书中，利率模型可以是描述利率行为的模型，又因为非交易证券价格行为模型与利率模型有相同的形式，有时，我们用利率模型泛指非交易证券价格行为模型。实际上，股票价格模型可以看作利率模型的特例，如果对利率行为做一定的限制性假设，我们就得到股票价格模型。

我们首先定义瞬时利率，然后描述瞬时利率的模型，即利率模型。

1. 利率

定义 4.3 如果 $p(t, T)$ 为零息票无风险债券（如国债）的价格，债券面值规范化为 1 元，T 为国债到期日，则**瞬时利率** $r(t)$ 定义为：

$$r(t) = \lim_{T \to t} -\ln p(t, T)/(T-t) \tag{4.6}$$

瞬时利率 $r(t)$ 是零息票无风险债券的到期收益率当期限趋于零时的极限，仅在无穷小的时间内瞬时利率是确定的，或称为瞬时无风险。瞬时利率也可以解释为财富的瞬时无风险增长率，即：

$$dW_t = W_t r dt \tag{4.7}$$

于是，将来的财富为：

$$W_t = W_{t_0} e^{\int_{t_0}^t r_s ds} \tag{4.8}$$

期限为 t 的无风险利率 $R_t = \int_0^t r_s ds$。$\{R_t ; t \geqslant 0\}$ 就是**利率期限结构**，**收益曲线**就是 $\{t, E(R_t)\}$ 在平面 (t, R) 上的曲线。

2. 常见利率模型

现代金融理论研究表明，瞬时利率可以用 Ito 过程（扩散过程）模拟，即我们有如下利率模型：

定义 4.4 瞬时利率 $r(t)$ 服从随机微分方程 $dr = \alpha(r, t)dt + \beta(r, t)dz$，这里，$z$ 是维纳过程，$\alpha(r, t)$ 和 $\beta^2(r, t)$ 是过程 $r(t)$ 的瞬时漂移和瞬时方差，我们称这个随机微分方程为**利率模型**。

如果瞬时利率 $r(t)$ 的瞬时漂移 α 和瞬时方差 β 是常数,则我们得到 **Merton 模型**;如果瞬时漂移 $\alpha(r, t) = k(\theta - r_t)$,瞬时方差 $\beta(r, t) = \beta$ 是常数,我们得到 **Vasicek 模型**;如果瞬时漂移 $\alpha(r, t) = k(\theta - r_t)$,瞬时方差 $\beta(r, t) = \beta\sqrt{r_t}$,我们得到 **CIR 模型**。

为了描述利率行为,需要计算积分 $r_t = r_0 + \int_0^t \alpha(r_s, s)ds + \int_0^t \beta(r_s, s)dz_s$。仅在非常特殊的情况下,我们能计算出这个积分。

对于 Merton 模型,$\alpha(r, t) = 1$,$\beta(r, t) = 2$,则

$$r_t = r_0 + t + 2z_t$$

3. 利率风险的市场价格

显然,利率衍生证券 $V(r_t, t)$ 是利率和时间的函数。假设瞬时利率 $r(t)$ 服从 Ito 方程,根据 Ito 引理,利率衍生证券 $V = V(r_t, t)$ 也是 Ito 过程,因此,定义

$$dV = \mu V dt + \sigma V dz \tag{4.9}$$

是合理的。

定义 4.5 记利率风险的市场价格为

$$\theta_t = \theta(r_t, t) = (\mu - r_t)/\sigma \tag{4.10}$$

它描述每单位风险的风险溢价。

我们有下面的性质:

性质 4.2 对所有利率衍生证券,它们的利率风险的市场价格相等。

证明 对任意两个利率衍生证券 V_1 和 V_2,令

$$dV_1 = V_1\mu_1 dt + V_1\sigma_1 dz$$
$$dV_2 = V_2\mu_2 dt + V_2\sigma_2 dz$$

用 $V_2\sigma_2$ 份 V_1 多头和 $V_1\sigma_1$ 份 V_2 的空头构造资产组合 Π,这个组合价值是

$$\Pi = (V_2\sigma_2)V_1 - (V_1\sigma_1)V_2$$

于是,

$$d\Pi = (V_2\sigma_2)dV_1 - (V_1\sigma_1)dV_2 = (\mu_1\sigma_2 V_1 V_2 - \mu_2\sigma_1 V_1 V_2)dt$$

显然,资产组合 Π 是瞬时无风险的。在正常的市场条件下,市场中不存在套利机会,因此,必然有 $d\Pi = r\Pi dt$。于是,

$$r((V_2\sigma_2)V_1 - (V_1\sigma_1)V_2) = \mu_1\sigma_2 V_1 V_2 - \mu_2\sigma_1 V_1 V_2$$

亦即 $(\mu_1 - r)/\sigma_1 = (\mu_2 - r)/\sigma_2$。说明利率衍生证券 V_1 和 V_2 的利率风险的市场价格相等。

我们知道利率衍生证券利率风险的市场价格相同,不妨假设

$$\theta = (\mu - r)/\sigma \tag{4.11}$$

于是,$\mu - r = \theta\sigma$。与我们前面的讨论类似,利率风险的市场价格 θ 与利率的不确定因素 $\{z_t\}$ 对应,也就是与市场概率测度 $\mathbb{Q}$ 对应。

利率风险的市场价格中,变量 μ 和 σ 分别是利率衍生证券的(瞬时)预期收益率和波动率。利率风险的市场价格衡量了风险与收益的权衡关系,对所有利率衍生证券成立。这个方程的

右边可以看作用风险的价格乘以风险的数量。方程的左边是要求得到风险补偿的超过无风险利率的预期收益,与资本资产定价模型 CAPM 相似。

四 广义几何布朗运动模型

1. 广义几何布朗运动价格

定义 4.6 如果股票价格过程 $\{S_t; t \in [0, \infty)\}$ 服从随机微分方程

$$dS = \mu(t)Sdt + \sigma(t)Sdz$$

则称过程 $\{S_t; t \in [0, \infty)\}$ 服从广义几何布朗运动模型,其中,漂移率 $\mu(t)$ 和波动率 $\sigma(t)$ 是关于时间的确定性函数。

显然,如果股票价格服从广义几何布朗运动,则股票期望收益率与股票价格水平无关,股票收益率的不确定性与股票的价格水平无关,这正是股票价格所要求的特征。因此,我们在这里直接就说股票价格过程服从广义几何布朗运动。

2. 股票价格过程

性质 4.3 广义几何布朗运动下股票价格行为为:

$$S_t = S_0 \exp\left\{\int_0^t \sigma(s)dz_s + \int_0^t (\mu(s) - \sigma^2(s)/2)ds\right\} \tag{4.12}$$

这里,我们假设 $z_0 = 0$。

3. 风险中性概率测度

定义折现过程 $D_t = \exp\left\{-\int_0^t r_s ds\right\}$,则

$$D_t S_t = S_0 \exp\left\{\int_0^t \sigma(s)dz_s + \int_0^t (\mu(s) - r_s - \sigma^2(s)/2)ds\right\}$$

应用 Ito 引理计算,得到

$$d(D_t S_t) = (\mu(t) - r_t)D_t S_t dt + \sigma(t)D_t S_t dz_t = \sigma(t)D_t S_t(\theta(t)dt + dz_t)$$

这里,

$$\theta(t) = (\mu(t) - r_t)/\sigma(t) \tag{4.13}$$

定义为**风险的市场价格**,它是与市场维纳过程 $\{z_t; t \geqslant 0, z_0 = 0\}$ 对应的风险的市场价格,也与市场维纳过程 $\{z_t; t \geqslant 0, z_0 = 0\}$ 相应的市场概率测度 $\mathbb{Q}$ 一一对应。

令 $d\tilde{z}_t = \theta(t)dt + dz_t$,则 $\tilde{z}_t = \int_0^t \theta(s)ds + z_t; t \geqslant 0$,容易验证过程 $\{\tilde{z}_t; t \geqslant 0, \tilde{z}_0 = 0\}$ 也是标准维纳过程。记与 $\tilde{z}_t$ 对应的概率测度为 $\widetilde{\mathbb{Q}}$。

因为 $d(D_t S_t) = \sigma(t)D_t S_t d\tilde{z}_t$,于是

$$D_t S_t = S_0 + \int_0^t \sigma(u)D_u S_u d\tilde{z}_u$$

在概率测度 $\widetilde{\mathbb{Q}}$ 下 $\int_0^t \sigma(u)D_u S_u d\tilde{z}_u$ 是 Ito 积分,因此也是鞅过程。于是,我们得到:

$$E_t^{\widetilde{\mathbb{Q}}}[D_s S_s] = D_t S_t, \ \forall s \geqslant t$$

在概率测度 $\widetilde{\mathbb{Q}}$ 下随机过程 $\{D_t S_t, t \geqslant 0\}$ 是鞅。我们称概率测度 $\widetilde{\mathbb{Q}}$ 为与市场概率测度 $\mathbb{Q}$ 等价的风险中性概率测度,或简称等价鞅测度。

在风险中性概率测度Q下,直接计算,我们可以得到

$$dS = r_t S dt + \sigma(t) S d\tilde{z}$$

即在风险中性概率测度Q下,股票价格过程的瞬时增长率是瞬时无风险利率。

$$S_t = S_0 \exp\left\{\int_0^t \sigma(s) d\tilde{z}_s + \int_0^t (r_s - \sigma^2(s)/2) ds\right\} \tag{4.14}$$

第二节 多因素模型

一 多维布朗运动

定义 4.7 n 维随机过程 $\{z_t = (z_{1t}, z_{2t}, \cdots, z_{nt})^\tau; t \in [0, \infty), z_0 = (0, 0, \cdots, 0)\}$ 被称为 n 维布朗运动(标准维纳过程),如果

(1) $\{z_{it}; t \in [0, \infty), z_{i0} = 0\}, i = 1, 2, \cdots, n$ 是一维布朗运动(维纳过程);
(2) 如果 $i \neq j$,则过程 z_{it} 与过程 z_{jt} 独立;
(3) 对所有 $0 \leqslant t < s$,随机向量增量 $z_s - z_t$ 与 z_t 独立。

二 多维证券价格模型

定义 4.8 如果 m 维证券价格过程 $\{S_t = (S_{1t}, \cdots, S_{mt})^\tau; t \in [0, \infty)\}$ 服从随机微分方程

$$dS_i = \alpha_i(S_t, t) dt + \sum_{j=1}^n \beta_{ij}(S_t, t) dz_{jt}, \quad i = 1, 2, \cdots, m$$

则称过程 $\{S_t, t \in [0, \infty)\}$ 服从 m 维扩散过程模型。其中,$z_t = (z_{1t}, \cdots, z_{nt}); t \in [0, \infty)$ 是 n 维标准维纳过程。

这里,证券价格过程 S_t 的随机性是由 z_t 产生的。与一维模型相似,我们可以定义由 z_t 产生的(风险因素的)风险的市场价格 $\theta(t) = (\theta_1(S_t, t), \cdots, \theta_n(S_t, t))^\tau$,使下面等式成立:

$$\sum_{j=1}^n \beta_{ij}(S_t, t) \theta_j / S_i = \alpha_i(S_t, t)/S_i - r_t, \quad i = 1, 2, \cdots, m$$

如果这个方程组有唯一解,则存在唯一的风险中性概率测度Q与 $\theta(t)$ 对应。令 $d\tilde{z}_{it} = \theta_i dt + dz_{it}$,则 $dS_i = r_t S_i dt + \sum_{j=1}^n \beta_{ij}(S_t, t) d\tilde{z}_{jt}$,证券的瞬时收益率与无风险利率相同。存在唯一的风险中性概率测度(风险的市场价格)一个必要条件是 $m \geqslant n$。

三 多维几何布朗运动模型

定义 4.9 如果 m 维股票价格过程 $\{S_t = (S_{1t}, \cdots, S_{mt})^\tau; t \in [0, \infty)\}$ 服从随机微分方程

$$dS_i = \mu_i(t) S_i dt + S_i \sum_{j=1}^n \sigma_{ij}(t) dz_{jt}, \quad i = 1, 2, \cdots, m$$

则称过程 $\{S_t, t \in [0, \infty)\}$ 服从 n 维广义几何布朗运动模型。其中,$z_t = (z_{1t}, \cdots, z_{nt}); t \in [0, \infty)$ 是 n 维标准维纳过程。

这里,股票价格过程 S_t 的随机性是由 z_t 产生的。

显然,股票 S_t 的期望收益率与股票价格水平无关,股票收益率的不确定性与股票的价格水平无关。与一维模型相似,我们也可以定义由 z_t 产生的(风险因素的)风险的市场价格

$$\theta(t) = (\theta_1(S_t, t), \cdots, \theta_n(S_t, t))^{\tau}$$

使下面等式成立:

$$\sum_{j=1}^{n} \sigma_{ij}(t)\theta_j = v_i(t) - r_t, \quad i = 1, 2, \cdots, m$$

风险的市场价格过程 $\theta(t) = (\theta_1(S_t, t), \cdots, \theta_n(S_t, t))^{\tau}$ 有性质 4.4。

性质 4.4 若有唯一的风险的市场价格,则存在唯一的风险中性概率测度 $\mathbb{Q}$ 与 $\theta(t)$ 对应。

令 $d\tilde{z}_{it} = \theta_i dt + dz_{it}$,则 $dS_i = r_t S_i dt + S_i \sum_{j=1}^{n} \sigma_{ij}(t) d\tilde{z}_{jt}$,证券的瞬时收益率与无风险利率相同,并且 $d(D_t S_i) = D_t S_i \sum_{j=1}^{n} \sigma_{ij}(t) d\tilde{z}_{jt}$,因此,$D_t S_i, i = 1, 2, \cdots, m$ 在风险中性概率测度 $\mathbb{Q}$ 下是鞅,市场是完全的,任何资产都能被复制(对冲)。

性质 4.5 若没有解,则市场存在套利机会,风险中性概率测度不存在。

性质 4.6 若有很多解,则有多个风险中性概率测度 $\mathbb{Q}$ 与 $\theta(t)$ 对应。市场没有套利机会。市场是不完全的,有些资产不能被对冲。

四 二因素模型

1. 二因素价格

定义 4.10 假设衍生证券标的资产价格依赖于状态变量 $S(t) = \{S_1(t), S_2(t)\}$,状态变量服从如下扩散过程:

$$\begin{aligned} dS_1(t) &= \mu_1 S_1(t)dt + \sigma_{1,1} S_1(t) dz_1(t) + \sigma_{1,2} S_1(t) dz_2(t) \\ dS_2(t) &= \mu_2 S_2(t)dt + \sigma_{2,1} S_2(t) dz_1(t) + \sigma_{2,2} S_2(t) dz_2(t) \end{aligned} \quad (4.15)$$

其中,$z(t) = (z_1(t), z_2(t))$, $0 \leqslant t \leqslant T$ 是二维独立的标准布朗运动,称为资产价格的**二因素模型**。

2. 二因素扩散模型的等价形式

首先我们讨论二因素模型的波动率和相关系数。做变换

$$\sigma_1 = \sqrt{\sigma_{1,1}^2 + \sigma_{1,2}^2}, \quad \sigma_2 = \sqrt{\sigma_{2,1}^2 + \sigma_{2,2}^2}, \quad \rho = (\sigma_{1,1}\sigma_{2,1} + \sigma_{1,2}\sigma_{2,2})/(\sigma_1 \sigma_2)$$

定义过程 $W(t) = \{W_1(t), W_2(t)\}$:

$$dW_1 = \frac{\sigma_{1,1} dz_1 + \sigma_{1,2} dz_2}{\sigma_1}, \quad dW_2 = \frac{\sigma_{2,1} dz_1 + \sigma_{2,2} dz_2}{\sigma_2}$$

则 $W(t) = \{W_1(t), W_2(t)\}$ 是鞅过程。

因为

$$E(dW_1 dW_1) = E\left(\frac{\sigma_{1,1} dz_1 + \sigma_{1,2} dz_2}{\sigma_1}\right)^2 = E\left(\frac{\sigma_{1,1}^2 dz_1 dz_1 + \sigma_{1,2}^2 dz_2 dz_2}{\sigma_1^2}\right) = dt$$

$$E(dW_2 dW_2) = E\left(\frac{\sigma_{2,1} dz_1 + \sigma_{2,2} dz_2}{\sigma_2}\right)^2 = E\left(\frac{\sigma_{2,1}^2 dz_1 dz_1 + \sigma_{2,2}^2 dz_2 dz_2}{\sigma_2^2}\right) = dt$$

所以，$W(t) = \{W_1(t), W_2(t)\}$ 也是布朗运动，布朗运动 $W_1(t), W_2(t)$ 相关，相关系数为

$$E(dW_1 dW_2) = E\left\{\left(\frac{\sigma_{1,1} dz_1 + \sigma_{1,2} dz_2}{\sigma_1}\right)\left(\frac{\sigma_{2,1} dz_1 + \sigma_{2,2} dz_2}{\sigma_2}\right)\right\}$$

$$= E\left[\frac{\sigma_{1,1}\sigma_{2,1} dz_1 dz_1 + \sigma_{1,2}\sigma_{2,2} dz_2 dz_2 + (\sigma_{1,1}\sigma_{2,2} + \sigma_{1,2}\sigma_{2,1})dz_1 dz_2}{\sigma_1 \sigma_2}\right]$$

$$= \rho dt$$

资产价格过程 $\{S_1(t), S_2(t)\}$ 也可以表示为

$$dS_1(t) = \mu_1 S_1(t)dt + \sigma_1 S_1(t)dW_1(t)$$
$$dS_2(t) = \mu_2 S_2(t)dt + \sigma_2 S_2(t)dW_2(t)$$

反过来，如果 $W(t) = \{W_1(t), W_2(t)\}$ 也是布朗运动，我们有价格过程 $\{S_1(t), S_2(t)\}$：

$$dS_1(t) = \mu_1 S_1(t)dt + \sigma_1 S_1(t)dW_1(t)$$
$$dS_2(t) = \mu_2 S_2(t)dt + \sigma_2 S_2(t)dW_2(t)$$

$W_1(t), W_2(t)$ 的相关系数为 ρ。

如果 $\rho = \pm 1$，则价格过程等价于

$$dS_1(t) = \mu_1 S_1(t)dt + \sigma_1 S_1(t)dW_1(t)$$
$$dS_2(t) = \mu_2 S_2(t)dt + \sigma_2 S_2(t)\rho dW_1(t)$$

资产价格实际上仅受一个不确定因素影响，多因素模型转化为单因素模型。

如果 $\rho \neq \pm 1$，令

$$\sigma_{1,1} = \sigma_1, \ \sigma_{1,2} = 0, \ \sigma_{2,1} = \rho\sigma_2, \ \sigma_{2,2} = \sqrt{1-\rho^2}\sigma_2$$

定义过程 $z(t) = \{x_1(t), z_2(t)\}$：

$$dz_1(t) = dW_1(t)$$
$$dz_2(t) = \frac{dW_2(t) - \rho dW_1(t)}{\sqrt{1-\rho^2}}$$

则

$$E[dz_1(t)dz_1(t)] = E[dW_1(t)dW_1(t)] = dt$$
$$E[dz_2(t)dz_2(t)] = E\left[\frac{(dW_2(t) - \rho dW_1(t))^2}{1-\rho^2}\right] = dt$$

因此，$\{z_1(t), z_2(t)\}$ 是布朗运动，并且

$$E[dz_1(t)dz_2(t)] = E\left[\frac{dW_1(t)(dW_2(t) - \rho dW_1(t))}{\sqrt{1-\rho^2}}\right] = 0$$

因此，$z_1(t)$ 与 $z_2(t)$ 还是相互独立的布朗运动，并且价格过程 $\{S_1(t), S_2(t)\}$ 等价于

$$dS_1(t) = \mu_1 S_1(t)dt + \sigma_{1,1} S_1(t)dz_1(t)$$
$$dS_2(t) = \mu_2 S_2(t)dt + \sigma_{2,1} S_2(t)dz_1(t) + \sigma_{2,2} dz_2(t) \tag{4.16}$$

这里，我们证明了式(4.15)等价于式(4.16)，因此，我们以后在讨论二因素模型时，均假设模型形式为式(4.16)。

性质 4.7　二因素模型式(4.15)有等价形式式(4.16)。

第三节 基本资产定价理论

一 套利定价

定义 4.11 资产组合在 $t=0$ 时的价值是 V_0，在 $t=T$ 时的价值是 V_T。在此期间，投资者既没有追加投资到资产组合中，也没有从资产组合中取出资产，投资者资产组合所有头寸的变化是用组合中的资产交易得到。这样的交易策略称为自融资策略。如果满足下面两个条件之一，则称为套利：

(1) $\mathbb{Q}\{V_0 < 0\} = 1$，并且 $\mathbb{Q}\{V_T \geqslant 0\} = 1$；

(2) $\mathbb{Q}\{V_0 \leqslant 0\} = 1$，$\mathbb{Q}\{V_T \geqslant 0\} = 1$，并且 $\mathbb{Q}\{V_T > 0\} > 0$。

这里，$\mathbb{Q}$ 表示概率。第一式说明，今天投资者得到财富 V_0，这笔财富将来还可能为投资者带来财富。第二式说明，投资者今天付出的财富可能是零，或者投资者今天得到财富，并且，这笔财富将来还可能为投资者带来财富。总之，如果套利存在，则投资者有无本获利的机会，并且投资者不承担任何风险。

在正常的市场条件下，市场中不会长期存在套利机会。假设在今天的市场中不存在套利机会，则称资产价格满足金融市场中无套利机会条件，根据这个条件得到的资产价格称为**套利定价**。在本书的前三章中，我们多次用无套利定价的思想分别分析了期货（远期）、期权、互换的价格关系。

套利定价方法是为衍生证券估价的基本方法，广泛应用于衍生证券的估价，是商品市场一价律在金融市场中的表述。在正常市场条件下，资产价格满足市场不存在无风险套利机会的条件，不同资产的价格之间有一定的相互关系。当资产的市场价格不满足无套利条件时，投资者就会发现套利机会，获得无风险收益。如果有投资者买卖资产的价格与按照无套利定价方法得到的资产价格不同，则这个投资者就为其他投资者提供了获得无风险收益的机会，"送钱"给其他投资者。

二 随机折现因子定价

定义 4.12 对任何资产的价格过程 $\{v_t, t \in \mathcal{R}\}$，严格为正的随机过程 $\zeta = (\zeta_t)$，$\zeta_0 = 1$ 使过程 $\{v_t\zeta_t, t \in \mathcal{R}\}$ 是鞅，则称过程 $\{v_t, t \in \mathcal{R}\}$ 为随机折现过程，也称随机折现因子。

显然，如果知道随机折现过程，我们就可以为所有资产定价，也可以为衍生证券定价。风险资产的价格，可以用资产将来的价值（现金流）按照随机折现因子折现得到。例如，资产 $\{v_t\}$ 的现值为

$$v_t \zeta_t = E_t[\zeta_{t'} v_{t'}], \ t < t'$$

于是，

$$v_t = E_t\left[\frac{\zeta_{t'}}{\zeta_t} v_{t'}\right], \ t < t'$$

特别地，$P_0 = E_0[\zeta_t P_t]$。如果无风险资产 t 期价值是 1，我们得到这期间连续复利的无风险利率

$$R_t: e^{-R_t} = E_0[\zeta_t]$$

在实际应用中,寻找随机折现因子并不是一件容易的事。所以,我们需要寻找其他衍生证券估价的方法。随机折现因子对应的概率,通常称为现实世界的概率测度,记为 $\mathbb{Q}$,与后面的风险中性概率测度对应。

例 4.2 假设股票价格服从二叉树模型,$S_1 = uS_0$ 的概率为 p,$S_1 = dS_0$ 的概率为 q,$p+q=1$,无风险利率为 R,其中,S_0 是股票初期价格,$0 < d < 1+R < u$。设随机折现过程为 $\varsigma = \{\varsigma_n; n = 0, 1, \cdots, \varsigma_0 = 1\}$,则对任意资产价格过程 $\{P_t; t = 0, 1, \cdots\}$,有 $P_0 = E_0[\zeta_t P_t]$。分别应用于1期的股票价格和在1期价值是1的无风险资产,我们得到:

$$S_0 = E_0[\zeta_1 S_1], \quad (1+R)^{-1} = E_0[\zeta_1]$$

亦即

$$S_0 = \zeta_{1u} S_{1u} p + \zeta_{1d} S_{1d} q$$
$$(1+R)^{-1} = \zeta_{1u} p + \zeta_{1d} q$$
$$p + q = 1$$

所以,

$$\zeta_{1u} = \frac{1+R-d}{(1+R)(u-d)p}, \quad \zeta_{1d} = \frac{u-1-R}{(1+R)(u-d)q}$$

亦即

$$\mathbb{Q}\left\{\varsigma_1 = \frac{1+R-d}{(1+R)(u-d)p}\right\} = p, \quad \mathbb{Q}\left\{\varsigma_1 = \frac{u-1-R}{(1+R)(u-d)q}\right\} = q$$

这样继续下去,我们可以得到随机折现过程

$$\varsigma = \{\varsigma_n; n = 0, 1, \cdots, \varsigma_0 = 1\}$$

性质 4.8 如果存在随机折现过程,则市场中不存在套利机会。

三 风险中性测度定价

定义 4.13 称概率测度 $\widetilde{\mathbb{Q}}$ 为风险中性概率测度,如果 $\widetilde{\mathbb{Q}}$ 满足下面两个条件:

(1) $\mathbb{Q}$ 和 $\widetilde{\mathbb{Q}}$ 是等价测度,即对任意事件 $A \subset F$,$\mathbb{Q}\{A\} = 0 \Leftrightarrow \widetilde{\mathbb{Q}}\{A\} = 0$;

(2) 对任意资产组合的价格过程 $\{P_t, t \in R\}$,有 $P_0 = E^{\widetilde{\mathbb{Q}}}[e^{-R_t} P_t] = e^{-R_t} E^{\widetilde{\mathbb{Q}}}[P_t]$,即任意资产组合的价格等于期望的将来价格的折现值,折现率为无风险利率。

由于在风险中性测度下,资产今天的价格可以用将来价值按照无风险利率折现得到,好像所有投资者的风险偏好都是风险中性的,所以称 $\widetilde{\mathbb{Q}}$ 为风险中性测度。有时,我们也称测度 $\widetilde{\mathbb{Q}}$ 与测度 $\mathbb{Q}$ 是等价鞅测度。

衍生证券也可以应用等价鞅测度方法定价。显然,如果我们能得到风险中性测度 $\widetilde{\mathbb{Q}}$,衍生证券今天的价格可以用衍生证券将来支付按照无风险利率折现得到。我们称该方法为**风**

险中性定价方法,也称为**等价鞅测度(方法)定价**。

从第五章我们知道,如果存在风险中性概率测度,则股票的预期收益率都是无风险利率 r。在用风险中性定价方法对衍生证券定价时,假设所有投资者都是风险中性的,在这个风险中性的世界,所有证券的预期收益率都是无风险利率 r,因此,在风险中性的世界为资产估价相对容易得多。从概念上讲,从风险中性世界进入风险厌恶世界时,基础资产的期望收益率改变了,计算衍生证券将来价值(现金流)现值使用的贴现率也改变了。而这两个变化互相抵消,这样,应用风险中性定价可以得到衍生证券价格。

例 4.3 假设股票价格服从二叉树模型,设 $S_1 = uS_0$ 的概率为 p,$S_1 = dS_0$ 的概率为 q,$p+q=1$,无风险利率为 R,其中,S_0 是股票初期价格,$0 < d < 1+R < u$。由式(4.1)可得一期二叉树模型的风险中性概率为:

$$p \triangleq \frac{1+R-d}{u-d}, \quad q \triangleq \frac{u-(1+R)}{u-d}$$

这样继续下去,可以计算出二差树模型各期股票价格取不同值的风险中性概率。这些概率全体就是需要计算的风险中性概率测度。

性质 4.9 如果存在风险中性概率测度,则市场不存在套利机会。

性质 4.10 在一定条件下,无套利定价、随机折现因子定价、风险中性定价三个方法等价。

根据这个性质,在实际应用中,我们可以交替使用无套利定价方法、随机折现因子定价方法和风险中性定价方法,得到的结论是一致的。在特定的环境下,选择最容易的方法为衍生证券估价。

本章小结

我们重点介绍了描述基础资产的价格行为的二叉树模型、几何布朗运动模型、广义几何布朗运动模型以及描述非交易证券行为的利率模型。简单介绍了多因素模型,主要讨论了二因素模型和二因素扩散模型的等价形式。

随后,我们讨论了理想市场条件下基本的衍生证券定价理论。我们假设市场是无摩擦的,允许卖空证券,没有交易费用或税收,所有证券完全可分,证券交易是连续的,市场上不存在无风险套利机会,等等。在这样的市场环境下,我们介绍了无套利定价方法和风险中性定价方法。

问题与习题

1. 请解释交易证券和非交易证券。
2. 如果股票价格过程服从二叉树模型,请验证股票期望收益率与股票价格水平无关,股票收益率的不确定性与股票的价格水平无关。

3. 假设股票价格过程服从 5 期二叉树模型,股票价格上升和下降的概率分别为 p 和 $q=1-p$,请计算与股票价格各期股票价格对应的事件域 σ、各事件域 σ 上的概率、各事件域 σ 上的风险概率。

4. 假设股票价格服从半连续(离散时间)模型,请计算风险中性概率测度下的股票价格过程和风险的市场价格。

5. 假设股票价格服从几何布朗运动模型,请计算风险中性概率测度下的股票价格过程和风险的市场价格。

6. 如果股票价格过程服从广义几何布朗运动模型,请证明在风险中性概率测度下,股票价格为:

$$S_t = S_0 \exp\left\{\int_0^t \sigma(s) d\tilde{z}_s + \int_0^t (r_s - \sigma^2(s)/2) ds\right\}$$

7. 如何理解套利?
8. 如何理解套利定价?
9. 如何理解随机贴现因子定价?
10. 如何理解风险中性测度定价?

第五章

衍生证券价格的计算

本章我们讨论理想市场条件下衍生证券的定价理论。我们假设市场是无摩擦的,允许卖空证券,没有交易费用或税收,所有证券完全可分,证券交易是连续的,市场上不存在无风险套利机会,等等。

第一节 股票衍生产品定价

下面我们分别讨论股票价格服从二项资产价格模型和几何布朗运动模型时衍生证券的定价问题。

一 二叉树方法

1. 一步二叉树模型

设股票价格服从二叉树模型,$S_1 = uS_0$ 的概率为 p,$S_1 = dS_0$ 的概率为 q,$p+q=1$,无风险利率为 R,其中,S_0 是股票初期价格,$0 < d < 1+R < u$。记衍生证券在一期的价值为 V_1,我们分析今天衍生证券的价值 V_0(见图 5.1)。

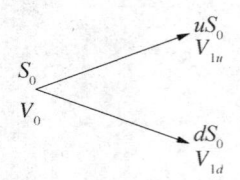

```
             uS_0
             V_{1u}
      S_0 ↗
      V_0 ↘
             dS_0
             V_{1d}
```

图 5.1 一期二叉树模型

2. 套利定价

在今天(时间 $t=0$)进行如下交易:出售衍生证券 V_0(在后面决定 V_0 值);购买 Δ_0 份股票(在后面决定 Δ_0 值);以无风险利率 R 投资 $V_0 - \Delta_0 S_0$($V_0 - \Delta_0 S_0$ 可能小于零)到货币市场。

在期末(时间 $t=1$),总投资的财富为:

$$X_1 = \Delta_0 S_1 + (1+R)(V_0 - \Delta_0 S_0)$$

我们选择 V_0 和 Δ_0,无论股票价格是上升还是下降,使 $X_1 = V_1$,即:

$$\Delta_0 u S_0 + (1+R)(V_0 - \Delta_0 S_0) = V_{1,u}$$

$$\Delta_0 d S_0 + (1+R)(V_0 - \Delta_0 S_0) = V_{1,d}$$

解方程,得

$$\Delta_0 = \frac{V_{1,u} - V_{1,d}}{uS_0 - dS_0}, V_0 = \frac{1}{1+R}[pV_{1,u} + qV_{1,d}]$$

其中,$p \triangleq \frac{1+R-d}{u-d}$,$q \triangleq \frac{u-1-R}{u-d}$,$p+q=1$。

这样得到的衍生证券价值 V_0 满足无套利条件。

3. 风险中性定价

现在我们用风险中性定价方法给出衍生证券的定价公式。根据第四章对二叉树模型的讨论,我们知道 p,q 是风险中性概率。容易验证 $(1+R)^{-1} = (1+R)^{-1}[p \times 1 + q \times 1]$,$S_0 = (1+R)^{-1}[pS_{1,u} + qS_{1,d}]$,这说明,所有资产的价格是将来价值的折现,折现率是无风险利率。根据风险中性定价法,衍生证券的价值 $V_0 = (1+R)^{-1}[pV_{1,u} + qV_{1,d}]$。与我们用与无套利定价方法的结论一致。

4. 随机折现因子定价

根据第四章例 4.2 知道,如果随机折现过程为 $\varsigma = \{\varsigma_n; n=0,1,\cdots,\varsigma_0=1\}$,则

$$\mathbb{Q}\left\{\varsigma_1 = \frac{1+R-d}{(1+R)(u-d)p}\right\} = p, \mathbb{Q}\left\{\varsigma_2 = \frac{u-1-R}{(1+R)(u-d)q}\right\} = q$$

于是,

$$V_0 = E[\varsigma V_1] = \frac{1+R-d}{(1+R)(u-d)p}V_{1,u}p + \frac{u-1-R}{(1+R)(u-d)q}V_{1,d}q$$

$$= \frac{1}{1+R}[pV_{1,u} + qV_{1,d}]$$

与风险中性定价方法和无套利定价方法得到的结论相同。

例 5.1 $S_0 = 4, u = 2, d = 1/2, r = 10\%, p = q = 0.5$,在一期到期的欧式认沽期权,执行价格是 5,则

$$uS_0 = 8, dS_0 = 2, V_{1,u} = (5-uS_0)^+ = 0, V_{1,d} = (5-dS_0)^+ = 3$$
$$p = 0.4, q = 0.6, V_0 = 1.8/1.1 = 1.6363$$

性质 5.1 如果股票价格服从二叉树模型,每期的无风险利率是 R,在 n 期到期的欧式期权的支付为 $v_n(S_n) = g(S_n)$,定义

$$v_n(x) = g(x), v_k(x) = \frac{1}{1+R}[pv_{k+1}(ux) + qv_{k+1}(dx)], k = n-1, n-2, \cdots, 1, 0 \quad (5.1)$$

则 $v_0(S_0)$ 是欧式期权在今天的无套利价格。

二 BSM 公式

1. 几何布朗运动模型

设股票价格服从几何布朗运动模型,$S_t = S_0 \exp\{\sigma z_t + (\mu - \sigma^2/2)t\}$; $t \geq 0, z_t \sim N(0, \sqrt{t})$ 是维纳过程,瞬时无风险利率为 r(是常数),其中,S_0 是股票初期价格,σ 为股票价格的波动

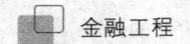

率，μ 是股票的预期收益率。

记衍生证券在时间 T 的支付为 V_T，我们分析今天衍生证券的价值 V_0。这里尝试寻找等价鞅测度，用风险中性方法为衍生证券估价。

根据第四章对几何布朗运动模型的讨论，在风险中性概率测度 $\mathbb{Q}$ 下，

$$S_T = S_0 \exp\{\sigma z_T + (r - \sigma^2/2)T\}$$

在概率 $\mathbb{Q}$ 下 z_T 服从正态分布，方差是 $T\sigma^2$。于是

$$\ln S_T \sim N(\ln S_0 + (r - \sigma^2/2)T, \, T\sigma^2)$$

2. 一般定价原理

性质 5.2　如果股票价格服从几何布朗运动模型，瞬时无风险利率是 r，在 T 时到期的欧式股票衍生证券在 T 时的支付为 $V_T(S_T)$，则股票衍生证券今天的价格 V_0 为：

$$c_0 = e^{-rT} \int_{-\infty}^{\infty} V_T(S_0 \exp\{\sigma\sqrt{T}x + (r - \sigma^2/2)T\}) \frac{1}{\sqrt{2\pi}} \exp\{-x^2/2\} dx \tag{5.2}$$

证明

$$\begin{aligned}
V_0 &= e^{-rT} E_0^{\mathbb{Q}}[V_T(S_T)] \\
&= e^{-rT} \int_{-\infty}^{\infty} V_T(S_0 \exp\{x + (R - \sigma^2/2)T\}) \frac{1}{\sqrt{2\pi T}\sigma} \exp\{-x^2/(2T\sigma^2)\} dx \\
&= e^{-rT} \int_{-\infty}^{\infty} V_T(S_0 \exp\{\sigma\sqrt{T}x + (R - \sigma^2/2)T\}) \frac{1}{\sqrt{2\pi}} \exp\{-x^2/2\} dx
\end{aligned}$$

3. BSM 公式

对执行价格为 K 的欧式认购期权，在时间 T 的支付是 $V_T(S_T) = (S_T - K)^+$，于是，根据性质 5.2 进行计算，可以得到在 $t = 0$ 时认购期权 c 的价格

$$c_0 = S_0 N(d_1) - K\exp\{-rT\} N(d_2) \tag{5.3}$$

$$d_1 = \frac{\ln(S_0/K) + (R + \sigma^2/2)T}{\sigma\sqrt{T}}$$

$$d_2 = \frac{\ln(S_0/K) + (R - \sigma^2/2)T}{\sigma\sqrt{T}} = d_1 - \sigma\sqrt{T}$$

这里，$N(x)$ 是标准正态随机变量的分布函数。

根据第二章欧式认购期权与认沽期权的平价公式，可得期限为 T、执行价格为 K 的欧式认沽期权 p 今天的价格为

$$p_0 = K\exp\{-rT\} N(-d_2) - S_0 N(-d_1) \tag{5.4}$$

式(5.3)和式(5.4)称为欧式期权的 Black-Scholes 定价公式或 Black-Scholes-Merton(BSM) 定价公式。

例 5.2　已知股票现价为 42 元，期权的执行价格是 40 元，无风险年利率是 10%，期权的有效期是 1 年，波动率是 20%，即 $S_0 = 42$，$K = 40$，$r = 10\%$，$\sigma = 0.20$，$T = 1$，

$$d_1 = \frac{\ln(S_0/K) + r + \sigma^2/2}{\sigma} = 0.805\,946$$

$$d_2 = \frac{\ln(S_0/K) + r - \sigma^2/2}{\sigma} = d_1 - \sigma = 0.605\,946$$

如果该期权是欧式认购期权,则它的价值为 $c_0 = S_0 N(d_1) - K\exp\{-r\}N(d_2) = 4.065\,459$,如果该期权是欧式认沽期权,则它的价值为

$$p_0 = K\exp\{-r\}N(-d_2) - S_0 N(-d_1) = 2.065\,26$$

三 偏微分方程定价

1. Black-Scholes 偏微分方程

在讨论 Black-Scholes 方程时,我们假设在衍生证券的有效期内,基础资产股票没有红利支付,无风险利率 R 为常数,且对所有到期日都相同。

性质 5.3 (Black-Scholes 方程)如果股票价格过程 $\{S_t; t \in [0, \infty)\}$ 服从几何布朗运动模型,$dS = \mu S dt + \sigma S dz$,漂移率 μ 和波动率 σ 是常数,则基于股票的衍生证券的价值 f 满足如下 Black-Scholes 方程:

$$\frac{\partial f}{\partial t} + rS\frac{\partial f}{\partial S} + \frac{1}{2}\sigma^2 S^2 \frac{\partial^2 f}{\partial S^2} = rf \tag{5.5}$$

我们首先用无套利定价方法说明 Black-Scholes 偏微分方程成立,然后用风险中性定价方法证明这个性质。

2. 证明 Black-Scholes 偏微分方程的套利定价法

证明 衍生证券 f 是股票价格和时间的函数,即 $f = f(S, t)$。构造资产组合 $\Pi = \frac{\partial f}{\partial S}S - f$,即卖空一份衍生证券,购买数量为 $\frac{\partial f}{\partial S}$ 的股票。于是,资产组合 Π 的微分(也就是资产组合价值随时间的微小变化)为:

$$d\Pi = \frac{\partial f}{\partial S}dS - df$$

根据 Ito 引理,可得:

$$df = \left(\mu S \frac{\partial f}{\partial S} + \frac{\partial f}{\partial t} + \frac{1}{2}\sigma^2 S^2 \frac{\partial^2 f}{\partial S^2}\right)dt + \sigma S \frac{\partial f}{\partial S}dz$$

将这个结果和几何布朗运动模型代入资产组合的微分中,得到:

$$d\Pi = \left(-\frac{\partial f}{\partial t} - \frac{1}{2}\sigma^2 S^2 \frac{\partial^2 f}{\partial S^2}\right)dt$$

这个表达式不包含随机项,一定是无风险的。由于市场上不存在无风险套利机会,一定有 $d\Pi = R\Pi dt$,其中 R 是无风险利率。代入上式,可得

$$\left(-\frac{\partial f}{\partial t} - \frac{1}{2}\sigma^2 S^2 \frac{\partial^2 f}{\partial S^2}\right)dt = r\left(-f + \frac{\partial f}{\partial S}\right)dt$$

注:(1) Black-Scholes 偏微分方程是不付红利股票的任意衍生证券价格 f 必须满足的方程。衍生证券的不同,可通过偏微分方程的边界条件表示。不同的衍生证券,偏微分方程的

边界条件不同。例如,对欧式认购期权,偏微分方程的边界条件是

$$f_T = \max(S_T - X, 0)$$

对欧式认沽期权,偏微分方程的边界条件是

$$f_T = \max(X - S_T, 0)$$

(2) 性质中的有些条件可以放松。

在前面证明 Black-Scholes 方程的过程中,构造了包含衍生证券头寸和标的股票头寸的无风险证券组合,即用股票对冲衍生证券的价格风险,也称 Delta 对冲。能成功构造这种无风险证券组合,是因为股票价格和衍生证券价格都受共同的不确定因素影响,即股票价格的变动。通过适当组合股票和衍生证券的头寸,就得到无风险证券组合。

由于股票价格总是随时间的变化而变化,资产组合的头寸仅在瞬间无风险。因此,为使资产组合总是无风险的,头寸必须经常调整,Delta 对冲需要经常调整股票数量。

3. 证明 Black-Scholes 的风险中性定价

性质 5.4 如果股票价格过程 $\{S_t; t \in [0, \infty)\}$ 服从几何布朗运动模型,市场瞬时无风险利率为 r,则在将来 T 时支付 $f_T = f(S_T)$ 的衍生证券在今天的价值 f_t 为:

$$f_t = e^{-r(T-t)} \int_{-\infty}^{\infty} f(S_t \exp\{\sigma \sqrt{T-t} x + (R - \sigma^2/2)(T-t)\}) \cdot \frac{1}{\sqrt{2\pi}} \exp\{-x^2/2\} dx \quad (5.6)$$

证明 根据式(4.4),在风险中性概率测度下,股票有如下关系:

$$S_T = S_t \exp\{\sigma(z_T - z_t) + (R - \sigma^2/2)(T-t)\}$$

其中,在风险中性概率测度下,$\{z_t\}$ 是标准维纳过程,$z_T - z_t \sim \varphi(0, t)$。

根据风险中性定价原理,

$$f_t = E_t^Q[e^{-r(T-t)} f(S_T)]$$

计算这个积分,得到:

$$f_t = e^{-r(T-t)} \int_{-\infty}^{\infty} f(S_t \exp\{\sigma \sqrt{T-t} x + (r - \sigma^2/2)(T-t)\}) \cdot \frac{1}{\sqrt{2\pi}} \exp\{-x^2/2\} dx$$

可以验证,f_t 满足 Black-Scholes 方程(5.5)。作为习题,请读者自己验证。因此,风险中性定价方法与无套利定价方法得到的结论相同。

在风险中性的世界,所有证券的预期收益率都是无风险利率,因此,在风险中性的世界为资产估价相对容易得多。如果我们假设所有投资者都是风险中性的,在这个条件下为衍生证券估价,这样得到的估价公式与求解 Black-Scholes 偏微分方程得到的估价结果相同,而且也与假设投资者具有任何风险偏好下的解相同。概念上讲,从风险中性世界进入风险厌恶世界时,股票价格的期望收益率改变了,计算衍生证券将来价值(现金流)现值使用的贴现率改变了。而这两个变化互相抵消,结论一致。

例 5.3 对股票远期合约应用 Black-Scholes 方程,得到

$$f_t = S_t - K e^{-R(T-t)}$$

应用 Ito 引理可得,

$$\frac{\partial f}{\partial t} = -RKe^{-R(T-t)}, \quad \frac{\partial f}{\partial S} = 1, \quad \frac{\partial^2 f}{\partial S^2} = 0$$

因此，

$$\frac{\partial f}{\partial t} + RS\frac{\partial f}{\partial S} + \frac{1}{2}\sigma^2 S^2 \frac{\partial^2 f}{\partial S^2} = -RKe^{-R(T-t)} + RS = Rf$$

即远期合约的价值满足 Black-Scholes 方程，并且 $f_T = S_T - K$ 是边界条件。

性质 5.5 （Black-Scholes-Merton 公式）如果股票价格过程 $\{S_t; t \in [0, \infty)\}$ 服从几何布朗运动模型，则

$$c_t = S_t N(d_1) - K\exp\{-R(T-t)\}N(d_2) \tag{5.7}$$

$$p_t = K\exp\{-R(T-t)\}N(-d_2) - S_t N(-d_1) \tag{5.8}$$

满足 Black-Scholes 方程(5.5)，其中，

$$d_1 = \frac{\ln(S_t/K) + (R + \sigma^2/2)(T-t)}{\sigma\sqrt{T-t}}$$

$$d_2 = \frac{\ln(S_t/K) + (R - \sigma^2/2)(T-t)}{\sigma\sqrt{T-t}} = d_1 - \sigma\sqrt{T-t}$$

并且 $c_T = \max\{S_T - k, 0\}$，$p_T = \max\{K - S_T, 0\}$，即 c_t、p_t 分别是到期期限为 T、执行价格为 K 的欧式认购期权和认沽期权 t 的价格。

例 5.4 已知股票现价为 42 元，期权的执行价格是 40 元，无风险年利率是 10%，期权的有效期还有 6 个月，波动率为 20%，即 $S_0 = 42$，$K = 40$，$R = 5\%$，$T = 0.5$，$\sigma = 0.20$，如果该期权是欧式认购期权，则它的价值为 4.065 259。如果该期权是欧式认沽期权，则它的价值为 2.065 26。

从 Black-Scholes 方程和 Black-Scholes 公式我们可以发现，在方程和公式中出现的变量是股票当前价格、无风险利率、股票价格的波动率和时间，这些变量与投资者的风险偏好无关。所以，用这个方程和公式计算得到的衍生证券价格，也一定与投资者的风险偏好无关。因此，在对衍生证券定价时，可以假设投资者具有指定的任何一种风险偏好，在投资者具有这种风险偏好的基础上为衍生证券估价，这样得到的衍生证券价格就是我们需要计算的价格。这也是应用风险中性定价方法的理由之一。

4. 应用风险中性定价方法于股票远期合约

例 5.5 假设股票价格过程服从几何布朗运动，股票不付红利，在风险中性概率测度下，股票价格行为是：

$$S_t = S_0 \exp\{\sigma z_t + (t - \sigma^2/2)t\}$$

如果远期合约的交割价格是 K，在 T 时刻到期，假设无风险利率为 r，则在到期日，合约价值为 $S_T - K$。在风险中性概率测度下，远期合约在 t 时刻 ($t < T$) 的价值为：

$$f_t = e^{-r(T-t)} E_t[f_T] = e^{-r(T-t)} E_t[S_T - K] = e^{-r(T-t)} E_t[S_T] - Ke^{-r(T-t)}$$

$$= e^{-r(T-t)} \int_{-\infty}^{\infty} S_t \exp\{\sigma \sqrt{T-t}x + (r - \sigma^2/2)(T-t)\} \cdot \frac{1}{\sqrt{2\pi}} \exp\{-x^2/2\} dx - Ke^{-r(T-t)}$$

$$= S_t - Ke^{-r(T-t)}$$

前面我们已经证明 f 满足 Black-Scholes 微分方程，因此，用风险中性定价方法计算的远期合约价值与求解 Black-Scholes 微分方程得到的远期合约价值相同（到期日价值相同，或称边界条件相同）。

如果在衍生证券有效期内股票产生红利，则衍生证券价格满足偏微分方程。

第二节　利率衍生证券定价

一　利率衍生证券价值

假设瞬时利率 $r(t)$ 服从随机微分方程 $dr = \alpha(r, t)dt + \beta(r, t)dz$，利率衍生证券 $V(r_t, t)$ 在时间 T 的支付是 $V(r_T, T)$，根据风险中性定价方法，利率衍生证券 $V(r_t, t)$ 在今天 t 的价值是：

$$V(r_t, t) = E_t^Q \left[e^{-\int_t^T r_u du} H(r_T, T) \right]$$

一般情况下，瞬时利率模型非常复杂，风险中性概率测度很难得到，直接应用风险中性下的期望计算利率衍生产品的价值就比较困难。

应用利率风险的市场价格 θ 的定义，我们很容易得到下面关于利率衍生证券的偏微分方程。

性质 5.6　假设瞬时利率 $r(t)$ 服从随机微分方程 $dr = \alpha(r, t)dt + \beta(r, t)dz$，则利率衍生证券 $V(r_t, t)$ 满足下面的偏微分方程：

$$\frac{\partial V}{\partial t} + (\alpha - \beta\theta) \frac{\partial V}{\partial r} + \frac{1}{2}\beta^2 \frac{\partial^2 V}{\partial r^2} - rV = 0 \tag{5.9}$$

证明　显然 $V(t, S)$ 是瞬时利率 $r(t)$ 的函数，根据 Ito 引理，有

$$dV = \left(\alpha \frac{\partial V}{\partial r} + \frac{\partial V}{\partial t} + \frac{1}{2}\beta^2 \frac{\partial^2 V}{\partial r^2} \right)dt + \beta \frac{\partial V}{\partial r} dz$$

令 $dV = \mu V dt + \sigma V dz$，则

$$\mu = \frac{1}{V}\left(\alpha \frac{\partial V}{\partial r} + \frac{\partial V}{\partial t} + \frac{1}{2}\beta^2 \frac{\partial^2 V}{\partial r^2} \right), \sigma = \frac{1}{p}\left(\beta \frac{\partial V}{\partial r} \right)$$

于是，根据利率风险的市场价格定义，

$$\frac{\mu - r}{\sigma} = \frac{\frac{1}{V}\left(\alpha \frac{\partial V}{\partial r} + \frac{\partial V}{\partial t} + \frac{1}{2}\beta^2 \frac{\partial^2 V}{\partial r^2} \right) - r}{\frac{1}{V}\left(\beta \frac{\partial V}{\partial r} \right)} = \theta$$

化简得到式(5.9)。

注：结合边界条件 $V(r_T, T)$，我们可以通过求解偏微分方程来为利率衍生产品估价。

二 债券定价公式

例 5.6 记 $p(r_t, t, T)$ 为无风险零息票债权(国债)的价格，T 为债权到期日，规范化国债到期日面值为 1 元，则

$$\frac{\partial p}{\partial t} + (\alpha - \beta\theta)\frac{\partial p}{\partial r} + \frac{1}{2}\beta^2\frac{\partial^2 p}{\partial r^2} - rp = 0, t \leqslant T$$
$$s.t. \quad p(r, T, T) = 1 \tag{5.10}$$

称为国债定价的基本方程。

例 5.7 假设利率模型为 $dr = (\alpha_1 + \alpha_2 r)dt + \beta dz$（即 Vasicek 类模型），利率风险的市场价格 $\theta = \theta_1 + \theta_2 r$，则

$$\frac{\partial p}{\partial t} + (\alpha_1 + \alpha_2 r + \beta\theta_1 + \beta\theta_2 r)\frac{\partial p}{\partial r} + \frac{1}{2}\beta^2\frac{\partial^2 p}{\partial r^2} - rp = 0, t \leqslant T$$
$$s.t. \quad p(r, T, T) = 1$$

解这个偏微分方程，得到 $p(r, t, T) = A(t, T)e^{-B(t, T)r(t)}$，其中

$$A(t, T) = e^{\frac{\beta^2 B^2(t, T)}{4(\alpha_2 + q_2\beta)} - \frac{(2(\alpha_2 + \beta\theta_2)(\alpha + \beta\theta_1) + \beta^2)(B(t, T) - T + t)}{2(\alpha_2 + \beta\theta_2)^2}}$$

$$B(t, T) = \frac{1}{\alpha_2 + \beta\theta_2}(e^{(\alpha_2 + \beta\theta_2)(T-t)} - 1)$$

记 $R(t, m)$ 为利率期限结构，t 为现时刻，m 为期限，则

$$R(t, m) = -\frac{1}{m}\ln P(t, t+m) = -\frac{\ln(A(t, t+m))}{m} + \frac{B(t, t+m)}{m}r(t)$$

$(R(t, m), m)$ 就是 t 期的收益曲线。

例 5.8 假设利率模型为 $dr = (\alpha_1 + \alpha_2 r)dt + \beta\sqrt{r}dz$（即 CIR 类模型），利率风险的市场价格 $\theta(t) = \theta\sqrt{r}$，则

$$\frac{\partial p}{\partial t} + (\alpha_1 + \alpha_2 r + \beta\theta r)\frac{\partial p}{\partial r} + \frac{1}{2}\beta^2 r\frac{\partial^2 p}{\partial r^2} - rp = 0, t \leqslant T$$

$p(r, T, T) = 1$

$p(t, T) = A(t, T)e^{-B(t, T)r(t)}$

$$B(t, T) = \frac{2(e^{\sqrt{(\alpha_2 + \beta\theta)^2 + 2\beta^2}(T-t)} - 1)}{(\sqrt{(\alpha_2 + \beta\theta)^2 + 2\beta^2} - \alpha_2 - \beta\theta)(e^{\sqrt{(\alpha_2 + \beta\theta)^2 + 2\beta^2}(T-t)} - 1) + 2\sqrt{(\alpha_2 + \beta\theta)^2 + 2\beta^2}}$$

$$A(t,T) = \left\{ \frac{2\sqrt{(\alpha_2+\beta\theta)^2+2\beta^2}\,\mathrm{e}^{\left\{\left(\sqrt{(\alpha_2+\beta\theta)^2+2\beta^2}-\alpha_2-\beta\theta\right)(T-t)/2\right\}}}{(\sqrt{(\alpha_2+\beta\theta)^2+2\beta^2}-\alpha_2-\beta\theta)(\mathrm{e}^{\left\{\sqrt{(\alpha_2+\beta\theta)^2+2\beta^2}(T-t)\right\}}-1)+2\sqrt{(\alpha_2+\beta\theta)^2+2\beta^2}} \right\}^{2\alpha/\rho^2}$$

$$R(t,m) = -\frac{1}{m}\ln(p(t,t+m)) = -\frac{\ln(A(t,t+m))}{m} + \frac{B(t,t+m)}{m}r(t)$$

第三节 常见衍生产品的估价

一 二叉树模型与美式衍生证券的估价

美式期权的多头方可以在期权合约从签约日到到期日之间任何时刻行使权利,通常将执行价格不变并且期权的多头方可以在期权到期前任何一天执行权利的期权称为标准美式期权。如果对行使权利的时间加以限制,或是执行价格可能改变,则称期权为非标准美式期权。

定义 5.1 美式衍生证券是非负随机序列 $\{G_k\}_{k=0}^n$,衍生证券的持有者可以在任意时间 k 行使权利,如果权利被行使,则衍生证券的持有者得到支付 G_k,G_k 是股票价格 S_k 的函数。

性质 5.7 假设股票价格服从 n 期二叉树模型,股票初期价格为 S_0,$S_t/S_{t-1} \in \{d,u\}$ ($t=1,2,\cdots$),$0 < d < 1+R < u$。记 $v_n(x) = g(x) = G_n(x)$

$$v_k(x) = \max\left\{\frac{1}{1+R}(pv_{k+1}(ux) + qv_{k+1}(dx)), g(x) = G_k(x)\right\} \tag{5.11}$$

其中,$p \triangleq \dfrac{1+R-d}{u-d}$,$q \triangleq \dfrac{u-1-R}{u-d}$,则 $v_k(S_k)$ 是这个美式或有索取权在时间 k 时的价值。当 $k=0$ 时,我们得到美式衍生证券当前的价值 $v_0(S_0)$。

在用式(5.11)的二叉树模型实际进行美式衍生证券价值计算时,在每个节点,比较该节点一期欧式衍生证券价值和立即行使美式衍生证券时的价值,选择两者中较大的一个数值作为该节点衍生证券价值。仅当美式衍生证券在该节点价值由 $v_k(S_k)$ 决定时,才没有套利机会。这个计算过程实际上是选择行使权利的过程。当行使权利时得到的收益比不行使权利时大,则行使权利,否则继续等待。

二 估价奇异期权

1. 应用二叉树方法估价奇异期权

根据性质 5.10,如果股票价格过程 $\{S_t; t \in [0,\infty)\}$ 服从二叉树模型,股票初期价格 S_0,$S_t/S_{t-1} \in \{d,u\}$,$t=1,2,\cdots$,每期的无风险利率是 R,在 n 期到期的欧式期权的支付为 $v_n(S_n) = g(S_n)$,定义

$$v_n(x) = g(x)$$
$$v_k(x) = \frac{1}{1+R}[pv_{k+1}(ux) + qv_{k+1}(dx)], k = n-1, n-2, \cdots, 1, 0$$

当 $k=0$ 时,我们得到奇异期权当前的价值 $v_0(S_0)$。

记 $M_k \triangleq \max_{1 \leq j \leq k} S_j$,考虑在 n 期支付 $f_n(S_n, M_n)$ 的欧式衍生证券,其估价算法为:

先计算期权在到期日的价值 $f_n(S_n, M_n)$,然后采用后退递归算法

$$f_{k-1}(x, y) \triangleq e^{-r\Delta t}[p f_k(ux, ux \vee y) + q f_k(dx, y)], \quad k = n-1, n-2, \cdots, 1 \tag{5.12}$$

v_0 即为期权的价格。

例如,对于回望看跌期权而言,$f_n(S_n, M_n) = (M_n - S_n)^+$;对于 Knock-in 看涨期权而言,$f_n(S_n, M_n) = I_{\{M_n \geq B\}}(S_n - K)^+$。其中,$B$ 为障碍水平,$I_{\{M_n \geq B\}}$ 为示性函数,$M_n \geq B$ 时 $I_{\{M_n \geq B\}} = 1$,$M_n < B$ 时 $I_{\{M_n \geq B\}} = 0$。

采用式(5.12)后退递归算法,我们可以方便地算出回望看跌期权和 Knock-in 看涨期权的价格。

例5.9 股票当前价格为 \$20,每三个月有可能上涨 10% 或下跌 10%,股票不付红利。无风险年利率为 12%。六个月后到期的欧式看涨回望看跌期权、Knock-in 看涨期权的执行价格是 \$21,试估计其价值。

可以计算 $u = 1.1$,$d = 0.9$,$r = 0.12$,$T = 0.5$,$\Delta t = 0.25$,$p = (e^{0.12 \times 0.25} - 0.9)/(1.1 - 0.9) = 0.6523$。

我们先来计算回望看跌期权的价格:

我们将节点 (i, j) 对应的股价记作 $S_{i,j}$,对应的股价最大值记作 $M_{i,j}$。首先,二叉树模型确定各节点对应的股价。然后,我们沿着路径方向确定各个节点对应的股价最大值。

二叉树的起点即 0 时刻对应的节点,对应的股价最大值就是该节点的股价(股票的初始价格);如果节点 (i, j) 位于二叉树的上边沿(0 时刻对应的节点除外),则该节点只能经过节点 $(i-1, j-1)$ 才能到达,该节点对应的股价最大值 $M_{i,j}$ 为 $S_{i,j}$ 和 $M_{i-1, j-1}$ 中的最大值,即 $\max(S_{i,j}, M_{i-1, j-1})$;如果节点 (i, j) 位于二叉树的下边沿(0 时刻对应的节点除外),则该节点只能经过节点 $(i-1, j)$ 才能到达,该节点对应的股价最大值 $M_{i,j}$ 为 $\max(S_{i,j}, M_{i-1, j})$;如果节点 (i, j) 不在二叉树的边沿上,该节点既可以经过节点 $(i-1, j-1)$ 到达,也可以经过节点 $(i-1, j)$ 到达,该节点对应的股价最大值 $M_{i,j}$ 为 $\max(S_{i,j}, M_{i-1, j})$ 或 $\max(S_{i,j}, M_{i-1, j-1})$。很显然,节点 A 对应的股价最大值 $M_{0,0} = 20$;节点 B 只经过 A 到达,所以节点 B 对应的股价最大值 $M_{1,1} = \max(M_{0,0}, S_{1,1}) = \max(20, 22) = 22$;同样,节点 C 对应的股价最大值为 $M_{1,0} = \max(M_{0,0}, S_{1,0}) = \max(20, 18) = 20$;节点 D 对应的股价最大值为 $M_{2,2} = \max(M_{1,1}, S_{2,2}) = \max(22, 24.2) = 24.2$;节点 F 对应的股价最大值为 $M_{2,0} = \max(M_{1,0}, S_{2,0}) = \max(20, 16.2) = 20$;而节点 E 既可以经过 B 到达,又可以经过 C 到达,所以,节点 E 对应的股价最大值为 $M_{2,1}(B) = \max(M_{1,1}, S_{2,1}) = \max(22, 19.8) = 22$ 或 $M_{2,1}(C) = \max(M_{1,0}, S_{2,1}) = \max(20, 19.8) = 20$,前者对应着节点 B,后者对应着节点 C。

确定了节点 D、E、F 对应的股价最大值,就可以求出期权在节点 D、E、F 的价值(支付):

节点 D:$f_{2,2} = \max(M_{2,2} - S_{2,2}, 0) = \max(24.2 - 24.2, 0) = 0$

节点 E:$f_{2,1}(B) = \max(M_{2,1}(B) - S_{2,1}, 0) = \max(22 - 19.8, 0) = 2.2$

$f_{2,1}(C) = \max(M_{2,1}(C) - S_{2,1}, 0) = \max(20 - 16.8, 0) = 0.2$

节点 F：$f_{2,0} = \max(M_{2,0} - S_{2,0}, 0) = \max(20 - 16.2, 0) = 3.8$

最后，我们用后退递归算法分别计算节点 B、C、A 对应的期权价值：

节点 B：
$$f_{1,1} = e^{-r\Delta t}[pf_{2,2} + qf_{2,1}(B)] = e^{-0.12\times 0.25} \times [0.6523 \times 0 + 0.3477 \times 2.2] = 0.7423$$

节点 C：
$$f_{1,0} = e^{-r\Delta t}[pf_{2,1}(C) + qf_{2,0}] = e^{-0.12\times 0.25} \times [0.6523 \times 0.2 + 0.3477 \times 3.8] = 1.4088$$

节点 A：
$$f_{0,0} = e^{-r\Delta t}[pf_{1,1} + qf_{1,0}] = e^{-0.12\times 0.25} \times [0.6523 \times 0.7423 + 0.3477 \times 1.4088] = 0.9453$$

所以，回望看跌期权的价格为 \$0.9453。

按照同样的步骤，可以计算出 Knock-in 看涨期权的价格，所做的变化只是计算节点 D、E、F 对应的期权价值。具体步骤不再复述，留作习题。

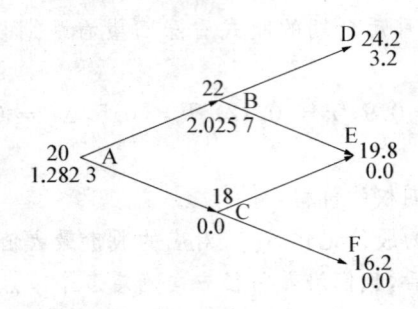

图 5.2 两步二叉树

2. 风险中性方法估价奇异期权

如果股票价格 $\{S_t; t \in [0, \infty)\}$ 服从几何布朗运动模型，任意期限无风险利率是常数 R，$dS = \mu S dt + \sigma S dz$，漂移率 μ 和波动率 σ 是常数，则在将来 T 时刻支付 $f_T = f(S_T)$ 的衍生证券在今天的价值 f_t 为：

$$f_t = e^{-R(T-t)} \int_{-\infty}^{\infty} f(S_0 \exp\{\sigma\sqrt{t}x + (R - \sigma^2/2)t\}) \cdot \frac{1}{\sqrt{2\pi}} \exp\{-x^2/2\} dx$$

基于这个公式，我们只需要给出各种欧式奇异期权的到期支付函数，就可以为它们估价了。

本章小结

本章详细分析了基础资产价格分别为二项资产价格模型、几何布朗运动下衍生产品的定价问题、Black-Scholes-Merton 公式和 Black-Scholes 偏微分方程。给定利率模型，我们分析了利率衍生证券定价模型、债券定价公式和 Black-Scholes-Merton 多因素扩散模型。

本章首先分别应用随机贴现因子、风险中性测度和套利定价方法计算衍生产品价格,然后给出常见美式期权、奇异期权等衍生产品的估价公式或计算方法。

问题与习题

1. 请解释无套利定价方法、等价鞅测度定价方法、随机折现因子定价方法。

2. 股票价格服从三期二叉树模型,请分别用无套利定价方法、风险中性定价方法和随机折现因子定价方法为股票衍生资产定价,并证明这三种方法得到的定价结果相同。

3. 请推导欧式认购期权 BSM 公式。

4. 如果股票价格服从二叉树模型,每期的无风险利率是 R,在 n 期到期的欧式期权的支付为 $v_n(S_n) = g(S_n)$,定义

$$v_n(x) = g(x), \quad v_k(x) = \frac{1}{1+R}[pv_{k+1}(ux) + qv_{k+1}(dx)], \quad k = n-1, n-2, \cdots, 1, 0$$

则 $v_0(S_0)$ 是欧式期权在今天的无套利价格。

5. 如果股票价格过程 $\{S_t; t \in [0, \infty)\}$ 服从几何布朗运动模型,请证明

$$c_t = S_t N(d_1) - K\exp\{-R(T-t)\}N(d_2)$$
$$p_t = K\exp\{-R(T-t)\}N(-d_2) - S_t N(-d_1)$$

满足 Black-Scholes 方程,其中,

$$d_1 = \frac{\ln(S_t/K) + (R+\sigma^2/2)(T-t)}{\sigma\sqrt{T-t}}$$

$$d_2 = \frac{\ln(S_t/K) + (R-\sigma^2/2)(T-t)}{\sigma\sqrt{T-t}} = d_1 - \sigma\sqrt{T-t}$$

6. 如果在衍生证券有效期内股票产生连续红利,年连续红利率为 q,证明衍生证券价格满足偏微分方程,并对欧式认购期权和认沽期权给出相应的 Black-Scholes 公式。

7. 瞬时利率 $r(t)$ 服从随机微分方程 $dr = \alpha(r, t)dt + \beta(r, t)dz$,在风险中性概率测度下,瞬时利率 $r(t)$ 服从随机微分方程 $dr = \hat{\alpha}(r, t)dt + \beta(r, t)dz^Q$,其中,$\hat{\alpha}(r, t) = \alpha(r, t) - \beta(r, t)\lambda(r, t)$。请证明:如果到期日为 T 的零息票债券 $V(r, t)$ 在 T 时的价值为 $H(r)$,则 $V(r, t)$ 满足如下偏微分方程

$$\frac{\partial V}{\partial t} + \hat{\alpha}\frac{\partial V}{\partial r} + \frac{1}{2}\beta^2\frac{\partial^2 V}{\partial r^2} - rV = 0$$

方程的终端条件为

$$V(r, T) = H(T)$$

8. 如果 $\alpha(r, t) = \varphi - kr$,$\beta^2(r, t) = \delta_1 + \delta_2 r$,在风险中性概率测度下,瞬时利率 $r(t)$ 服从随机微分方程 $dr = (\varphi - kr)dt + \sqrt{\delta_1 + \delta_2 r}\,dz^Q$。到期日为 T 的零息票债券的面值为 1,请证明债券在今天的价值 $B^T(r, t)$ 可以表示为:

$$B^T(r, t) = \exp\{-a(T-t) - b(T-t)r\}$$

其中，函数 $a(\tau)$、$b(\tau)$ 满足下面的微分方程

$$\frac{1}{2}\delta_2 b^2(\tau) + kb(\tau) + b'(\tau) - 1 = 0, \tau \in (0, T)$$

$$a'(\tau) - \varphi b(\tau) + \frac{1}{2}\delta_1 b^2(\tau) = 0, \tau \in (0, T)$$

其中，$a(0) = 0$，$b(0) = 0$。

第六章

多因素模型及其应用

多因素模型是估价彩虹衍生证券和许多利率衍生品的基础。**彩虹衍生证券**是指衍生证券的支付受多个随机因素的影响。应用等价鞅测度方法,我们可以为资产估价。有时为了方便估价衍生证券,我们可以选择不同的等价鞅测度。用不同的等价鞅测度为衍生证券估价,等价于用不同的记账单位表示资产价格,记账单位对应一个等价鞅测度。

第一节 市场模型与记账单位

一 市场模型

在本章的讨论中,我们假设无风险利率 r_t 是随机的,在时间 $t=0$ 在货币市场投资 1 单位,按照市场无风险利率获得利息,则在时间 t 投资的总价值为 $M(t) = \exp\left\{\int_0^t r_u du\right\}$。我们称在时间 $t=0$ 按照市场无风险利率投资在货币市场 1 单位的资产为货币市场账户,显然货币市场账户的价值为 $M(t)$。我们定义折现过程 $D(t) = \exp\left\{-\int_0^t r_u du\right\} = M^{-1}(t)$,货币市场账户和折现过程用来帮助我们寻找对应一个等价鞅测度的记账单位。

我们还假设资产价格服从**多维市场模型**,即市场中有 m 个基础资产,基础资产也称为状态变量,状态变量与现实世界可能发生的状态对应,如通货膨胀率、GDP 增长率等。状态变量记为 $S(t) = \{S_1(t), \cdots S_m(t)\}$,假设状态变量服从如下扩散过程:

$$dS_i(t) = \alpha_i(t)S(t)dt + S(t)\sum_{j=1}^n \beta_{ij}(t)dz_j(t), i = 1, 2, \cdots, m \tag{6.1}$$

其中,$z(t) = (z_1(t), \cdots, z_n(t))$,$0 \leqslant t \leqslant T$ 是 n 维独立的标准布朗运动,与状态变量对应的漂移为 $\alpha_i(S(t), t)$,$i = 1, 2, \cdots, m$,波动率为

$$\beta_{ij}(S(t), t), i = 1, 2, \cdots, m, j = 1, 2, \cdots, n$$

在这种多维市场模型中,假设存在唯一风险中性概率测度 $\mathbb{Q}$,也就是说存在唯一的风险市场价格 $\theta(t) = \{\theta_1(t), \cdots, \theta_n(t)\}$。令 $\tilde{z}_j(t) = z_j + \int_0^t \theta_j(u)du$,$j = 1, \cdots, n$,则在风险中性概率测度 $\mathbb{Q}$ 下,$\tilde{z}(t) = (\tilde{z}_1(t), \cdots, \tilde{z}_n(t))$,$0 \leqslant t \leqslant T$ 是 n 维独立的标准布朗运动。

二 记账单位与鞅测度

记账单位是为资产标明价值的单位,通常用一个国家的货币表示。例如,宝钢股份股票价格为每股 8.35 元人民币,就是用人民币作为宝钢股份股票的记账单位,一股宝钢股份股票的价值等于 8.35 元人民币。也可以用其他国家的货币为资产标明价值。例如,如果外国投资者购买长虹股票,则我们可以用美元或欧元为长虹股票报价。如果选择的记账单位适当,则衍生证券的估价模型可以有很简单的形式。

根据第四章的讨论,我们知道,在风险中性概率测度 $\mathbb{Q}$ 下,$D(t)S_i(t)$ 是鞅。因此,如果以货币市场账户 $M(t)$ 作为 $S_i(t)$ 的记账单位,则 $S_i(t)$ 在风险中性概率测度 $\mathbb{Q}$ 下是鞅。如果将记账单位换成其他记账单位,则风险中性概率测度也变化了。

原则上,我们可以用任何资产价格作为记账单位。在这里,我们讨论如下三种记账单位:
(1) 国内货币记账单位,对应的风险中性概率测度记为 $\mathbb{Q}$;
(2) 国外货币市场记账单位,对应的风险中性概率测度记为 $\mathbb{Q}^f$;
(3) 在时间 T 到期的零息票债券作为记账单位,债券到期价值为 1,对应的风险中性概率测度记为 $\mathbb{Q}^T$。

为了讨论不同记账单位下资产价格的表示,我们首先讨论折现过程的性质。

性质 6.1 (资产的随机表示)在多维市场模型中,任何严格正的价格过程 $N(t)$ 可以表示为

$$dN(t) = r_t N(t)dt + N(t)\sum_{j=1}^{n} v_j(t)d\tilde{z}_j(t) \tag{6.2}$$

它的等价表示是:

$$d(D(t)N(t)) = D(t)N(t)\sum_{j=1}^{n} v_j(t)d\tilde{z}_j(t)$$

$$D(t)N(t) = N(0)\exp\left\{\sum_{j=1}^{n}\int_0^t v_j(u)d\tilde{z}_j(u) - \frac{1}{2}\int_0^t \sum_{j=1}^{n} v_j^2(u)du\right\}$$

$$N(t) = N(0)\exp\left\{\sum_{j=1}^{n}\int_0^t v_j(u)d\tilde{z}_j(u) + \int_0^t \left(r_u - \frac{1}{2}\sum_{j=1}^{n} v_j^2(u)\right)du\right\} \tag{6.3}$$

其中,$\tilde{z}(t) = (\tilde{z}_1(t), \cdots, \tilde{z}_n(t))$,$0 \leqslant t \leqslant T$ 是 n 维独立的标准布朗运动,与状态变量对应的漂移率为 r_t,波动率为

$$v_j(t), \quad j = 1, 2, \cdots, n$$

性质 6.1 说明,在风险中性概率测度下,资产的平均收益率等于无风险利率,资产实现了的风险收益仅由波动率过程刻画。

证明 因为基础价格服从多维市场模型,存在唯一的风险市场价格和风险中性概率测度,在风险中性概率测度下,$\tilde{z}(t) = (\tilde{z}_1(t), \cdots, \tilde{z}_n(t))$,$0 \leqslant t \leqslant T$ 是 n 维独立的标准布朗运动。因此,对任何严格正的价格过程 $N(t)$,有

$$dN(t) = r_t N(t)dt + N(t)\sum_{j=1}^{n} v_j(t)d\tilde{z}_j(t)$$

而 $D(t) = \exp\left\{-\int_0^t r_u du\right\}$,因此,

$$dD(t) = -D(t)r_t dt$$

应用 Ito 引理,

$$d(D(t)N(t)) = dD(t)N(t) + D(t)dN(t) + dD(t)dN(t)$$
$$= D(t)N(t)\sum_{j=1}^{n} v_j(t)d\tilde{z}_j(t)$$

令 $S = D(t)N(t)$, $G = \ln S_t$, 由于 $\dfrac{\partial G}{\partial S} = \dfrac{1}{S}$, $\dfrac{\partial^2 G}{\partial S^2} = -\dfrac{1}{S^2}$, $\dfrac{\partial G}{\partial t} = 0$, 可得

$$dG = (\mu - \sigma^2/2)dt + \sigma dz, \quad dG = \sum_{j=1}^{n} v_j(t)d\tilde{z}_j(t) - \frac{1}{2}\sum_{j=1}^{n} v_j^2(t)dt$$

因此,

$$D(t)N(t) = N(0)\exp\left\{\sum_{j=1}^{n}\int_0^t v_j(u)d\tilde{z}_j(u) - \frac{1}{2}\int_0^t \sum_{j=1}^{n} v_j^2(u)du\right\}$$

直接计算,容易得到:

$$N(t) = N(0)\exp\left\{\sum_{j=1}^{n}\int_0^t v_j(u)d\tilde{z}_j(u) + \int_0^t\left(r_u - \frac{1}{2}\sum_{j=1}^{n} v_j^2(u)\right)du\right\}$$

直接应用性质 6.1,我们容易得到下面的性质:

性质 6.2 (改变风险中性测度)在多维市场模型中,股票价格过程 $S(t)$、$N(t)$ 可以表示为:

$$d(D(t)S(t)) = D(t)S(t)\sum_{j=1}^{n} \sigma_j(t)d\tilde{z}_j(t)$$
$$d(D(t)N(t)) = D(t)N(t)\sum_{j=1}^{n} v_j(t)d\tilde{z}_j(t) \tag{6.4}$$

如果把 $N(t)$ 作为记账单位,则 $S(t)$ 的价格变为 $S^N(t) = S(t)/N(t)$,在测度记为 $\mathbb{Q}^N$ 下,过程 $S^N(t)$ 是鞅,并且

$$dS^N(t) = S^N(t)\sum_{j=1}^{n}(\sigma_j(t) - v_j(t))d\tilde{z}_j^N(t)$$

注: $N^N(t) = 1$ 是常数, $dN(t) = r_t N(t)dt + \|v(t)\| N(t)dB^N(t)$ 是一维模型。

第二节 本币和外币作为记账单位

一 基本概念

假设 $z(t) = (z_1(t), z_2(t))$ 是现实世界市场概率下独立的标准布朗运动,以本币记账的股票价格过程 $S(t)$ 满足:

$$dS(t) = \alpha(t)S(t)dt + \sigma_1(t)S(t)dz_1(t) \tag{6.5}$$

假设国内利率是 r_t,则国内货币市场账户和折现过程为

$$M(t) = \exp\left\{\int_0^t r_u du\right\}, \quad D(t) = \exp\left\{-\int_0^t r_u du\right\}$$

假设国外利率是 r_t^f,则国外货币市场账户和折现过程为

$$M^f(t) = \exp\left\{\int_0^t r_u^f du\right\}, \quad D^f(t) = \exp\left\{-\int_0^t r_u^f du\right\}$$

汇率过程记为 $Q(t)$,表示与每单位外币等值的本币数量,假设

$$dQ(t) = \gamma(t)Q(t)dt + \sigma_2(t)Q(t)[\rho(t)dz_1(t) + \sqrt{1-\rho^2(t)}dz_2(t)] \tag{6.6}$$

或者记为

$$dQ(t) = \gamma(t)Q(t)dt + \sigma_2(t)Q(t)dz_3(t) \tag{6.7}$$

其中,定义

$$z_3(t) = \int_0^t \rho(u)dz_1(u) + \int_0^t \sqrt{1-\rho^2(u)}dz_2(u) \tag{6.8}$$

则 $z_3(t)$ 在风险中性概率测度 $\mathbb{Q}$ 下是布朗运动。

假设 $\sigma_1(t) > 0$, $\sigma_2(t) > 0$, $-1 < \rho(t) < 1$,根据我们在第四章对二因素扩散模型的等价形式的讨论,这样假设是合理的。

做简单的计算,容易证明:

$$\frac{dS(t)}{S(t)}\frac{dQ(t)}{Q(t)} = \rho(t)\sigma_1(t)\sigma_2(t) \tag{6.9}$$

因此,$\rho(t)$ 是股票价格和汇率相对变化的瞬时相关系数。

二 国内风险中性测度

假设市场上有三个被交易资产,它们是国内货币市场账户、股票和国外货币市场账户。我们现在用本币为这三个资产定价,并用本币利率折现。根据前面的讨论,我们容易证明:

性质 6.3 如果用国内货币市场账户为国内货币市场账户标价,则国内货币市场账户的价格为1,在国内风险中性概率测度下是鞅。

性质 6.4 如果用国内货币市场账户为股票标价,则股票价格为 $D(t)S(t)$,满足下面的随机微分方程:

$$d(D(t)S(t)) = D(t)S(t)[(\alpha(t) - r_t)t + \sigma_1(t)dz_1(t)] \tag{6.10}$$

构造风险中性概率测度下的布朗运动:

$$\tilde{z}_1(t) = \int_0^t \theta_1(u)du + z_1(t)$$

则有

$$d(D(t)S(t)) = \sigma_1(t)D(t)S(t)d\tilde{z}_1(t)$$

$\theta_1(t)$ 是风险的市场价格,$\sigma_1(t)\theta_1(t) = \alpha(t) - r_t$。

性质 6.5 如果用国内货币市场账户为国外货币市场账户标价,则国外货币市场账户的本币价值为

$$M^f(t)Q(t) \tag{6.11}$$

它的折现过程为

$$D(t)M^f(t)Q(t) \tag{6.12}$$

微分是

$$\begin{aligned}&d(D(t)M^f(t)Q(t))\\&= D(t)M^f(t)Q(t)[(r_t^f - r_t + \gamma(t))dt + \sigma_2(t)\rho(t)dz_1(t) + \sigma_2(t)\sqrt{1-\rho^2(t)}dz_2(t)]\end{aligned} \tag{6.13}$$

其中,$d(M^f(t)) = r_t^f M^f(t)dt$。

证明 考虑将国外货币市场账户投资在外币市场,然后再转换投资到本币,则可以得到式(6.11)和式(6.12)。

应用 Ito 引理,则

$$d(M^f(t)Q(t)) = M^f(t)Q(t)[(r_t^f + \gamma(t))dt + \sigma_2(t)\rho(t)dz_1(t) + \sigma_2(t)\sqrt{1-\rho^2(t)}dz_2(t)]$$

构造 $\tilde{z}_2(t) = \int_0^t \theta_2(u)du + z_2(t)$,则

$$d(D(t)M^f(t)Q(t)) = D(t)M^f(t)Q(t)[\sigma_2(t)\rho(t)d\tilde{z}_1(t) + \sigma_2(t)\sqrt{1-\rho^2(t)}d\tilde{z}_2(t)]$$

如果存在唯一的风险市场价格,则

$$\sigma_2(t)\rho(t)\theta_1(t) + \sigma_2(t)\sqrt{1-\rho^2(t)}\theta_2(t) = r_t^f - r_t + \gamma(t)$$

有解,风险中性概率测度唯一。于是,在 $(\tilde{z}_1(t), \tilde{z}_2(t))$ 下,$D(t)S(t)$ 和 $D(t)M^f(t)Q(t)$ 是鞅。

在风险中性概率测度 $\mathbb{Q}$ 下,容易计算得到下面没有折现的资产价格的微分表示形式

$$dM(t) = r_t M(t)dt$$
$$dS(t) = S(t)[r_t dt + \sigma_1(t)d\tilde{z}_1(t)]$$
$$d(M^f(t)Q(t)) = M^f(t)Q(t)[r_t dt + \sigma_1(t)\rho(t)d\tilde{z}_1(t) + \sigma_2(t)\sqrt{1-\rho^2(t)}d\tilde{z}_2(t)]$$
$$= M^f(t)Q(t)[r_t dt + \sigma_1(t)d\tilde{z}_3(t)]$$

并且

$$dQ(t) = Q(t)[(r_t - r_t^f)dt + \sigma_2(t)\rho(t)d\tilde{z}_1(t) + \sigma_2(t)\sqrt{1-\rho^2(t)}d\tilde{z}_2(t)]$$
$$= Q(t)[(r_t - r_t^f)dt + \sigma_2(t)d\tilde{z}_3(t)]$$
$$d\tilde{z}_3(t) = \rho(t)d\tilde{z}_1(t) + \sqrt{1-\rho^2(t)}d\tilde{z}_2(t)$$
$$\tilde{z}_3(t) = \int_0^t \rho(u)d\tilde{z}_1(u) + \int_0^t \sqrt{1-\rho^2(u)}d\tilde{z}_2(u)$$

三 国外风险中性测度

类似前面的讨论,我们很容易得到用国外货币市场账户作为记账单位表示的资产价格和国外风险中性概率测度。具体的计算作为习题。下面将有关结论总结为表 6.1。

表 6.1　　　　　　　　　　　　　　　**资产价格表**

记账单位	国内货币市场账户	股票	外国货币市场账户
国内货币	$M(t)$	$S(t)$	$M^f(t)Q(t)$
国内货币市场账户	1	$D(t)S(t)$	$D(t)M^f(t)Q(t)$
外国货币	$M(t)/Q(t)$	$S(t)/Q(t)$	$M^f(t)$
外国货币市场账户	$M(t)D^f(t)/Q(t)$	$D^f(t)S(t)/Q(t)$	1

其中,

$$\tilde{z}_1^f(t) = -\int_0^t \sigma_2(u)\rho(u)du + \tilde{z}_1(t)$$

$$\tilde{z}_2^f(t) = -\int_0^t \sigma_2(u)\sqrt{1-\rho^2(u)}\,du + \tilde{z}_2(t)$$

$$\tilde{z}_3^f(t) = -\int_0^t \sigma_2(u)\,du + \tilde{z}_3(t)$$

$$d\tilde{z}_1^f(t)d\tilde{z}_2^f(t) = \rho(t)dt$$

$$d\tilde{z}_1^f(t)d\tilde{z}_3^f(t) = \sqrt{1-\rho^2(t)}\,dt$$

四 Siegel 汇率悖论

应用前面的结论,我们可以发现一个有趣现象,称为 Siegel 汇率悖论。

由于

$$dQ = Q[(r_t - r_t^f)dt + \sigma_2 d\tilde{z}_3] \tag{6.14}$$

于是,应用 Ito 引理,可得:

$$d\left(\frac{1}{Q}\right) = \frac{1}{Q}[(r_t^f - r_t + \sigma_2^2)dt + \sigma_2 d\tilde{z}_3] \tag{6.15}$$

这个结论导致 Siegel 汇率悖论。因为汇率 Q 期望的增长率是 $r_t - r_t^f$,根据对称性,想当然地可以认为汇率 $1/Q$ 期望的增长率是 $r_t^f - r_t$。可是,我们计算的结果却是 $1/Q$ 期望的增长率是 $r_t^f - r_t + \sigma_2^2$。

产生 Siegel 汇率悖论的原因,是记账单位的选择问题,式(6.14)和式(6.15)的记账单位都是国内货币,而记账单位本身的价值变化过程也是随机的。合理的计算汇率 $1/Q$ 期望的增长率是用外国货币作为记账单位,这样产生的汇率增长率就没有悖论问题。记账单位的变换,可以导致资产价格过程的增长率变化。例如,股票用国内货币记账为 $S(t)$,用外国货币记账则为 $1/S(t)$,计算可以得到 $1/S(t)$ 增长率比用国内货币记账增加了。

因为:

$$\tilde{z}_3^f(t) = -\int_0^t \sigma_2(u)\,du + \tilde{z}_3(t)$$

$$d\left(\frac{1}{Q}\right) = \left(\frac{1}{Q}\right)[(r_t - r_t^f)dt - \sigma_2 d\tilde{z}_3^f]$$

但是,

$$dQ(t) = \gamma(t)Q(t)dt + \sigma_2(t)Q(t)dz_3(t)$$

$$d\left(\frac{1}{Q(t)}\right) = \frac{1}{Q(t)}(-\gamma(t) + \sigma_2^2(t))dt - \frac{1}{Q(t)}\sigma_2(t)dz_3(t)$$

五 几个应用

1. 计算远期汇率

假设国内利率和国外利率是常数,分别记国内利率和国外利率为 r 和 r^f,于是汇率过程服从下面的随机微分方程:

$$dQ(t) = Q(t)[(r-r^f)dt + \sigma_2(t)\rho(t)d\tilde{z}_1(t) + \sigma_2(t)\sqrt{1-\rho^2(t)}\,d\tilde{z}_2(t)]$$

$$= Q(t)[(r-r^f)dt + \sigma_2(t)d\tilde{z}_3(t)]$$

这里，$\exp\{-(r-r^f)t\}Q(t)$ 是国内风险中性测度 $\mathbb{Q}$ 下的鞅。

在 $t=0$ 时，期限为 T 的汇率远期价格（远期汇率）F 为：

$$E[\exp\{-(r-r^f)T\}(Q(T)-F)]$$

计算，推出：

$$F = \exp\{(r-r^f)T\}Q(0) \tag{6.16}$$

类似地，因为

$$d\left(\frac{1}{Q(t)}\right) = \frac{1}{Q(t)}(-\gamma(t)+\sigma_2^2(t))dt - \frac{1}{Q(t)}\sigma_2(t)dz_3(t)$$

$\exp\{-(r-r^f)t\}Q^{-1}(t)$ 是国外风险中性测度 $\mathbb{Q}^f$ 下的鞅。推出

$$F^f = \exp\{(r^f-r)T\}Q^{-1}(0) = F^{-1} \tag{6.17}$$

2. Garman-Kohlhagen 公式

这里假设国内利率和国外利率是常数，分别记国内利率和国外利率为 r 和 r^f，波动率 σ_2 也是常数。假设欧式外汇看涨期权在 $t=T$ 时的支付为 $(Q(T)-K)^+$，则期权在 $t=0$ 的价值为：

$$E[\exp\{-(r-r^f)T\}(Q(T)-K)^+]$$

因为

$$dQ(t) = Q(t)[(r-r^f)dt + \sigma_2(t)d\tilde{z}_3(t)]$$
$$Q(t) = Q(0)\exp\{\sigma_2 \tilde{z}_3(t) + (r-r^f-\sigma_2^2/2)T\}$$

积分可得 Garman-Kohlhagen 公式：

$$E[\exp\{-(r-r^f)T\}(Q(T)-K)^+] = \exp\{-r^fT\}Q(0)N(d_+) - \exp\{-rT\}KN(d_-)$$

$$d_\pm = \frac{1}{\sigma_2\sqrt{T}}\left[\ln\frac{Q(0)}{K} + \left(r-r^f \pm \frac{1}{2}\sigma_2^2\right)T\right]$$

第三节 远期测度

本节假设仅有一个基础资产（状态变量），我们讨论一维过程。当存在多个状态变量时，本节讨论的结果很容易推广到多维过程。

一 远期价格

首先我们引入记号。记在 $t=T$ 时的支付 1 元的零息票债券在 t 时的价格为 $B(t,T)$，则当 $t\in[0,T]$ 时，

$$B(t,T) = \frac{1}{D(t)}E_t^{\mathbb{Q}}[D(T)] \tag{6.18}$$

特别地，

$$B(T,T=1) \tag{6.19}$$

用货币表示的资产价格为 $S(t)$，考虑在 $t=T$ 时到期、以 K 元交换一份资产的远期合约，在 $t=T$ 时的远期合约的支付为 $S(T)-K$，根据风险中性定价原理，远期合约在 $t\in[0,T]$

时的价值为：

$$v(t) = \frac{1}{D(t)} E_t^{\mathbb{Q}}[D(T)(S(T)-K)]$$

因为 $D(t)S(t)$ 在风险中性概率测度 $\mathbb{Q}^f$ 下是鞅，推出：

$$v(t) = S(t) - \frac{K}{D(t)} E_t^{\mathbb{Q}}[D(T)] = S(t) - KB(t, T)$$

在第一章我们已经知道，使远期合约的价值为零的执行价格就是远期价格，因此，远期价格为

$$F = S(t)B^{-1}(t, T) \triangleq For_S(t, T) \tag{6.20}$$

二 零息票债券作为记账单位（标价）

零息票债券也是资产，因此，在风险中性概率测度 $\mathbb{Q}$ 下，$D(t)B(t, T)$ 一定是鞅。所以存在波动率 $\sigma^*(t, T)$，使

$$d(D(t)B(t, T)) = -\sigma^*(t, T)D(t)B(t, T)d\tilde{z}(t) \tag{6.21}$$

假设 T 为固定常数，定义布朗运动 $\tilde{z}^T(t) = \int_0^t \sigma^*(u)du + \tilde{z}(t)$，与 $\tilde{z}^T(t)$ 对应的 T 远期测度记为 $\mathbb{Q}^T$。于是，在 T 远期测度 $\mathbb{Q}^T$ 下，所有以在 T 期到期的零息票债券为记账单位的资产价格过程是鞅。

引入 T 远期测度 $\mathbb{Q}^T$ 的目的是简化风险中性定价公式。例如，假设资产（衍生证券）在 T 时的支付是 $V(T)$，则在 $t \in [0, T]$ 时，资产的价值为：

$$v(t) = \frac{1}{D(t)} E_t^{\mathbb{Q}^T}[D(T)V(T)]$$

为了计算这个值，有时我们需要知道折现过程 $D(T)$ 和衍生证券到期时的值 $V(T)$ 之间的相关性。特别是在衍生证券的价值依赖于利率时，应用这个估价模型可能很难。然而，在 T 远期测度 $\mathbb{Q}^T$ 下，衍生证券的价值 $v(t) = B(t, T)E_t^{\mathbb{Q}^T}[V(T)]$。这个公式的计算就容易得多。

三 随机利率下的期权定价

对利率衍生证券的估价，利率的运动非常关键。这时，我们不能假设利率为常数。例如，为固定收益证券定价等，就需要假设随机变化的利率。

为了简化讨论，假设远期价格的波动率是常数，于是，

$$dFor_S(t, T) = \sigma For_S(t, T)d\tilde{z}^T(t), \sigma \text{ 是常数} \tag{6.22}$$

应用 T 远期测度为衍生证券定价，需要选择债券的到期日 T 与期权的到期日 T 一致。应用我们的分析，容易推导下面的性质。

性质 6.6 （Black-Scholes-Merton 期权定价公式）设 $S(t)$ 是以货币标价的资产价格，假设这个资产的远期价格满足式(6.19)，波动率 σ 是常数，利率是随机的，则到期日为 T、执行价格为 K 的欧式看涨期权在 $t \in [0, T]$ 时的价值为：

$$v(t) = S(t)\varphi(d_+(t)) - KB(t, T)\varphi(d_-(t))$$

$$d_\pm \frac{1}{\sigma\sqrt{T-t}}\left[\ln\frac{For_S(t, T)}{K} \pm \frac{1}{2}\sigma^2(T-t)\right]$$

定价公式表明,期权的空头可以用持有 $\varphi(d_+(t))$ 资产的多头和 $K_\varphi(d_-(t))$ 份零息票债券空头的资产组合来对冲,其中,零息票债券在 T 时刻到期,到期日的价值为 1。

第四节 二因素扩散模型的应用

在本节,我们应用二因素模型为外部障碍期权估价。主要目的是通过以外部障碍期权估价为例,介绍多因素模型的应用。应用本节的方法,我们也可以为类似的其他彩虹期权估价。

我们假设外部障碍模型的障碍过程为:

$$dY(t) = \lambda Y(t)dt + \sigma_1 Y(t)dz_1(t) \tag{6.23}$$

股票价格过程为:

$$dS(t) = \mu S(t)dt + \rho\sigma_2 S(t)dz_1(t) + \sqrt{1-\rho^2}\sigma_2 S(t)dz_2(t) \tag{6.24}$$

这里,$\sigma_1 > 0$, $\sigma_2 > 0$, $-1 < \rho < 1$,$\{z_1(t), z_2(t)\}$ 是独立的布朗运动。

假设彩虹障碍期权在时间 T 的支付是 $(S(T) - K)^+ 1_{\{Y^* < L\}}$,这里,$0 < S(0) < K$,$0 < Y(0) < L$,$Y^* = \max_{0 \leqslant t \leqslant T}(t)$。期权的支付依赖于过程 $Y(t)$ 和 $S(t)$,风险中性测度使 $Y(t)$ 和 $S(t)$ 的折现过程是鞅。下面我们寻找风险中性的测度。我们想要找 θ_1, θ_2,定义

$$d\tilde{z}_1(t) = \theta_1 dt + dz_1(t), \quad d\tilde{z}_2(t) = \theta_2 dt + dz_2(t)$$

使

$$dY(t) = rY(t)dt + \sigma_1 Y(t)d\tilde{z}_1(t)$$
$$= rY(t)dt + \sigma_1\theta_1 Y(t)dt + \sigma_1 Y(t)dz_1(t)$$
$$dS(t) = rS(t)dt + \rho\sigma_2 S(t)d\tilde{z}_1(t) + \sqrt{1-\rho^2}\sigma_2 S(t)d\tilde{z}_2(t)$$
$$= rS(t)dt + \rho\sigma_2\theta_1 S(t)dt + \sqrt{1-\rho^2}\sigma_2\theta_2 S(t)dt + \rho\sigma_2 S(t)dz_1(t) + \sqrt{1-\rho^2}\sigma_2 S(t)dz_2(t)$$

为此,必须有

$$\lambda = r + \sigma_1\theta_1, \quad \mu = r + \rho\sigma_2\theta_1 + \sqrt{1-\rho^2}\sigma_2\theta_2$$

解这个方程组,得到

$$\theta_1 = \frac{\lambda - r}{\sigma_1}, \quad \theta_2 = \frac{\mu - r - \rho\sigma_2\theta_1}{\sqrt{1-\rho^2}\sigma_2}$$

我们已经知道 θ_1, θ_2 的具体值并不重要,重要的是它们存在且唯一,这隐含着存在唯一的风险中性测度。定义:

$$z(T) = \exp\left\{-\theta_1 z_1 - \theta_2 z_2 - \frac{1}{2}(\theta_1^2 + \theta_2^2)T\right\}, \quad \mathbb{Q}(A) = \int_A z(T)d\mathbb{Q}$$

在概率 $\mathbb{Q}$ 下,$\{\tilde{z}_1(t), \tilde{z}_2(t)\}$ 是独立布朗运动,$\mathbb{Q}$ 是唯一的风险中性测度。在现实世界市场概率 $\mathbb{Q}$ 和风险中性概率 $\mathbb{Q}$ 下,Y 的波动率是 σ_1,S 的波动率是 σ_2,$dYdS = YS\rho\sigma_1\sigma_2 dt$,即

dY/Y 与 dS/S 之间的相关系数是 ρ。

根据风险中性定价原理,彩虹障碍在时间 $t=0$ 的价值是:

$$v(0, S(0), Y(0)) = E[e^{-rT}(S(T)-K)^+ \mathbf{1}_{\{Y^*(T)<L\}}]$$

经过计算,

$$v(0, S(0), Y(0)) = e^{-rT} \int_0^{\sigma_1^{-1}\log L/Y(0)} \int_{-\infty}^m \int_{-\infty}^\infty \left(\left(S(0)\exp\left\{\left(r-\frac{1}{2}\sigma_2^2-\rho\sigma_2\theta\right)T+\rho\sigma_2\hat{b}+\sqrt{1-\rho^2}\sigma_2\tilde{b}\right\}-K\right)^+\right)$$

$$\times \frac{1}{\sqrt{2\pi T}}\exp\left\{-\frac{\tilde{b}^2}{2T}\right\} \times \frac{2(2m-\hat{b})}{T\sqrt{2\pi T}}\exp\left\{-\frac{(2m-\hat{b})^2}{2T}+\theta\hat{b}-\frac{1}{2}\theta^2 T\right\}d\tilde{b}\,d\hat{b}\,dm$$

(6.25)

其中,$\theta=\dfrac{r}{\sigma_1}-\dfrac{\sigma_1}{2}$,显然,外部障碍期权价格依赖于 $T, S(0), Y(0), r, \sigma_1, \sigma_2, \rho, K, L$,与 $\lambda, \mu, \theta_1, \theta_2$ 无关。

注:如果 Y 不是被交易资产,则不能假设它的均值收益等于平均利率 r,这样,我们仅有一个方程 $\mu=r+\rho\sigma_2\theta_1+\sqrt{1-\rho^2}\sigma_2\theta_2$ 来决定 θ_1, θ_2。因此 θ_1, θ_2 的解不唯一,有些期权就不能被对冲。例如,如果仅股票可交易,支付依赖于 Y 的期权就不能被对冲。当然,如果期权的支付仅依赖于股票 S,则资产 Y 是多余的,因为

$$dS(t) = \mu S(t)dt + \rho\sigma_2 S(t)dz_1(t) + \sqrt{1-\rho^2}\sigma_2 S(t)dz_2(t)$$

令 $dW(t) = \rho\sigma_2 dz_1(t) + \sqrt{1-\rho^2}\sigma_2 dz_2(t)$,因此,$W$ 是布朗运动,$dS(t) = \mu S(t)dt + S(t)\sigma_2 dW(t)$。我们回到单因素期权定价模型。

本章小结

当资产价格服从多维市场模型时,衍生证券的估价就比较困难,这时,适当地选择标明资产价值的记账单位,可以简化衍生产品估价的计算问题。原则上,我们可以用任何资产价格作为记账单位。

本章中我们分别讨论了以国内货币、外币和在时间 T 到期的零息票债券等资产作为记账单位时资产价格过程模型和衍生证券估价模型,然后讨论了变换记账单位方法的几个应用问题。

当利率是随机变化的情况下,我们讨论了 Black-Scholes-Merton 期权定价模型,然后我们应用二因素模型讨论了估价外部障碍模型,给出了估价外部障碍期权的偏微分方程。

问题与习题

1. 证明:如果严格正的价格过程 $N(t)$ 满足

$dN(t) = r_t N(t)dt + N(t)\sum_{j=1}^n v_j(t)d\tilde{z}_j(t)$,则它有如下的等价表示:

$$d(D(t)N(t)) = D(t)N(t)\sum_{j=1}^{n} v_j(t)\tilde{z}_j(t)$$

$$D(t)N(t) = N(0)\exp\left\{\sum_{j=1}^{n}\int_0^t v_j(u)d\tilde{z}_j(u) - \frac{1}{2}\int_0^t \sum_{j=1}^{n} v_j^2(u)du\right\}$$

$$N(t) = N(0)\exp\left\{\sum_{j=1}^{n}\int_0^t v_j(u)d\tilde{z}_j(u) + \int_0^t \left(r_u - \frac{1}{2}\sum_{j=1}^{n} v_j^2(u)\right)du\right\}$$

其中,$\tilde{z}(t) = (\tilde{z}_1(t), \cdots, \tilde{z}_n(t))$,$0 \leqslant t \leqslant T$ 是 n 维独立的标准布朗运动,与状态变量对应的漂移率为 r_t,波动率为 $v_j(t)$,$j = 1, 2, \cdots, n$。

2. 证明在多维市场模型中,股票价格过程 $S(t)$、$N(t)$ 可以表示为:

$$d(D(t)S(t)) = D(t)S(t)\sum_{j=1}^{n} \sigma_j(t)d\tilde{z}_j(t)$$

$$d(D(t)N(t)) = D(t)N(t)\sum_{j=1}^{n} v_j(t)d\tilde{z}_j(t)$$

3. 证明下面的价格表中的关系:

资产价格表

记账单位	国内货币市场账户	股票	外国货币市场账户
国内货币	$M(t)$	$S(t)$	$M^f(t)Q(t)$
国内货币市场账户	1	$D(t)S(t)$	$D(t)M^f(t)Q(t)$
外国货币	$M(t)/Q(t)$	$S(t)/Q(t)$	$M^f(t)$
外国货币市场账户	$M(t)D^f(t)/Q(t)$	$D^f(t)S(t)/Q(t)$	1

其中,

$$\tilde{z}_1^f(t) = -\int_0^t \sigma_2(u)\rho(u)du + \tilde{z}_1(t)$$

$$\tilde{z}_2^f(t) = -\int_0^t \sigma_2(u)\sqrt{1-\rho^2(u)}du + \tilde{z}_2(t)$$

$$\tilde{z}_3^f(t) = -\int_0^t \sigma_2(u)du + \tilde{z}_3(t)$$

$$d\tilde{z}_1^f(t)d\tilde{z}_2^f(t) = \rho(t)dt$$

$$d\tilde{z}_1^f(t)d\tilde{z}_3^f(t) = \sqrt{1-\rho^2(t)}dt$$

4. 证明性质 6.6。

第三编

估值的数值分析方法

- 数值分析原理
- 蒙特卡罗模拟
- 偏微分方程与有限差分方法

第七章

数值分析原理

第一节 数值计算误差的来源

为了正确理解资产估价数值解的含义,我们需要了解计算机数字计算和函数的本质。这是我们进行复杂计算并进行资产估价的基础。由于计算机在进行数值计算时存在各种计算误差,精确解可能得不到,只能得到近似结果。因此,在应用计算机进行资产估价计算时,如果处理不当,得到的数值结果可能并不是我们希望的。

一 数字计算

数字计算就是计算机用明确的度量方式来表达数学概念的数值或函数。

例7.1 9.1、$9 \times 8.1 + 8.1$、$10\sqrt{3}$、$100\sin 0.15$。

这些数有明确的数学含义,但是,表达的意义却不是很清楚。例如,$9 \times 8.1 + 8.1 = 81$,81是明确的概念。如果支付$10\sqrt{3}$元钱,这是不明确的概念,但支付17.32元,这是明确的概念,有实际生活意义。数字计算就是将具有明确意义的数学概念转换成具有直接(容易理解)意义的数。为了进行资产估价,我们需要理解计算机是如何进行实数计算和函数计算的。

二 数字表示

数字表示是指数字的表示形式。在生活中,广泛使用十进制数字表示数字,有时也用六十进制表示数字。例如,时间就是用六十进制表示,1小时等于60分钟,1分钟等于60秒。

例7.2 常用的数字表示是十进位,当写1 492时,我们实际上是说

$$1\ 492 \Rightarrow 1 \times 10^3 + 4 \times 10^2 + 9 \times 10^1 + 1 \times 10^0$$

相似地，当我们表示一个小数时，我们用 10 的负指数形式。例如，

$$0.42 \Rightarrow 4 \times 10^{-1} + 2 \times 10^{-2}$$

有些数，比如 $1/3 = 0.\bar{3}$，就没有有限表达式，是无穷序列的极限。

然而，在计算机中，我们使用二进制数字表示。例如，

$$(21.5)_{10} \Rightarrow 2^4 + 2^2 + 2^0 + 2^{-1} = (10\,101.1)_2$$

三 计算机实数计算与计算精度

计算机用有限二进制表示数字，能表示的数值大小有限，当用计算机表示非常大或非常小的数值时，我们仅能得到近似表示。而在应用计算机进行数值计算时，需要将所有十进制数字转换为二进制数字，而许多实数用二进制数时表示，仅能得到近似表示。这样，计算机在进行实数计算时，经常仅能得到近似值。计算机进行的实数计算的算法仅是**有限精度算法**，即计算的结果在一定精度下准确。为了解有限精度算法，我们看下面的例子：

例7.3 假设我们需要计算 $9 \times 8.1 + 8.1$。显然，$9 \times 8.1 + 8.1 = 81$。

当我们用 Matlab 计算时，得到如下结果：

$$>> 9 * 8.1 + 8.1$$
$$ans = 81.000\,0$$

一眼看上去，这个结果似乎没有任何问题。可是，如果采用 Matlab 内部函数 fix 计算，结果是：

$$>> fix(9 * 8.1 + 8.1)$$
$$ans = 80$$

这是因为 fix 函数将一个实数转化为整数，而将小数部分舍取。显然，上面的计算结果肯定是错的。

实际上，第一个结果也没有看上去那么完美。如果我们使用数字的可见形式再次显示 $9 \times 8.1 + 8.1$ 在计算机内部的表示，得到：

$$>> format\ long$$
$$>> 9 * 8.1 + 8.1$$
$$ans = 80.999\,999\,999\,999\,99$$

也就是说，我们在前面看到的 81，在计算机中实际上表示的是 80.999 999 999。产生这种现象的原因是，在计算机中，数字表示与我们在数学中使用的意义不同。像 8.1 这样的数字在计算机中表示的结果并不是完全与我们在数学中使用的意义相同。这是因为数字在计算机中用有限二进制表示，有些十进制数字仅能用二进制数字近似表示。

四 舍入误差与截断误差

数值计算中,往往要通过近似替代简化问题,简化引起的误差称为**方法误差**或**截断误差**。计算时只能对有限位数进行计算,因而往往会进行舍入,此时产生的误差称为**舍入误差**或**计算误差**。在实际计算中,由于计算机内存的限制,只能进行有限位数计算,有些数的有效位数被舍去,这样就会产生舍入误差。有些数有无限循环位,需要近似替代,因此,截断无限循环位,保留有限位数,就会产生截断误差。

在例 7.3 中我们已经看到舍入误差的例子。下面我们看截断误差的例子。

例 7.4 $7/10 = (0.7)_{10} = (0.1\overline{0110})_2$。

数 0.7 可以表示为有限位数的十进制数,却不能用有限位二进制数表示。显然,在这种情况下,无限序列被截断。在实际计算中,就会产生截断误差。

五 计算机函数计算与计算误差

许多数学计算和数学问题的解,在应用计算机进行数字计算时,只能得到近似值。

例 7.5 在计算 $\sin x$ 时,我们使用如下近似函数进行计算:

$$\sin x \approx x - \frac{x^3}{3!} + \frac{x^5}{5!} - \frac{x^7}{7!} + \cdots + (-1)^n \frac{x^{2n+1}}{(2n+1)!}$$

因此,用 Matlab 计算,得到如下结果:

$$>> \sin(pi/3)$$
$$ans = 0.866\,0$$

我们知道,$\sin\frac{\pi}{3} = \frac{\sqrt{3}}{2}$,计算机不能将 $\sqrt{3}$ 完全准确地表示出来,仅能给出近似值。

这个计算结果与理论结果不同的原因有两个:一是正弦函数是用多项式近似代替可能带来误差;二是所有实数在计算机中都是用二进制表示的。由于计算机字长的限制,实数在计算机中储存计算时也是用近似值。

六 循环终止条件与计算误差

一般情况下,非线性方程 $f(x) = 0$ 的根很难计算。如果已经知道根在 x_0 附近,根据泰勒级数

$$f(x) = f(x_0) + f'(x_0)(x - x_0) + \cdots$$

取等式右边前两项近似代替 $f(x)$，就会很容易得到求解的线性方程

$$f(x_0) + f'(x_0)(x - x_0) = 0$$

把解出的 x 记为 x_1，有

$$x_1 = x_0 - f(x_0)/f'(x_0)$$

x_1 虽然不一定是根，但比 x_0 更接近于根。用 x_1 代替前面的 x_0 进行类似的计算，可得到 x_2。如此继续下去，可以得到一系列越来越接近根的近似值 $x_1, x_2, x_3, \cdots$，其中，$x_{n+1} = x_n - f(x_n)/f'(x_n)$。

这种求根法称为**迭代算法**，由于是牛顿提出的算法，也称为**牛顿迭代法**。

例 7.6 $x^2 - 2 = 0$，方程的根为 $\sqrt{2}$，牛顿迭代法公式为：

$$x_{n+1} = x_n - \frac{x_n^2 - 2}{2x_n} = \frac{1}{2}\left(x_n + \frac{2}{x_n}\right)$$

取 $x_0 = 1.4$，按照上式计算得到

n	1	2	3	4
x_n	1.414 285 714 286	1.414 213 564 214	1.414 213 562 373	1.414 213 562 373

而 $\sqrt{2} = 1.414\ 213\ 562\ 37\cdots$，可见，迭代计算的结果与准确值越来越接近。

在计算机实际计算时，通常需要按照上述方法进行循环计算。为了得到计算结果，避免计算机无限循环（"死循环"）、永远不停止计算的问题，经常需要设定终止循环的条件。实际应用中，最常见的循环终止条件有两个：一是规定循环次数，二是在迭代计算中规定停止循环的"误差"上限。

以前述迭代算法为例，规定循环次数是指在迭代计算中达到某个循环次数时，比如 5 000 次，计算机就会自动终止迭代计算，用 $x_{5\,000}$ 作为计算结果。规定迭代计算终止循环的"误差"上限是指，在每次进行新的迭代前，首先比较 $|x_{n+1} - x_n|$ 与某个事先给定的数的大小，比如与 10^{-5} 的大小，如果 $|x_{n+1} - x_n| < 10^{-5}$ 就停止迭代，取 x_{n+1} 为计算结果；否则，就继续进行迭代计算，直至该条件得以满足。

由于在实际计算时，经常需要设定终止条件，这是造成实际计算结果与理论值不一定相等的另外一个原因。

虽然在实际进行数值计算时，数字误差可能影响数字表示的精度，但这个问题对数字本身而言可能并不严重，因为衍生证券并不是用百万分之一标价，资产的实际价格总是有限位的数据。但是，在实际进行数值计算时，我们并不是仅进行一次数值计算，计算误差也不是仅出现一次。由于在每次数值计算时都可能有误差存在，这些不断出现的误差累积起来，就会对最终的结果产生不可忽视的影响，我们称这种现象为**误差传播**。数值算法的误差传播问题需要认真对待，因为误差传播的结果可能导致期权的价格小于零。我们下面讨论的病态问题

和算法稳定性问题需要特别小心。

七 误差传播与算法稳定

在用计算机进行数值计算时,数据经常需要舍去或截断,用近似数进行计算。有时,用近似数进行计算很危险。我们看下面几个例子。

例 7.7 计算下面的线性方程组:

$$x_1 + \frac{1}{2}x_2 + \frac{1}{3}x_3 = \frac{11}{6}$$
$$\frac{1}{2}x_1 + \frac{1}{3}x_2 + \frac{1}{4}x_3 = \frac{13}{12}$$
$$\frac{1}{3}x_1 + \frac{1}{4}x_2 + \frac{1}{5}x_3 = \frac{47}{60}$$

这个方程组的解为 $x_1 = x_2 = x_3 = 1$。如果把系数舍入成两位有效数字,方程组变为:

$$x_1 + 0.50x_2 + 0.33x_3 = 1.8$$
$$0.50x_1 + 0.33x_2 + 0.25x_3 = 1.1$$
$$0.33x_1 + 0.25x_2 + 0.20x_3 = 0.78$$

这个方程组的解为 $x_1 = -6.222\cdots$, $x_2 = 38.25\cdots$, $x_3 = -33.65\cdots$,该解与原始问题的解完全不同。

例 7.8 解如下微分方程:

$$y'' - y = 0$$
$$y(0) = 1, \ y'(0) = -1$$

它的解是 $y = e^{-x}$。当 $x \to +\infty$ 时,$y \to 0$。但是,如果初始值略有误差,变为 $y(0) = 1 + \varepsilon$,$y'(0) = -1$,则解变为 $y = \frac{\varepsilon}{2}e^x + \left(1 + \frac{\varepsilon}{2}\right)e^{-x}$;当 $x \to +\infty$ 时,$y \to +\infty$,与原始问题的解的性质完全不同。

在这些例子中,数据的微小变化都会引起最终结果巨大的变化。这样的问题称为**病态问题**或**坏条件问题**。在处理这些问题时需要非常小心,一般采用高精度算法。

对于非病态问题,由于计算机数值计算的近似特性,如果采用不当的算法,计算误差也可能很大。一个典型的问题出现在计算两个近似相等的数的差时。我们看下面的例子。

例 7.9 假设 $x = 0.372\,147\,869\,3$,$y = 0.372\,023\,057\,2$,正确结果是 $x - y = 0.000\,124\,812\,1$。如果对所有数字仅取小数点后五位有效数,即 $\hat{x} = 0.372\,15$,$\hat{y} = 0.372\,02$,则 $\hat{x} - \hat{y} = 0.000\,13$ 的相对误差 $(\hat{x} - \hat{y})/(x - y) - 1 = 4.16\%$。如果所有数字仅取小数点后 2 位有效数,即 $\hat{x} = 0.37$,$\hat{y} = 0.37$,则 $\hat{x} - \hat{y} = 0.000$ 的相对误差为 -100%。

在实践中,要避免同号的近似相等的两个数字直接相减,比如表达式 $\sqrt{1 + x^2} - 1$,因为

当 x 较小时,可能引起比较显著的后果。我们通过计算如下线性方程组来说明这个问题。

例 7.10 考虑求解下面的线性方程组
$Hx = b$,这里,H 是 Hilbert 矩阵,即:

$$H = \begin{bmatrix} 1 & \frac{1}{2} & \cdots & \frac{1}{n} \\ \frac{1}{2} & \frac{1}{3} & \cdots & \frac{1}{n+1} \\ \vdots & \vdots & \ddots & \vdots \\ \frac{1}{n} & \frac{1}{n+1} & \cdots & \frac{1}{2n-1} \end{bmatrix}$$

Matlab 提供内部函数来建立这个矩阵。现在让我们来求解当 $n = 20$ 时的这个方程组,结果如下

```
>> H = hilb(20);
>> x = (1:20)';
>> b = H*x;
>> H\b,
>> ans = (1.000 0, 2.000 4, 2.984 2, 4.253 3, 2.925 4, 15.262 3, −13.717 2,
14.551 2, 89.398 0, −181.307 3, 168.827 0, 28.725 2, −42.752 5, −103.070 3,
303.317 4, −432.044 7, 641.514 0, −556.541 7, 300.639 2, −35.963 9)ᵗ
```

而正确解是 $ans = (1, 2, 3, 4, 5, 6, 7, 8, 9, 10, 11, 12, 13, 14, 15, 16, 17, 18, 19, 20)^\tau$。可见,误差非常大。

出现如此巨大差异的原因,在于每次计算的误差会影响下次计算的结果,即存在数字误差传播。如果我们在计算机进行数值计算时,选择的算法不好,计算的结论可能不稳定。也就是说,我们要求进行数值计算的**算法稳定**。要采用**稳定的算法**,不用**不稳定的算法**。

在构造算法时,常常采用近似替代,函数的近似替代称为**函数逼近**。被逼近函数一般比较复杂,或者仅知道若干点处的值,难以计算和分析。逼近函数则比较简单,如多项式、有理函数、分段多项式、指数函数、分段指数函数等。逼近的要求,通常是逼近函数和被逼近函数在给定某些点处的函数值及若干阶导数值相同(这种逼近称为**插值**),或者在某区域的最大误差取极小(这种逼近称为最优**一致逼近**),或者在给定某些点处的误差平方和(或者在某区域误差平方的积分)取极小(这种逼近称为最优**平方逼近**)。利用函数的近似替代,可以计算函数的零点(根)、极值、导数以及积分。Black-Scholes 方程变量是连续的,在计算机进行衍生产品价格计算时,仅能计算某些点处的值,这些值当然是离散的。把求连续变量问题转化为求离散变量问题,称为离散化。我们选用的**算法**,当进行函数逼近时,要求逼近具有一致性。在离散化时,也要求一致性。

第二节 误差和算法不稳定性

由于数值计算不可避免地产生误差,对误差的分析就是基本要求。下面我们介绍误差度量问题。

一 绝对误差和相对误差

定义 7.1 如果 x 是真正值,$\tilde{x}$ 是近似值,则称

$$\Delta(x) = E(x) = \tilde{x} - x$$

为近似值 $\tilde{x}$ 的**绝对误差**或**误差**。

一般而言,我们很难知道 $\Delta(x)$ 的准确值,仅知道 $|\Delta(x)| = |\tilde{x} - x| \leqslant \varepsilon$。数 ε 称为 $\tilde{x}$ 的**绝对误差限**或**误差限**,有时用 $x = \tilde{x} \pm \varepsilon$ 表示。

例 7.11 $x = \sqrt{3}$,$\tilde{x} = 1.732$,$\sqrt{3} \approx 1.732\,050\,807\,569$,$\Delta(x) = \sqrt{3} - 1.732 < 5.1 \times 10^{-5}$。

绝对误差表示近似值与真正值之间的绝对大小,有时并不能很好地表示精确程度。有时使用**相对误差**的概念。

定义 7.2 $\delta(x) = \Delta(x)/x = (\tilde{x} - x)/x$ 为近似值 $\tilde{x}$ 的**相对误差**。如果 $|\delta(x)| \leqslant \varepsilon_r$,则称 ε_r 是**相对误差限**。

例 7.12 $x = \sqrt{3}$,$\tilde{x} = 1.732$,$\Delta(x) = \sqrt{3} - 1.732 < 5.1 \times 10^{-5}$,$|\delta(x)| \leqslant 3.0 \times 10^{-5}$。

随着现代计算机存储数位的增加,近似计算的舍入误差对计算精度的影响逐步减轻,从实际使用的观点看,可以认为数字在计算机中能被完全准确地表示,我们基本上不太强调舍入误差问题。但是,由于误差在计算过程中能累积和传播,因此,必须分析算法的**稳定性**问题,即数值计算的方法是否在计算过程中逐步放大误差。

二 算法与收敛

1. 算法与算法稳定

定义 7.3 抽象地看,数值问题可以认为是映射问题 $y = f(x)$,即将输入数据 x 转换为输出 y。所谓算法,就是计算这个函数的可行的方法。

不同算法可以用来解决同样的数值问题,差别在于可能计算效果和稳定性不同。当用计算机进行计算时,舍入误差可能被引入输入表示中,我们应该检查输入数据扰动 δx 对输出结

果的影响。记实际输入数字为 $\bar{x} = x + \delta x$,输出应该是 $f(\bar{x})$,算法产生的答案是 y^*。

例 7.13 如果 $y = (\sqrt{x+x^{-1}} - \sqrt{x-x^{-1}})^{-1}$, x 分别取 10、1 000、100 000,比较计算 y 的两种算法的相对误差和绝对误差:

(1) 直接计算 $y = (\sqrt{x+x^{-1}} - \sqrt{x-x^{-1}})^{-1}$;

(2) 计算 $y = (\sqrt{x+x^{-1}} + \sqrt{x-x^{-1}})/(2x)$。

表 7.1　　　　　算法比较(假设算法只保留小数点后四位小数)

x	$1/\bar{x}$	$x+1/\bar{x}$	$x-1/\bar{x}$	算法 1	算法 2
10	0.1	10.1	9.9	31.645 6	31.622
1 000	0.001	1 000.001	999.999	溢出	15 811.4

定义 7.4 如果算法相对误差 $\dfrac{\|f(\bar{x}) - y^*\|}{\|f(\bar{x})\|}$ 与机器(计算机)精度是同阶的,则称算法为稳定的。这里,$\|\ \|$ 是范数。

例 7.14 例 7.13 算法 1 不稳定,因为很快就出现溢出,而算法 2 稳定。

2. 条件数

定义 7.5 设 $y = \varphi(x_1, x_2, \cdots, x_n)$,则 $\dfrac{\partial \varphi}{\partial x_i}$ 和 $\dfrac{x_i}{\varphi} \dfrac{\partial \varphi}{\partial x_i}$ 称为 y 的**条件数**。

例 7.15 设 $y = x$,则条件数为 1。

根据泰勒级数容易发现,条件数 $\dfrac{\partial \varphi}{\partial x_i}$ 可以表示绝对误差的大小,$\dfrac{x_i}{\varphi} \dfrac{\partial \varphi}{\partial x_i}$ 可以表示相对误差的大小。如果条件数很大,则近似计算的误差 $\Delta(x)$ 和 $\delta(x)$ 也可能很大,成为**坏条件**或**病态问题**。容易发现,大小接近的同号数相减、乘数绝对值很大、除数接近于零,都是病态问题。

在应用数值计算时,如果 $\dfrac{\|f(x) - f(\bar{x})\|}{\|f(x)\|} \leqslant k \dfrac{\|x - \bar{x}\|}{\|x\|}$,则经常称 k 为这个问题的条件数。它与特定的数值问题有关,与解决数值问题的算法没关系。对特定问题,有好的条件数,则算法稳定。

例 7.16 如果 $f(x) = x^2$,则 3 是一个条件数。

许多数值算法都是通过迭代计算得到所需要的解,即给定一个近似解 $x^{(k)}$,通过某种转换获得改进的新的近似解 $x^{(k+1)}$。对算法的最低要求是近似解序列能收敛到正确解 x^*。当然,我们还希望近似解序列收敛的速度比较快,这就是关于算法的收敛性问题。

3. 收敛阶

定义 7.6 如果 $\lim\limits_{k\to\infty}\dfrac{\|x^{(k+1)}-x^*\|}{\|x^{(k)}-x^*\|^q}<\infty$,则称近似解序列以速度 q 收敛,也称 q 为收敛阶。

显然,q 越大,收敛速度越快。二次收敛比一次收敛更受欢迎。有时,收敛依赖于初始值 $x^{(0)}$。

当我们用迭代算法计算解时,我们并不知道需要迭代多少次才能得到满意的解。在一定情况下,可以用某种直接方法得到问题的答案,也就是说,经过已知的有限步骤可以得到满意的答案。对这种直接方法,可能定量化得到答案的基本运算(加法和乘法)的数量,这个运算数量可以用来描述**计算复杂性**。

计算量是所要解决问题规模的函数,运算数量可能依赖执行算法的细节,问题的规模可能依赖于表示这个问题的编码类型。因此,计算复杂性的估计很困难。在实践中,没有必要完全精确度量算法的复杂性。一般来说,当问题规模增加时,如果能知道计算工作量增加的速度,我们就满意了。计算复杂性可能依赖于特定的问题,有时可以分析所有问题的平均复杂性。在很多情况下,得到最坏情况下的计算复杂性相对容易些。

第三节 函数近似与插值

一 函数近似

函数近似和插值是数值分析的两个基本任务。如果需要计算的函数非常复杂,计算就会困难,这时,我们可以利用函数近似进行计算。例如,正态分布函数 $f(x)=\dfrac{1}{\sqrt{2\pi}}\int_{-\infty}^{x}e^{-y^2/2}dy$ 的值就很难计算,这就需要找到分布函数的近似函数进行计算。近似函数在自变量的一定范围内近似程度比较好。如果仅需要知道某点邻域附近的函数,我们可以用泰勒级数进行计算。

$$f(x) \approx f(x_0) + f'(x_0)(x-x_0) + \frac{1}{2}f''(x_0)(x-x_0)^2 + \cdots$$

二 函数插值

我们已经知道函数在一些点的值 $f(x_i)$,$i=1,\cdots,n$,如何寻找能很好地近似这个函数 $f(x)$ 的一个简单函数呢?一种可能的做法是,从一类 m 阶多项式 $P_m(x;\alpha)$(α 表示系数向量)中选择。由于多项式函数是连续、可导函数,容易积分和微分,所以,经常选择多项式函数作为近似函数。

常见的多项式的选择标准有下列两种：

$$\min_{\alpha} \sum_{i=1}^{n} |f(x_i) - P_m(x_i; \alpha)|^2$$

$$\min_{\alpha} \max_{i=1,\cdots,n} |f(x_i) - P_m(x_i; \alpha)|$$

如果近似函数通过这些点 (x_i, y_i)，$y_i = f(x_i)$，$i = 0, 1, \cdots, n$，$x_i \neq x_j$，$i \neq j$，则可选择拉格朗日插值 $L_i(x) = \prod_{j=0, j \neq i}^{n} \frac{x - x_j}{x_i - x_j}$。$L_i(x_k) = \begin{cases} 1, & j = k \\ 0, & i \neq k \end{cases}$，$P_n(x) = \sum_{i=0}^{n} y_i L_i(x)$。实践中，没有人用这种形式。

当用高阶多项式作为函数近似时，可能出现并不希望的结果。请看下面的例子。

例 7.17 如果已知点 $(1, 4)$、$(2, 2.5)$、$(3, -2)$、$(4, -1)$、$(5, 2)$、$(6, 5)$、$(7, 4)$、$(8, 6)$、$(9, 4.5)$ 和 $(10, 3)$，我们采用 10 阶多项式来近似函数 $f(x)$，用 Matlab 进行计算和绘图，结果见图 7.1。

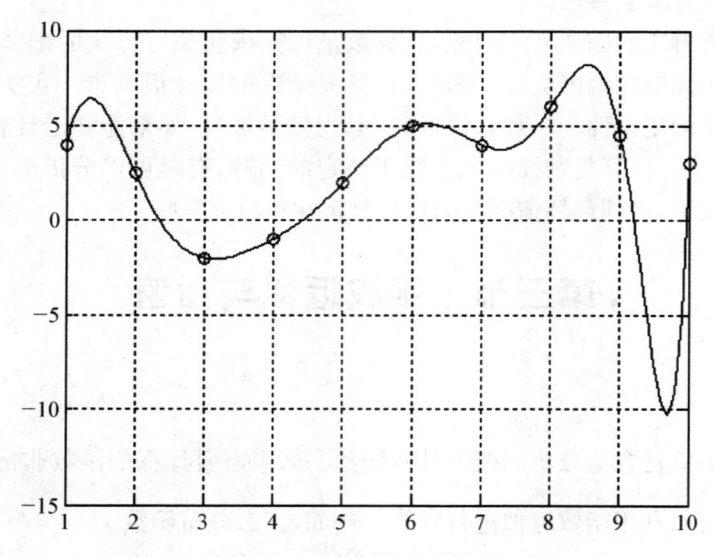

图 7.1　10 阶多项式函数插值

从图 7.1 可以看出，在最右边的两个点之间，插值函数波动很大，这与我们的直觉不一致，对这么大的波动行为，实际中应用的函数都不可能出现。因此，我们需要找到避免出现这种波动行为的方法。经常采用的方法是应用有理函数作为插值和函数近似，可以应用样条函数避免波动行为。

最常见的样条函数方法是如下分段线性样条函数，该函数连续但导数不连续：

$$S_i(x) = y_i \frac{x - x_{i+1}}{x_i - x_{i+1}} + y_{i+1} \frac{x - x_i}{x_{i+1} - x_i}, \quad x \in [x_i, x_{i+1}]$$

如果函数连续、可导，则我们希望它的近似函数或插值函数具有相同的连续和可导性质，一种办法是应用下面三次样条函数：

$$S(x) = S_i(x) = s_{i0} + s_{i1}(x - x_i) + s_{i2}(x - x_i)^2 + s_{i3}(x - x_i)^3$$

$$x \in [x_i, x_{i+1}], i = 0, 1, \cdots, N-1$$
$$S(x_i) = y_i, i = 0, 1, \cdots, N$$
$$S_i(x_{i+1}) = S_{i+1}(x_{i+1}), S'_i(x_{i+1}) = S'_{i+1}(x_{i+1})$$
$$S''_i(x_{i+1}) = S''_{i+1}(x_{i+1}), i = 0, 1, \cdots, N-2$$

三次样条函数总计$4N$个系数,有$4N-2$约束不能完全确定。我们还可以增加函数加在端点性质的两个条件:

$$S''(x_0) = S''(x_N) = 0$$

这样,就可以计算近似函数。

也可以采用**自然样条函数**,即 $S'(x_0) = f'(x_0), S'(x_N) = f'(x_N), S'''(x)$ 在 x_1, x_{N-1} 连续。

或者采用**指数样条函数**,即

$$\ln S(x) = \ln S_i(x) = s_{i0} + s_{i1}(x - x_i) + s_{i2}(x - x_i)^2 + s_{i3}(x - x_i)^3$$
$$x \in [x_i, x_{i+1}], i = 0, 1, \cdots, N-1$$

可以证明,

$$\int_a^b [S''(x)]^2 dx \leqslant \int_a^b [f''(x)]^2 dx$$

第四节 迭代法与方程求解

一 迭代法

迭代法是数值计算中广泛使用的方法。我们通过方程求根来介绍迭代法的计算过程,帮助读者了解迭代法的思想和基本计算过程。

非线性方程求根可以通过二分法进行。如果存在 α,使 $f(\alpha) = 0$,则称 α 是方程的根。我们假设 $f(x)$ 在 $[a, b]$ 连续,$f(a) \cdot f(b) < 0$。

使用迭代算法,需要事先给定两个小的正数 ε, δ,然后进入下面的循环计算。

(1) 取 $\frac{a+b}{2}$,计算 $f\left(\frac{a+b}{2}\right)$。如果 $\left[f\left(\frac{a+b}{2}\right)\right] < \delta$,则 $\alpha = \frac{a+b}{2}$;否则,下一步。

(2) 计算 $f(b) \cdot f\left(\frac{a+b}{2}\right)$,如果 $f(b) \cdot f\left(\frac{a+b}{2}\right) > 0$,取 $a_1 = a, b_1 = \frac{a+b}{2}$;否则,取 $a_1 = \frac{a+b}{2}, b_1 = b$。形成新的区间 $[a_1, b_1], \alpha \in [a_1, b_1]$。

(3) 重复步骤1、步骤2,直到 $|b_n - a_n| < \varepsilon$,取 $\alpha = \frac{a_n + b_n}{2}$,近似误差 $|\alpha - \alpha| < \frac{b_n - a_n}{2} = \frac{b-a}{2^n}$。

迭代算法有很多种。下面简单介绍简单(逐次)迭代法和牛顿法。

简单迭代法首先将 $f(x)=0$ 转化为等价的方程 $x=\varphi(x)$，然后给定任意一个初值 x_0，反复迭代计算 $x_n=\varphi(x_{n-1})$，$n=1,2,\cdots$，当 $|x_n-x_{n-1}|$ 小于事先指定的误差限时停止计算，将最后迭代计算得到的 x_n 作为方程的根。如果序列 x_n 收敛，并且函数 $f(x)$ 连续，则 $x^*=\lim_{n\to\infty}x_n=\lim_{n\to\infty}\varphi(x_n)=\varphi(x^*)$ 就是方程的解，x_n 近似是方程的一个根。

特别地，如果 $|\varphi'(x)|\leqslant L<1$，则收敛速度是线性收敛。

牛顿法利用函数的导数性质迭代计算函数的根。首先给定任意初值 x_0，然后反复计算 $x_{n+1}=x_n-f(x_n)/f'(x_n)$，$n=0,1,\cdots$。同样，如果序列 x_n 收敛，则 x_n 近似是方程的一个根。这种求根法称为**牛顿迭代法**。

二、线性方程组求解

线性方程组 $Ax=b$ 改写成等价的方程组 $x=Bx+g$，则迭代算法为 $x_{n+1}=Bx_n+g$，收敛条件是最大特征根的范数小于1。

在使用标准软件（如 EViews）或者其他数学计算软件时，为了避免死循环或长时间迭代计算，标准软件往往设定迭代次数。如果达到预设的迭代次数后仍然没有达到预设的收敛条件，则软件自动终止计算。这时，计算机给出的计算结果可能是错误的。当然，标准软件通常允许使用者自己设定迭代次数和收敛条件。

第五节　二叉树模型的应用

一、二叉树方法的应用范围

我们知道，衍生证券的价值依赖于基础资产的价格，有些衍生证券的价值仅与基础资产某时刻的价格有关，与基础资产价格的历史演化路径无关，如欧式期权的价值仅与合约到期时基础资产的价格有关。如果衍生证券的价值与基础资产价格的历史演化路径有关，称为衍生证券价值是路径依赖的。

衍生证券价值路径依赖有两种情况：如果衍生证券在未来的现金支付水平仅与当时基础资产价格水平有关，而与基础资产以前的价格水平无关，则我们称为弱路径依赖。如果衍生证券在未来的现金支付水平不仅与当时基础资产价格水平有关，还与基础资产以前的价格水平有关，则我们称为强路径依赖。

弱路径依赖的衍生证券估价可以应用二叉树模型。适当选择二叉树步长，得到的股票价格运动模型可以很好地近似实际股票价格的运动模式，这时二叉树模型是较好的衍生证券价格计算方法。不过，二叉树模型不适合为强路径依赖的衍生证券估价。这时，我们需要应用蒙特卡罗方法。

二、二叉树的构造

为了用二叉树模型实际估价衍生证券，我们需要构造实际股票价格运动的方法。

为了使二叉树模型与实际股票价格运动行为相似，我们首先选择二叉树模型每期的时间间隔（步长），假设时间间隔为 Δt，一个 Δt 就是一期。在应用中，步长越短，则二叉树模型越可能与几何布朗运动模型相似。但是，步长太短，则可能需要太多的计算，而对提高估价精度并没有帮助。我们在后面的例子中,将举例说明步长的选择。

确定了步长,我们需要确定在每个节点股票价格上升和下降的概率。我们建议采用的方法是,分别在股票价格服从几何布朗运动模型和二叉树模型的假设条件下,计算股票从这个节点到下期的期望收益和方差,然后令这两种方法计算的股票的期望收益和方差相等,得到每个节点股票价格上升和下降的概率。

根据第四章的分析,容易知道在每个节点,股票的期望收益和方差分别是 $S_t e^{r_t \Delta}$ 和 $S_t^2 e^{2r_t \Delta}(e^{r_t \Delta} - 1)$。用二叉树模型计算得到的股票的期望收益和方差分别是:

$$p_t S_t u + (1-p_t) S_t d \text{ 和 } p_t S_t^2 u^2 + (1-p_t) S_t^2 d^2 - S_t^2 [p_t u + (1-p_t) d]^2$$

令

$$S_t e^{r_t \Delta} = p_t S_t u + (1-p_t) S_t d$$
$$p_t S_t u + (1-p_t) S_t d = p_t S_t^2 u^2 + (1-p_t) S_t^2 d^2 - S_t^2 [p_t u + (1-p_t) d]^2$$

并设 $u = 1/d$,求解得到:

$$p_t = \frac{a_t - d_t}{u_t - d_t}, \ u_t = e^{\sigma\sqrt{\Delta t}}, \ d_t = e^{-\sigma\sqrt{\Delta t}}, \ a_t = e^{r_t \Delta t}$$

利用这些数据,我们就可以给出股票价格的二叉树过程 S_t,$t \in \{0, 1, 2, \cdots\}$,其中 S_0 是股票初期价格,$S_t/S_{t-1} \in \{d_{t-1}, u_{t-1}\}$,$\forall t > 0$。在初始时刻,股价为 S_0。在接下来的 Δt 时间内,股价可能上升到 $S_0 u$,也可能下跌到 $S_0 d$。因此,在 Δt 时,股价可能为 $S_0 u$ 或 $S_0 d$。同样,在 $2\Delta t$ 时,股价可能为 $S_0 u^2$、$S_0 ud$ 或 $S_0 d^2$。依此类推,在 $i\Delta t$ 时,股价有 $i+1$ 种可能:

$$S_0 u^j d^{i-j}, \ j = 0, 1, \cdots, i \tag{7.1}$$

股票在期权有效期内分发红利或者波动率是时间的函数时,股票价格的二叉树过程的构造留作习题。

三 二叉树模型应用

1. 估价欧式看涨期权

首先,我们计算 T 时刻的期权价值:

$$f_{n,j} = \max(S_0 u^j d^{n-j} - K, 0), \ j = 0, 1, \cdots, n \tag{7.2}$$

其中,K 为期权的执行价格。

从时刻 $i\Delta t$ 到时刻 $(i+1)\Delta t$,股价从节点 (i, j) 移动到 $(i+1, j+1)$ 的概率为 p,从节点 (i, j) 移动到 $(i+1, j)$ 的概率为 $1-p$。因此,由风险中性估值可得

$$f_{i,j} = e^{-r\Delta t}[p f_{i+1, j+1} + (1-p) f_{i+1, j}], \ 0 \leqslant i \leqslant N-1, \ 0 \leqslant j \leqslant i \tag{7.3}$$

其中,$p = \dfrac{e^{rT} - d}{u - d}$,$f_{0,0}$ 即为期权在初始时刻的价格。

例 7.18 股票当前价格为 \$20,每三个月有可能上涨 10% 或下跌 10%,股票不付红利。无风险年利率为 12%。六个月后到期的欧式看涨期权的执行价格是 \$21。试估计其价值。

股价的行为可用图 7.2 表示。

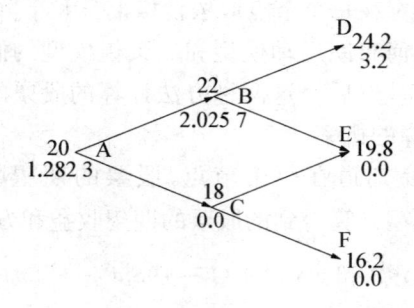

图 7.2 两步二叉树

因为 $u=1.1, d=0.9, r=0.12, T=0.5, \Delta t=0.25$，直接计算可以得到：

$$p=(e^{0.12\times0.25}-0.9)/(1.1-0.9)=0.6523$$

根据二叉树的定义计算出节点 A、B、C、D、E、F 对应的股价为 20、22、18、24.2、19.8、16.2。于是，根据期权的支付函数可得 D、E、F 对应的期权价值为：

$$f_{2,2}=\max(24.2-21,0)=3.2$$
$$f_{2,1}=\max(19.8-21,0)=0.0$$
$$f_{2,2}=\max(16.2-21,0)=0.0$$

再由(7.3)依次可得 B、C、A 对应的期权价值为：

$$f_{1,1}=e^{-r\Delta t}[pf_{2,2}+(1-p)f_{2,1}]$$
$$=e^{-0.12\times0.25}[0.6523\times3.2+0.3477\times0]=2.0257$$
$$f_{1,0}=e^{-r\Delta t}[pf_{2,1}+(1-p)f_{2,0}]$$
$$=e^{-0.12\times0.25}[0.6523\times0+0.3477\times0]=0.0$$
$$f_{0,0}=e^{-r\Delta t}[pf_{1,1}+(1-p)f_{1,0}]$$
$$=e^{-0.12\times0.25}[0.6523\times2.0257+0.3477\times0]=1.2823$$

所以，期权的价格为 1.2823。

2. 估价欧式看跌期权

看跌期权的定价过程与看跌期权的定价过程类似，只需要把式(7.2)改为

$$f_{n,j}=\max(K-S_0u^jd^{n-j}), j=0,1,\cdots,n \tag{7.4}$$

即可。

例 7.19 股票当前价格为 \$50，每三个月有可能上涨 20% 或下跌 20%，股票不付红利。无风险年利率为 5%。两年后到期的欧式看跌期权的执行价格是 \$52。试估计其价值。

股价的行为可用图 7.3 表示。

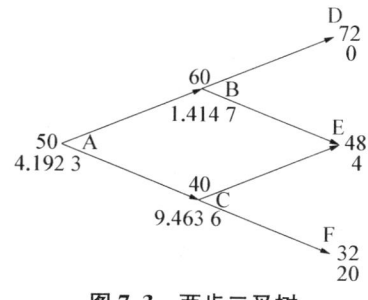

图 7.3 两步二叉树

可以计算 $u=1.2, d=0.8, r=0.05, T=2, \Delta t=1, p=(e^{0.05\times1}-0.8)/(1.2-0.8)=0.6282$。

根据二叉树的定义可计算出节点 A、B、C、D、E、F 对应的股价为 50、60、40、72、48、32。根据期权的支付函数可以计算 D、E、F 对应的期权价值为：

$$f_{2,2}=\max(52-72,0)=0$$
$$f_{2,1}=\max(52-48,0)=4$$
$$f_{2,2}=\max(52-32,0)=20$$

再由式(7.3)依次可得 B、C、A 对应的期权价值为：

$$f_{1,1}=e^{-r\Delta t}[pf_{2,2}+(1-p)f_{2,1}]=e^{-0.05\times1}[0.6282\times0+0.3718\times4]$$
$$=1.4147$$
$$f_{1,0}=e^{-r\Delta t}[pf_{2,1}+(1-p)f_{2,0}]=e^{-0.05\times1}[0.6282\times4+0.3718\times20]$$
$$=9.4636$$
$$f_{0,0}=e^{-r\Delta t}[pf_{1,1}+(1-p)f_{1,0}]=e^{-0.05\times1}[0.6282\times1.4147+0.3718\times9.4636]$$
$$=4.1923$$

所以，期权的价格为 4.1923。

3. 估价美式看跌期权

与欧式期权相比，美式期权涉及提前执行的问题。所以，我们需要在每个节点(除期权到期时各节点)考虑是否需要提前执行该期权。如果在某个节点不执行期权，则损益由式(7.3)给定。如果在某个节点提前执行期权，则损益为在该节点提前执行期权的支付。

在第二章中，我们已经知道美式看涨期权提前执行是不合算的，等价于欧式看涨期权，因此，我们仅估价美式看跌期权。对于美式看跌期权而言，

$$f_{n,j}=\max(K-S_0u^jd^{n-j},0), j=0,1,\cdots,n \tag{7.5}$$

$$f_{i,j}=\max\{e^{-r\Delta t}[pf_{i+1,j+1}+(1-p)f_{i+1,j}],K-S_0u^jd^{i-j}\}, 0\leqslant i\leqslant n-1, 0\leqslant j\leqslant i \tag{7.6}$$

例 7.20 股票当前价格为 \$50，每三个月有可能上涨 20% 或下跌 20%，股票不付红利。无风险年利率为 5%。两年后到期的美式看跌期权的执行价格是 \$52。试估计其价值。

在该例中,股价的行为可用图 7.4 表示。

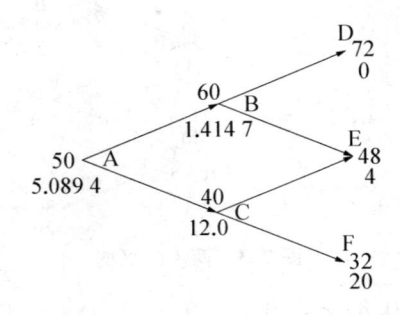

图 7.4 两步二叉树

可以计算 $u=1.2$, $d=0.8$, $r=0.05$, $T=2$, $\Delta t=1$, $p=(e^{0.05\times 1}-0.8)/(1.2-0.8)=0.6282$。

根据式(7.1),节点 A、B、C、D、E、F 的股价分别为 50、60、40、72、48、32。根据式(7.4),D、E、F 对应的期权价值为:

$$f_{2,2} = \max(52-72, 0) = 0$$
$$f_{2,1} = \max(52-48, 0) = 4$$
$$f_{2,2} = \max(52-32, 0) = 20$$

根据期权支付函数的定义可以依次计算 B、C、A 对应的期权价值为:

$$f_{1,1} = \max\{e^{-r\Delta t}[pf_{2,2}+(1-p)f_{2,1}], K-S_0 u\}$$
$$= \max\{e^{-0.05\times 1}[0.6282\times 0+0.3718\times 4], 52-60\} = 1.4147$$
$$f_{1,0} = \max\{e^{-r\Delta t}[pf_{2,1}+(1-p)f_{2,0}], K-S_0 d\}$$
$$= \max\{e^{-0.05\times 1}[0.6282\times 4+0.3718\times 20], 52-40\} = 12.0$$
$$f_{0,0} = \max\{e^{-r\Delta t}[pf_{1,1}+(1-p)f_{1,0}], K-S_0\}$$
$$= \max\{e^{-0.05\times 1}[0.6282\times 1.4147+0.3718\times 12.0], 52-60\} = 5.0894$$

所以,期权的价格为 5.0894。

在 C 点,如果提前执行期权,损益为 12.0 \$(52-40);如果不提前执行期权,损益为 9.4636(由期权的支付函数确定)。所以,在 C 点,应提前执行期权;在节点 A、B,不应提前执行期权。

四 二叉树模型估价应用问题

1. 估价程序说明

二叉树模型是离散模型,只能得到近似的结果。但是,当步长增加到一定程度时,利用二叉树得到的结果非常精确。相对于 Black-Scholes 公式而言,二叉树模型简单易懂,并且可以进行美式期权定价,这是 Black-Scholes 公式做不到的。

Cox-Ross-Rubinstein(CRR)模型和 Equal Probabilities(EQP)模型是两种常用的二叉树模型。其区别在于这两种模型在参数 u、d 和 p 的选择上存在不同。在 CRR 模型中,

$$u = e^{\sigma\sqrt{\Delta t}}, d = \frac{1}{u} = e^{-\sigma\sqrt{\Delta t}}, p = \frac{e^{rT}-d}{u-d}$$,其中,σ反映了股价的波动程度,使$\sigma\sqrt{\Delta t}$成为Δt时间内股价收益的标准差。

在 EQP 模型中,$u = e^{(r-\sigma^2/2)\Delta t + \sigma\sqrt{\Delta t}}$,$d = e^{(r-\sigma^2/2)\Delta t - \sigma\sqrt{\Delta t}}$,$p = 0.5$。

与 EQP 模型相比,CRR 模型比较简单,而且易于计算衍生证券的希腊字母。而在 EQP 模型中,p始终为常数,并且在低波动率、高利率等情况下,其结果要比 CRR 模型的结果精确。

实际应用中,并不使用单步二叉树或两步二叉树,而是使用多步二叉树。因为步数越多,结果越精确。经验表明,当步数为 30 或者以上时,计算结果就比较精确。

CRR 模型和 EQP 模型估价欧式和美式期权可以通过程序来实现,其 Matlab 程序及其参数说明和使用方法可以向作者索取。

例 7.21 (欧式看涨期权)各参数及 Black-Scholes 公式的结果和运行时间(每次运行时间可能不同,下同)见表 7.2。CRR 模型和 EQP 模型估价结果和运行时间分别见表 7.3 和表 7.4。

表 7.2　欧式看涨期权各参数及 Black-Scholes 公式的结果和运行时间

场景	初始价格	执行价格	无风险利率	期限	波动率	Black-Scholes 公式	运行时间(秒)
1	\$42	\$40	10% p.a.	六个月	20% p.a.	\$4.759 4	0.003 301
2	\$42	\$40	10% p.a.	六个月	50% p.a.	\$7.806 9	0.002 959
3	\$42	\$40	10% p.a.	三年	20% p.a.	\$13.362 7	0.003 071

表 7.3　CRR 模型估价欧式看涨期权的结果和运行时间

场景	步数	期权价格	运行时间(秒)
1	30	\$4.750 1	0.000 901
1	100	\$4.761 8	0.003 420
1	500	\$4.759 3	0.037 356
1	1 000	\$4.759 8	0.135 274
2	30	\$7.844 4	0.000 744
2	100	\$7.816 2	0.003 543
2	500	\$7.809 4	0.036 895
2	1 000	\$7.807 1	0.133 281
3	30	\$13.366 1	0.000 753
3	100	\$13.362 8	0.003 231
3	500	\$13.363 1	0.036 414
3	1 000	\$13.362 5	0.134 400

表 7.4　EQP 模型估价欧式看涨期权的结果和运行时间

场景	步数	期权价格	运行时间(秒)
1	30	\$4.767 7	0.000 705
1	100	\$4.758 6	0.003 278
1	500	\$4.758 6	0.036 591
1	1 000	\$4.759 2	0.133 272
2	30	\$7.830 6	0.000 722
2	100	\$7.819 4	0.003 302
2	500	\$7.806 7	0.037 285
2	1 000	\$7.808 0	0.133 933
3	30	\$13.370 0	0.000 701
3	100	\$13.361 5	0.003 282
3	500	\$13.363 4	0.036 364
3	1 000	\$13.362 6	0.134 993

从表 7.3 和表 7.4 可以看出,随着步数的增加,CRR 模型和 EQP 模型的结果逐步趋近于 Black-Scholes 公式的结果(也就是越精确),但运行效率在下降。在波动率较高时(场景 2),EQP 模型比 CRR 模型更加精确(在场景 2 下,Black-Scholes 公式的结果为 \$7.806 9,CRR 模型在步数为 1 000 时的结果为 \$7.807 1,而 EQP 模型在步数为 500 时的结果为 \$7.806 7)。

2. 二叉树模型估价与 Black-Scholes 公式估价的比较

可以证明,当步数趋近于无穷时,二叉树和 Black-Scholes 公式是一致的。

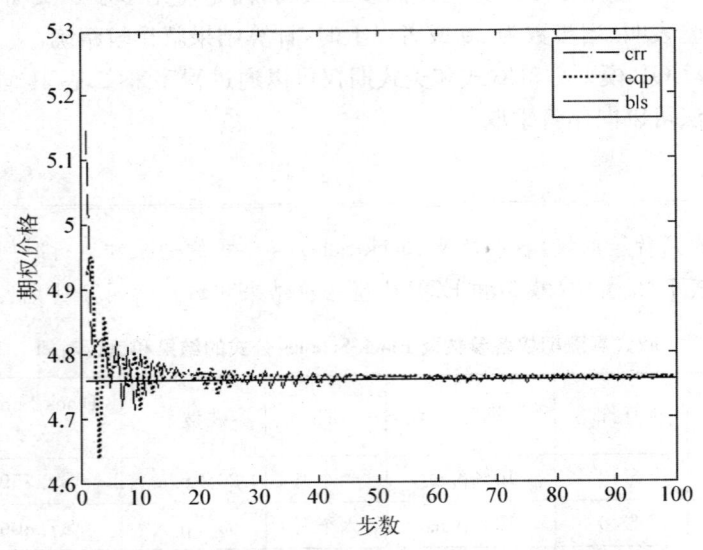

图 7.5　CRR 模型和 EQP 模型计算结果与步数的关系及与 Black-Scholes 公式计算结果的比较(例 7.21 场景 1)

从例 7.21 可以看出,一般而言,二叉树的步数越多,其结果越精确。图 7.5 显示了场景 1 下 CRR 模型和 EQP 模型计算结果与步数的关系及与 Black-Scholes 公式计算结果的比较。在该图中,虚线表示 CRR 模型计算结果与步数的关系;点画线表示 EQP 模型计算结果与步数的关系;实线表示 Black-Scholes 公式计算的结果。可以看出,随着步数的增加,CRR 模型和 EQP 模型计算结果趋于稳定,而且收敛于 Black-Scholes 公式计算的结果。

对于看跌期权,也有类似的情况,请读者自行分析。

本章小结

本章主要介绍数值分析的基本原理。首先介绍了数字计算、计算机实数计算与计算精度、舍入误差与截断误差、计算机函数计算与计算误差、循环终止条件与计算误差、误差传播与算法稳定等概念。

关于数值计算的误差和算法不稳定性,我们也进行了初步的讨论,介绍了绝对误差和相对误差等概念,分析了算法稳定的条件数和算法收敛速度等问题。

在应用中经常需要用到函数近似与函数插值。我们介绍了函数近似的基本方法,特别是常用的三次样条函数和自然样条函数,然后介绍了迭代算法,主要介绍了牛顿法以及迭代算法应用与线性方程组求解的基本思路。

最后,介绍了二叉树模型的应用范围和构造方法,并应用二叉树模型计算各种类型的衍生证券价格,比较计算精度与计算效率。

问题与习题

1. 请解释舍入误差与截断误差。
2. 请解释循环终止条件与计算误差。
3. 请解释迭代算法。
4. 请解释误差传播与算法稳定。
5. 请解释病态问题或坏条件问题。
6. 请解释算法稳定。
7. 请解释绝对误差和相对误差。
8. 请解释算法与算法稳定。
9. 计算 $f(x) = x^2 + 17x^2 + 33$ 的条件数。
10. 请解释收敛阶。
11. 请解释函数近似与插值。
12. 请解释分段线性样条函数、三次样条函数、自然样条函数和指数样条函数。
13. 试阐述欧式期权后退递归算法的主要思想,并比较其与美式期权后退递归算法的不同。
14. 如果股票在期权有效期内分发红利,并且波动率是时间的函数,试构造股票价格的二叉树过程。
15. 根据例 7.18 的步骤,试估价该例题中 Knock-in 看涨期权的价格。如果是亚式期权呢?
16. CRR 模型和 EQP 模型有何不同?它们与 Black-Scholes 公式有何关系?
17. 如果例 7.21 中的期权是欧式看跌期权,使用程序 crrtreeprice.m 计算该期权的价格并与 Black-Scholes 公式的结果进行比较。如果是美式期权,其价格又是多少?是否收敛?试用图形表示期权价格与步数的关系。

第八章

蒙特卡罗模拟

第一节 蒙特卡罗模拟基本原理

如果面临的数学问题很复杂,或者问题不确定,用解析方法不容易处理时,则需要借助模拟方法。蒙特卡罗的原理基于统计抽样思想。把问题看作一个黑箱,输入伪随机数流,通过分析输出,得到感兴趣的数的估计值。

蒙特卡罗模拟常用于下面三个问题:估计一个随机变量的期望、场景模拟分析和估计概率分布,特别概率尾部分布。例如,期权价格是期权将来支付在风险中性概率测度下期望值的贴现值,为了计算期权的价值,需要计算随机支付的期望,即估计随机变量的期望;为了分析资产组合投资策略,需要分析资产组合在将来各种可能的经济环境下的收益与风险,而将来各种可能的经济环境就需要用蒙特卡罗方法模拟;为了计算风险价值 VaR,我们需要知道一个随机变量的尾部分布,蒙特卡罗方法能进行这些分析。特别是在计算高维积分时,蒙特卡罗模拟的计算效率往往比较高。

一 蒙特卡罗积分

计算如下形式的多维积分

$$I = \int_A \phi(x)dx$$

这里,$A \in \mathcal{R}^n$。

我们通过随机抽样一个序列 $x^i \in A$, $i = 1, 2, \cdots, m$,计算

$$\hat{I}_m = \frac{Vol(A)}{m} \sum_{i=1}^{m} \phi(x^i)$$

这里,$Vol(A)$ 是区域 A 的体积。则 $\hat{I}_m$ 就是 I 的一个估计。根据强大数定律,$\lim_{m \to \infty} \hat{I}_m = I$(概率 1)。

例 8.1 $I = \int_0^1 g(x)dx$。

可以将积分看作期望 $E[g(U)]$,$U \sim (0, 1)$ 是均匀分布。抽取服从均匀分布的独立随

机序列 $\{U_i\}$，则积分的估计是 $\frac{1}{m}\sum_{i=1}^{m}g(U_i)$。

如果 $g(x)=e^x$，则 $I=\int_0^1 g(x)dx=e-1\approx 1.7183$。用 Matlab 计算模拟的积分，得到如下结果：

```
>> rand('seed', 0)
>> mean(exp(rand(1, 10)))
ans =    1.6318
>> mean(exp(rand(1, 100)))
ans =    1.7744
>> mean(exp(rand(1, 1000)))
ans =    1.7051
>> mean(exp(rand(1, 10000)))
ans =    1.7195
```

其中，$Rand(m,n)$ 产生均匀随机数的 $m\times n$ 阶矩阵。我们可以发现随着随机数的增加，模拟结果与实际值越来越接近。但是，随机数（模拟次数）从 10 到 10 000，是 1 000 倍的差别，而模拟精度的提高速度却没有 1 000 倍这么高。

二 蒙特卡罗方法估价衍生证券

衍生证券的价值依赖于基础资产的价格。如果衍生证券将来的现金支付水平不仅与当时基础资产价格水平有关，而且与基础资产以前的价格水平有关，称衍生证券为强路径依赖。计算这类衍生证券的价格就需要应用蒙特卡罗模拟方法。原则上，蒙特卡罗模拟可以估价所有衍生证券。但是，对非强路径依赖衍生证券，用二叉树或其他方法估价的计算效率更高，例如，对欧式期权的估价，最有效的方法是我们熟悉的二叉树方法。

下面介绍蒙特卡罗模拟方法估价衍生证券的基本思想。

在第四章我们已经知道，可以用风险中性方法为衍生证券估价。假设风险中性概率测度为 $\mathbb{Q}$，则对任意资产组合的价格过程 $\{P_t, t\in R\}$，有

$$P_0=E^{\mathbb{Q}}[e^{-R_t}P_t]=e^{-R_t}E^{\mathbb{Q}}[P_t]$$

即任意资产组合的价格等于将来价格期望的折现值，折现率为无风险利率。因此，我们可以用蒙特卡罗模拟方法计算这个期望，得到衍生证券的价值。这是应用蒙特卡罗模拟方法估价衍生证券的一种方法。

衍生证券的价值依赖于基础资产的价格。如果我们知道将来基础资产的价格，则根据衍生证券的支付公式计算衍生证券支付价值，然后按照合适的利率折现，就得到衍生证券的价值。应用这个思想，我们用蒙特卡罗模拟反复模拟基础资产的价格，每次模拟后，我们可以得到衍生证券价值的一个估计，模拟很多次后，我们可以得到多个衍生证券价值的估计，取这些估计的算术平均作为衍生证券的价值。

为了完整了解蒙特卡罗方法如何估价衍生证券，我们首先介绍蒙特卡罗技术，然后应用

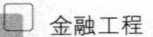

这些技术估价衍生证券,最后比较蒙特卡罗方法与 Black-Scholes 方法。

第二节　模拟随机变量

蒙特卡罗模拟结果的可靠性,依赖于随机数的特性。在例 8.1 中,为了得到需要的结果,我们需要服从均匀分布的随机数。为了理解计算机如何进行蒙特卡罗模拟的,我们介绍在计算机中随机数是如何得到的。

实际上,我们不可能得到概率理论中所述的随机数,仅能借助计算机,通过一定的算法产生 (0,1) 区间的均匀分布的"伪随机数"。这些伪随机数用通常的统计检验方法检验,"看上去"与随机数没有显著区别。如果我们需要的随机变量不服从 (0,1) 区间的均匀分布,则需要对 (0,1) 区间的均匀分布的"伪随机数"进行变换,可以得到需要的随机变量样本。

一　产生(0,1)伪随机数

产生 (0,1) 均匀分布随机变量的标准方法是线性余数发生器 LCG(Linear Congruential Generator)。任意选定一个 Z_0,按照下面的公式计算一系列非负整数 $\{Z_i; i=1,2,\cdots\}$:

$$Z_i = (aZ_{i-1} + c)(\bmod m)$$

这里,a,c,m 是适当选择的参数,mod 记整数除的余数。例如 15mod6＝3 表示 15 除以 6,余数是 3。为了产生 (0,1) 均匀分布样本,我们返回数 (Z_{i-1}/m)。这种方法称为 LCG 方法。

显然,这样得到的序列 $\{Z_i; i=1,2,\cdots\}$ 绝不是随机的。如果选择相同的初始值 Z_0,我们得到相同的序列。不过,如果 m 很大,这些数看上去像是随机产生的随机数。

利用 LCG 实际上得到的是有理数而不是实数,当 m 很大时,这不是一个严重的问题。由于随机数发生器是周期的,无论我们重复产生多少次,我们最多可以得到 m 个不同的数,其余的数不过是重复出现其他数而已,这些数更不是随机的。因此,为了使得到的随机数像随机数,要选择尽可能大的 m。

在计算机技术中,这个最大数 m 受计算机字长的限制。64 位计算机能表示的数字比 32 位计算机能表示的数字大,所以,相比较而言,64 位计算机产生的随机数比 32 位计算机产生的随机数更"像"随机数。适当选取 a,c,能使周期最大。当然,计算机产生的随机数也更"像"随机数,序列 $U_i = i/m$ 具有最大周期,在某种意义上是 $U(0,1)$。

在实际应用蒙特卡罗模拟计算时,需要独立的样本。因此,我们得到的伪随机数还应该看上去是独立的。也就是说,产生的序列应该能"欺骗"统计检验步骤,使统计检验"相信"我们得到的数列确实是来自均匀分布的独立的样本。

由于有这些要求,设计好的随机数发生器就比较困难。幸运的是,几乎所有的计算机数值分析软件已经提供了这个问题的解决方案。

二　产生任意分布随机变量

通常用两种方法产生服从任意分布的随机变量的样本:逆转换方法和接受—拒绝方法。

假设我们希望产生服从分布 F 的随机变量 X,$F(x) = P\{X \leqslant x\}$,$F$ 的逆函数为 F^{-1},则我们可以应用如下逆转换方法得到服从分布 F 的随机变量 X 的样本序列:

首先获得服从均匀分布 $U \sim (0,1)$ 随机数,计算 $X = F^{-1}(U)$。

注意到 F 的单调性和 U 服从均匀分布,于是

$$P\{X \leqslant x\} = P\{F^{-1}(U) \leqslant x\} = P\{U \leqslant F(x)\} = F(x)$$

这说明随机变量 X 服从分布 F。

例 8.2 如果随机变量 X 的分布是 $F(x) = 1 - e^{-\mu x}, E[X] = 1/\mu$。直接利用逆转换方法得到:

$$x = -\ln(1-U)/\mu$$

因为 U 和 $1-U$ 的分布本质上是一样的,习惯上,为产生指数分布变量,首先得到均匀分布随机数 U,然后计算 $x = -\ln(U)/\mu$,这样就得到服从指数分布的随机变量。

当我们需要模拟 Poisson 过程时,就需要产生指数随机变量样本。Poisson 过程在模拟资产价格的冲击模型或信用评级时很有用。

如果一个随机变量的分布函数的逆函数很难计算,则应用逆转换方法产生这个随机变量的样本就不太方便,这时,可以考虑接受—拒绝方法。

假设我们知道函数 $t(x)$ 满足 $t(x) \geqslant f(x), \forall x \in I$(这里 I 是 f 的定义域),函数 $t(x)$ 不是概率密度函数(如果我们选择 $c = \int_I t(x)$,则函数 $r(x) = t(x)/c$ 是密度函数)。可以证明,下面的接受—拒绝方法产生的随机变量 X 的分布服从密度函数 f:

(1) 产生服从分布 $r(y)$ 的随机数 Y。
(2) 产生服从 $(0,1)$ 均匀分布随机数 U,U 与 Y 独立。
(3) 如果 $U \leqslant f(Y)/t(Y)$,返回 $X = Y$;否则,重复前述过程。
如果定义域 I 是有界的,一个自然的选择是 $t(x) = \max\limits_{x \in I} f(x)$。

例 8.3 考虑密度 $f(x) = 30(x^2 - 2x^3 + x^4), x \in [0,1]$,由于这个函数的逆函数计算比较困难,可以选择接受—拒绝方法。根据普通微积分知识,可以得到 $\max\limits_{x \in [0,1]} f(x) = 30/16 = f(0.5)$。使用均匀密度作为 $r(x)$ 的密度函数,得到如下算法:

(1) 产生两个独立的均匀分布的随机变量 U_1 和 U_2;
(2) 如果 $U_2 \leqslant 16(U_1^2 - 2U_1^3 + U_1^4)$,接受 $X = U_1$;否则,拒绝,返回第一步。
产生一个随机变量的平均迭代次数是 $30/16$。

三 产生正态变量的极坐标方法

逆转换方法和**接受—拒绝方法**是非常一般的方法,理论上可以广泛应用于各种分布函数。但是,有时应用这些方法并不方便。例如,对正态分布函数,它的逆函数就很难计算,它的定义域是无穷区间,因此,很难应用逆转换方法和接受—拒绝方法。这时,我们需要寻找其他方法。由于 $\mu + \sigma X \sim N(\mu, \sigma^2) \Leftrightarrow X \sim N(0,1)$,为产生服从正态分布的随机数,我们仅需要产生标准正态变量,如果有标准正态随机变量,则我们可以得到任意正态随机变量。

利用中心极限定理，我们可以得到一个产生标准正态分布随机变量的方法：产生一系列独立同分布的随机变量（如服从均匀分布的随机变量），将这些随机变量按照中心化变化得到一个新的随机数，根据中心极限定理，这个新的随机变量的极限分布就是标准正态分布，因此可以认为它就是一个正态随机数。由于这种方法需要模拟大量的随机数，实践中应用的并不多。

这里，我们介绍产生标准正态随机变量的 Box-Muller 方法，然后介绍它的改进算法——极坐标方法。

考虑两个独立变量 $X, Y \sim N(0, 1)$。记 (R^2, θ) 是平面坐标上对应的极坐标点，其中，$d = R^2 = X^2 + Y^2$，$\theta = \tan^{-1} Y/X$，X 和 Y 的联合密度为：

$$f(x, y) = \frac{1}{\sqrt{2\pi}} e^{-x^2/2} \frac{1}{\sqrt{2\pi}} e^{-y^2/2} = \frac{1}{2\pi} e^{-(x^2+y^2)/2} = \frac{1}{2\pi} e^{-d/2}$$

适当计算，可以得到 $(d, \theta) = (R^2, \theta)$ 的联合密度：

$$f(d, \theta) = \frac{1}{2} \frac{1}{2\pi} e^{-d/2}$$

于是，R^2 是服从指数分布的随机变量，均值是 2，θ 是 $(0, 2\pi)$ 上均匀分布的随机变量。根据这个结论，可获得标准正态分布随机数的 Box-Muller 算法：

(1) 产生两个独立的均匀分布随机变量 $U_1, U_2 \sim U(0, 1)$；
(2) 令 $R^2 = -2\log(U_1)$ 和 $\theta = 2\pi U_2$；
(3) 令 $X = R\cos\theta$ 和 $Y = R\sin\theta$。

在实践中，将 Box-Muller 算法与接受—拒绝方法结合起来，得到如下的极坐标拒绝方法。极坐标拒绝方法不用计算三角函数，改善了 Box-Muller 算法：

(1) 产生两个独立的均匀分布随机变量 $U_1, U_2 \sim U(0, 1)$；
(2) 令 $V_1 = 2U_1 - 1, V_2 = 2U_2 - 1, S = V_1^2 + V_2^2$；
(3) 如果 $S > 1$，返回第一步；否则，返回独立的标准正态随机变量

$$X = \sqrt{-2\ln S/S} V_1, \quad Y = \sqrt{-2\ln S/S} V_2$$

在许多金融应用问题中，需要产生多维正态分布随机变量，其均值为 μ、协方差为 Σ。我们首先进行 Chilesky 因子分解，Σ 可以表示为上三角矩阵 L 的转置与 L 的积，即 $\Sigma = L^\tau L$。然后，我们应用下面的算法：

(1) 产生 n 个独立的标准正态分布随机变量 $Z_1, \cdots, Z_n \sim N(0, 1)$；
(2) 返回 $X = \mu + L^\tau Z$，这里 $Z = [Z_1, \cdots, Z_n]^\tau$。

第三节 重复次数的选择

直觉告诉我们，在同蒙特卡罗模拟产生感兴趣的随机数样本然后估计相关参数时，如果随机样本数越多，则估计的性质应该越好。给定独立同分布的样本序列 X_i，可以得到样本均值：

$$\bar{X}(n) = \frac{1}{n} \sum_{i=1}^{n} X_i$$

它是参数 $\mu = E[X_i]$ 的无偏估计（正是我们希望得到的），样本方差为：

$$S^2(n) = \frac{1}{n-1}\sum_{i=1}^{n}[X_i - \bar{X}(n)]^2$$

注意到 $E[X_i - \bar{X}(n)]^2 = Var[\bar{X}(n)] = \sigma^2/n$，这里，$\sigma^2$ 可以用样本方差估计。显然，随机样本越多，则估计的均方误差越小，增加重复的随机抽样次数可以改进估计值。我们现在的问题是如何合理地选择重复次数 n。

注意到 $(1-\alpha)$ 的置信区间是 $\bar{X}(n) \pm z_{1-\alpha/2}\sqrt{S^2(n)/n}$，这里，$z_{1-\alpha/2}$ 是取自标准正态分布的临界值。严格来讲，这仅是一个近似值，如果 n 比较大，则近似效果比较好。根据中心极限定理，$\bar{X}(n)$ 渐进正态分布。

如果我们在置信水平 $(1-\alpha)$ 上控制绝对误差 $|\bar{X}(n) - \mu| \leqslant \beta$，这里，$\beta$ 是最大可接受容忍值，即 $z_{1-\alpha/2}\sqrt{S^2(n)/n} \leqslant \beta$，则我们可以不断增加样本个数，修改样本方差，直到满足上述准则，这样来决定重复次数。

如果我们在置信水平 $(1-\alpha)$ 上控制相对误差 $|\bar{X}(n) - \mu|/\mu \leqslant \gamma$，则比控制绝对误差稍微复杂些。困难是我们可能重复增加样本数，直到满足下式：

$$z_{1-\alpha/2}\sqrt{S^2(n)/n}/\bar{X}(n) \leqslant \gamma$$

在这个不等式中，我们必须使用已知的 $\bar{X}(n)$，而不是未知的 μ。然而，如果这个不等式成立，则

$$\begin{aligned}1-\alpha &\approx P\{|\bar{X}(n) - \mu|/|\bar{X}(n)| \leqslant z_{1-\alpha/2}\sqrt{S^2(n)/n}/|\bar{X}(n)|\} \\ &= P\{|\bar{X}(n) - \mu| \leqslant \gamma |\bar{X}(n)|\} \\ &\leqslant P\{|\bar{X}(n) - \mu| \leqslant \gamma |\bar{X}(n) - \mu| + |\mu|\} \\ &= P\{|\bar{X}(n) - \mu|/|\mu| \leqslant \gamma/(1-\gamma)\}\end{aligned}$$

因此，如果我们不小心，实际的相对误差是 $\gamma/(1-\gamma)$，比希望的相对误差 γ 大。因此，我们应该选择 n，使

$$z_{1-\alpha/2}\sqrt{S^2(n)/n}/\bar{X}(n) \leqslant \gamma',\ \gamma' = \gamma/(1+\gamma) < \gamma$$

为了得到一个样本方差 $S^2(n)$ 的估计，需要首先做一些重复抽样。

从上面的公式容易看出，估计误差下降的速度是 $O(1/\sqrt{n})$。虽然随着样本的增加，误差在减少，但是减少的速度却越来越慢。如果要将计算精度提高 10 倍，则模拟运算次数就是原来的 100 倍。在实践中，经常需要模拟 10 万次。一种改善的办法是用减少方差的抽样策略，也可以采用伪蒙特卡罗的方法。

第四节 方差减少技术

一 对偶变量技术

考虑重复样本序列对 (X_i^1, X_i^2)，$i = 1, \cdots, n$：

$$X_1^1, X_2^1, \cdots, X_n^1$$
$$X_1^2, X_2^2, \cdots, X_n^2$$

其中，$X_{i_1}^j$ 与 $X_{i_2}^k$ 独立 $(i_1 \neq i_2)$。于是，$X_i = (X_i^1 + X_i^2)/2$，$i = 1, 2, \cdots$ 相互独立，可以用

来计算置信区间。然而,对固定的 i,X_i^1 和 X_i^2 可能相关。如果我们基于样本 X_i 计算样本均值 $\bar{X}(n)$,样本方差为

$$Var[\bar{X}(n)] = \sum_{i=1}^{n} \frac{Var[x_i]}{n} = \sum_{i=1}^{n} \frac{Var(X_i^1) + Var(X_i^2) + 2Cov(X_i^1, X_i^2)}{4n}$$

从上式可以看出,如果在每对抽样中,使每对随机变量负相关,则可以减小样本方差,即:如果 $Cov(X_i^1, X_i^2) < 0$,则样本均值的估计效果更好。

为了产生负相关随机数,我们可以用序列 $\{U_k\}$ 作为产生 $\{X_k^1\}$ 的随机样本,$\{1-U_k\}$ 作为产生 $\{X_k^2\}$ 的随机样本。由于输入序列是负相关的,因此,输出序列有可能是负相关的,这样就可以减小均值估计的误差。不过,在实际应用中,我们这样做,并不能保证输出序列样本总是负相关的。如果输出序列样本是正相关的,则我们的方法不仅不能减小方差,反而会增加方差。

例 8.4 $I = \int_0^1 g(x)dx e - 1 \approx 1.7183$

```
>> rand('seed', 0)
>> U=rand(1, 100);
>> X=exp(U);
>> I=mean(X)
I =
    1.7461
>> U2=1-U1;
>> x1=exp(U1);
>> rand('seed', 0)
>> U1=rand(1, 50);
>> U2=1-U1;
>> X1=exp(U1);
>> X2=exp(U2);
>> X=0.5*(X1+X2);
>> I=mean(X)
I =
    1.7175
```

比较这两个计算,我们发现,均值估计的精度确实提高了。$I = \int_0^1 g(x)dx e - 1 \approx 1.7183$,普通做法的估计是 1.7641,用对偶变量技术估计的结果是 1.7175,抽取的随机数都是 100。

注:仅当输入序列负相关而且输入序列和输出序列具有单调的函数关系时,才能保证输出序列负相关,对偶变量技术可以减小样本方差;否则,对偶变量技术增加样本方差,降低估计精度。另外,我们应当注意产生随机数的方法。逆转化方法是以分布函数为基础的,而分布函数是单调的,因此,输入序列和输出序列具有单调的函数关系。而接受—拒绝方法和 Box-Muller 方法并非如此。但是,在产生正态分布的随机变量时,我们只需要产生序列 $Z_i \sim N(0, 1)$,然后用 $-Z_i$ 作为对偶样本。

二 普通随机数

普通随机数(CRN)技术与对立变量法非常相似,但是应用的环境不同。假设我们应用蒙特卡罗模拟来估计一个依赖于参数 α 的值,即

$$h(\alpha) = E_\omega[f(\alpha; \omega)]$$

另外,我们还希望估价这个值的参数敏感性,即估价

$$\frac{dh(\alpha)}{d\alpha}$$

在进行期权等衍生品的敏感性分析时,常常需要估价偏导数。显然我们不能计算导数的解析公式,所以不能直接模拟这个参数的敏感性指标。一种简单的方法是模拟产生如下差分的样本:

$$\frac{h(\alpha + \delta\alpha) - h(\alpha)}{\delta\alpha}$$

然后估计它的期望值。用这种方法,可能遇到的一个困难是,如果 $\delta\alpha$ 很小,则我们无法识别从模拟中得到的差值中,究竟是随机噪音所导致,还是由于参数的变化所导致。在研究组合管理策略时,我们可能遇到相似的情况。如果希望比较不同场景下两个资产组合管理策略,我们需要估计两个随机变量差的期望,这时,相似的情况就出现了。

现在让我们考虑一个较抽象的例子,来说明普通随机数技术。考虑两个随机变量的差:

$$Z = X_1 - X_2$$

一般而言,$E[X_1] \neq E[X_2]$,因为它们来自不同系统的模拟,也许仅在某个参数值上不同。通过蒙特卡罗模拟,我们得到一系列独立的样本:

$$Z_j = X_{1,j} - X_{2,j}$$

并且,

$$Var(X_{1,j} - X_{2,j}) = Var(X_{1,j}) + Var(X_{2,j}) - 2Cov(X_{1,j}, X_{2,j})$$

应用统计技术建立 $E[X_1 - X_2]$ 的置信区间,需要估计样本方差。为了改善估计,需要减小样本 Z_j 的方差。为了实现这个目的,我们选择 $X_{1,j}$ 和 $X_{2,j}$,使它们正相关。使 $X_{1,j}$ 和 $X_{2,j}$ 正相关的一种方法,是用同样随机数流来模拟 X_1 和 X_2,在一定条件下,可以使它们正相关。这个技术与前述对立变量抽样法很相似。

三 控制变量法

如果我们知道关于系统的一些知识,则可以利用已知的知识,使估计结果更好。假设我们要估计 $\theta = E[X]$,并且知道有另外一个随机变量 Y 与 X 相关,随机变量 Y 均值为 v。我们可以利用下面的受控估计器估计 θ:

$$X_C = X + c(Y - v)$$

这里,c 是我们必须选择的参数。我们称变量 Y 为控制变量。

我们在进行蒙特卡罗模拟过程中,如果发现

$$E[Y] > v$$

根据 X 与 Y 相关系数符号的不同,我们可以预期估计 $E[X]$ 将增加或减少。实际上,注意到:

$$E[X_c] = \theta$$
$$Var(X_c) = Var(X) + c^2 Var(Y) + 2c Cov(X, Y)$$

第一个公式表明受控估计器是 θ 的无偏估计。第二个公式提示,适当地选择 c,可以减小估计的方差。一个选择是极小化方差,得到最优的 c

$$c^* = -Cov(X, Y)/Var(Y)$$

在这种情况下,

$$Var(X_c^*)/Var(X) = 1 - \rho_{XY}^2$$

这里, ρ_{XY} 是 X 和 Y 的相关系数。注意, c 的符号依赖于这个相关系数的符号。例如,如果 $Cov(X, Y) > 0$,则 $c < 0$。意味着如果 $E[Y] > v$,则我们应该减小 $E[X]$。

在应用过程中,常常因为不知道 $Cov(X, Y)$ 和 $Var(Y)$,我们必须估计最优值 c。在本章第六节,我们将看到应用控制变量技术的例子。

四 条件方差减小技术

因为 $E[X] = E[E[X|Y]]$,我们有时可以通过计算另一个随机变量的条件期望的方法,计算(或估计)期望 $E[X]$。同样,也可以通过条件来计算方差

$$Var(X) = E[Var(X|Y)] + Var(E[X|Y])$$

显然,有 $Var(X) \geqslant E[Var(X|Y)]$, $Var(X) \geqslant Var(E[X|Y])$。如果使用第一个不等式来减小方差,得到间隔抽样技术(下面讨论)。如果使用第二个不等式来减小方差,得到条件方差减小技术。

如果我们希望估计 $\theta = E[X]$,并且知道随机变量 X 关于随机变量 Y 的条件期望 $E[X|Y=y]$,于是 $E[X|Y]$ 是 θ 的无偏估计,而条件方差公式显示它是比较好的估计。应用条件方差减小技术,我们需要模拟随机变量 Y。给定一个样本,得到 $E[X|Y=y]$ 的一个样本,充分多的样本平均后,得到 $\theta = E[X]$ 的估计。

与间隔抽样技术不同,条件方差减小技术依赖于特定的问题。如果我们没有关于特定问题的知识,很难找到所需要的随机变量 Y。

五 间隔抽样技术

假设我们希望估计 $E[X]$,而随机变量 X 依赖于另一个随机变量 Y, Y 是离散随机变量,

$$P\{Y = y_j\} = p_j, \; j = 1, \cdots, m$$

于是,

$$E[X] = \sum_{j=1}^{m} E[X|Y = y_j] p_j$$

因此,我们可以通过模拟估计值 $E[X|Y = y_j]$, $j = 1, \cdots, m$,然后计算需要的数学期望值 $E[X]$。

例 8.5 考虑用模拟来计算积分

$$\theta = \int_0^1 h(x)dx = E[h(U)]$$

我们可以直接用蒙特卡罗模拟 n 个独立的均匀分布 $U_i \sim U(0,1)$，$i=1,\cdots,n$，然后计算样本均值 $\frac{1}{n}\sum_{i=1}^n h(U_i)$ 作为 θ 的估计。

一个改进的估计是间隔抽样技术。应用间隔抽样技术，将积分区间 $(0,1)$ 划分为 m 个小区间 $((j-1)/m, j/m)$，$j=1,\cdots,m$。每个事件 $Y=y_j$ 对应于落在第 j 个子区间的随机数，$p_j = 1/m$。对每层 $j=1,\cdots,m$，我们产生 n_j 个随机数 $U_k \sim U(0,1)$ 来估计

$$\theta_i = \frac{1}{n_j}\sum_{k=1}^{n_j} h\left(\frac{U_k + j - 1}{m}\right)$$

然后，我们得到所需要的估计

$$\theta = \sum_{j=1}^m \theta_j p_j$$

采用间隔抽样技术需要决定每层的样本个数。如果每层独立抽样，则

$$Var(\theta) = \sum_{j=1}^m p_j^2 Var(\theta_j) = \sum_{j=1}^m \frac{p_j^2}{n_j} Var(X_j)$$

因此，为了使总方差极小化，应该对方差 $Var(X_j)$ 较大的层分配较多的样本。由于通常不知道 $Var(X_j)$，我们可以先做些抽样，用样本方差 S_j^2 估计 $Var(X_j)$，然后通过解如下非线性规划问题获得各层样本数：

$$\min \sum_{j=1}^m \frac{p_j^2 S_j^2}{n_j}$$
$$\text{s.t.} \sum_{j=1}^m n_j = n$$
$$n_j \geq 0$$

六 重点抽样技术

对有些问题为了提高模拟效率，可以采用重点抽样技术。与其他方差减小技术的思想不同，重点抽样基于对概率测度变换的思想，在模拟小概率事件或分布函数尾部抽样时特别有用。考虑下面的估计问题：

$$\boldsymbol{\theta} = E[h(\boldsymbol{X})] = \int h(x) f(x) dx$$

这里，随机向量 X 的联合分布函数是 $f(x)$。我们知道另一个密度函数 g，并且，如果 $g(x)=0$，则 $f(x)=0$。于是，

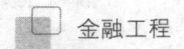

$$\theta = \int h(x)f(x)/g(x)g(x)dx = E_g[h(X)f(X)/g(X)]$$

例如，金融资产的风险中性定价就是进行类似的变换。我们通过下面的离散版本的积分问题，解释这种方法如何用于减少方差。假设我们要估计

$$\theta = \sum_{i=1}^{N} h(x_i)$$

的和，这里，x_i 属于 N 个离散点集。如果 N 很大，我们可以抽样一个 $M(M \ll N)$ 个点的子集，然后计算估计

$$N \sum_{j=1}^{M} h(x_j)/M$$

记 p_i 是抽样某个确定点 x_i 的概率，在简单的抽样中，对所有 x_i，我们有 $p_i = 1/N$，于是，

$$N \sum_{j=1}^{M} h(x_j)/M = \left(\sum_{j=1}^{M} h(x_j)/(1/N)\right)/M = \sum_{j=1}^{M} h(x_j)/p_j/M$$

重点抽样就是基于"聪明的"使用概率分布 p_i 而不是均匀分布。这个分布的理想选择是

$$p_i = h(x_i)/F(N), \quad i = 1, \cdots, N$$

因为

$$\sum_{j=1}^{M} h(x_j)/p_j/M = \frac{1}{M} \sum_{j=1}^{M} h(x_j) F(N)/h(x_j) = F(N)$$

也就是说，无论如何抽样，我们总能得到正确的答案，方差减少到零。所以，选择这个概率分布是合理的。

重点抽样常常应用于与小概率有关的问题，例如，损失比风险价值 VaR 大的事件，就是一个小概率事件，在这个条件下的平均损失需要计算小概率条件下的期望问题。假设随机向量 X 的联合分布密度为 f，我们希望估计

$$\theta = E[h(X) \mid X \in A]$$

这里，$\{X \in A\}$ 是小概率事件，但是概率 $P\{X \in A\}$ 未知。对 $X \in A$，其条件密度是：

$$f(x \mid X \in A) = f(x)/P\{X \in A\}$$

定义

$$I_A(X) = \begin{cases} 1 & \text{如果 } X \in A \\ 0 & \text{如果 } X \notin A \end{cases}$$

则 θ 可改写为

$$\theta = E[h(x)I_A(X)]/E[I_A(X)]$$

如果我们直接进行蒙特卡罗模拟，许多样本被浪费了，因为事件 $X \in A$ 很少发生。现在假设存在密度函数 g，在这个概率测度下，这个事件发生的可能性比较大。然后，根据分布密度 g 产生随机样本 X_i，估计：

$$\theta = \frac{\sum_{i=1}^{k} h(X_i) I_A(X_i) f(X_i)/g(X_i)}{\sum_{i=1}^{k} I_A(X_i) f(X_i)/g(X_i)}$$

这样就可以提高模拟效率。

第五节　准蒙特卡罗模拟

实践经验告诉我们,进行模拟分析时,不用理论上的随机数,模拟分析的结果也可以信赖。因此,我们可以采用其他非随机数的模拟技术。

现在假设我们模拟产生 N 个 m 维空间 $I^m = [0, 1]^m \subset R^m$ 上的均匀"随机"向量序列 $X^1, X^2, \cdots, X^N$。如果这个抽样序列在 m 维空间 I^m 分布正常,则在任何子区间 $G \subseteq I^m$ 内的样本个数与子区间 G 的体积 $Vol(G)$ 成比例。

给定一个向量 $X = (x_1, x_2, \cdots, x_m)$,考虑如下定义的矩形子集 G_X:

$$G_X = [0, x_1) \times [0, x_2) \times \cdots \times [0, x_m)$$

它的体积是 $x_1 x_2 \cdots x_m$。如果我们记 $S_N(G)$ 为记录抽样序列中在子区间 $G \subseteq I^m$ 内的样本个数,定义差异度:

$$D(x^1, \cdots, x^2) = \sup_{x \in I^m} | S_N(G_X) - N x_1 x_2 \cdots x_m |$$

当在单位超立方体中计算多维积分时,当然希望找到低差异度的序列,也称为准随机序列,这也是使用准蒙特卡罗的原因。实际上,"准随机"的说法有点误导,实际上样本序列不是随机的。一些理论结果提示,应用低差异度的序列进行模拟分析,有可能比通过 LCG 或其变种产生的伪随机序列表现得更好,因为估计的误差可能更小。

产生低差异度的序列有很多,这里我们仅介绍 Halton 低差异度序列产生的方式,使读者对此有基本的认识。有关低差异度序列更详细的内容,请参阅有关文献。

Halton 低差异度序列基于如下方式产生:

(1) 将整数 n 用 b 进位制表示,这里 b 是素数:

$$n = (\cdots d_4 d_3 d_2 d_1 d_0)_b$$

(2) 转换数位顺序,并变换成区间[0, 1]内的数:

$$h = (0, d_0 d_1 d_2 d_3 d_4 \cdots)_b$$

Halton 低差异度序列数可以用下面的公式得到。首先表示整数 n 为:

$$n = \sum_{k=0}^{m} d_k b^k$$

在 b 进位制下,Halton 序列中第 n 个数是:

$$h(n, b) = \sum_{k=0}^{m} d_k b^{-(k+1)}$$

第六节　估价衍生证券——蒙特卡罗模拟的应用[①]

我们首先介绍模拟资产价格的方法,然后给出欧式期权、奇异期权(障碍期权、亚式期权)等蒙特卡罗估价的例子。

---

① 本章中的 Matlab 程序可以向作者索取。

金融工程

一 模拟资产价格过程

如果资产价格 $S(t)$ 服从漂移率为 μ、波动率为 σ 的几何布朗运动，则：

$$dS = \mu S dt + \sigma S dz$$

这里，dz 是标准维纳过程。

为了模拟资产价格在区间 $(0, T)$ 路径，我们必须以步长 δt 离散化时间。根据标准维纳过程的性质，我们得到股票价格离散时间模型：

$$\ln S(t+\delta t) - \ln S(t) = v\delta t + \sigma \sqrt{\delta t}\varepsilon$$

这里，$\varepsilon \sim N(0,1)$ 是标准正态分布变量。通过这个关系，我们可以模拟离散资产价格过程。

例 8.6 现有股票 A、B、C、D，其价格均为 \$50。股票 A 的漂移率为 20% p.a，波动率为 10% p.a；股票 B 的漂移率为 20% p.a，波动率为 50% p.a；股票 C 的漂移率为 60% p.a，波动率为 10% p.a；股票 D 的漂移率为 60% p.a，波动率为 50% p.a。试模拟这四种股票一年内的价格路径。

我们用 Matlab 程序进行模拟。其中，模拟资产价格的程序是 pricepaths.m。绘制图形的程序是 graphpaths.m（该程序中的命令也可以逐条在命令窗口中输入），步数为 365。结果见图 8.1。

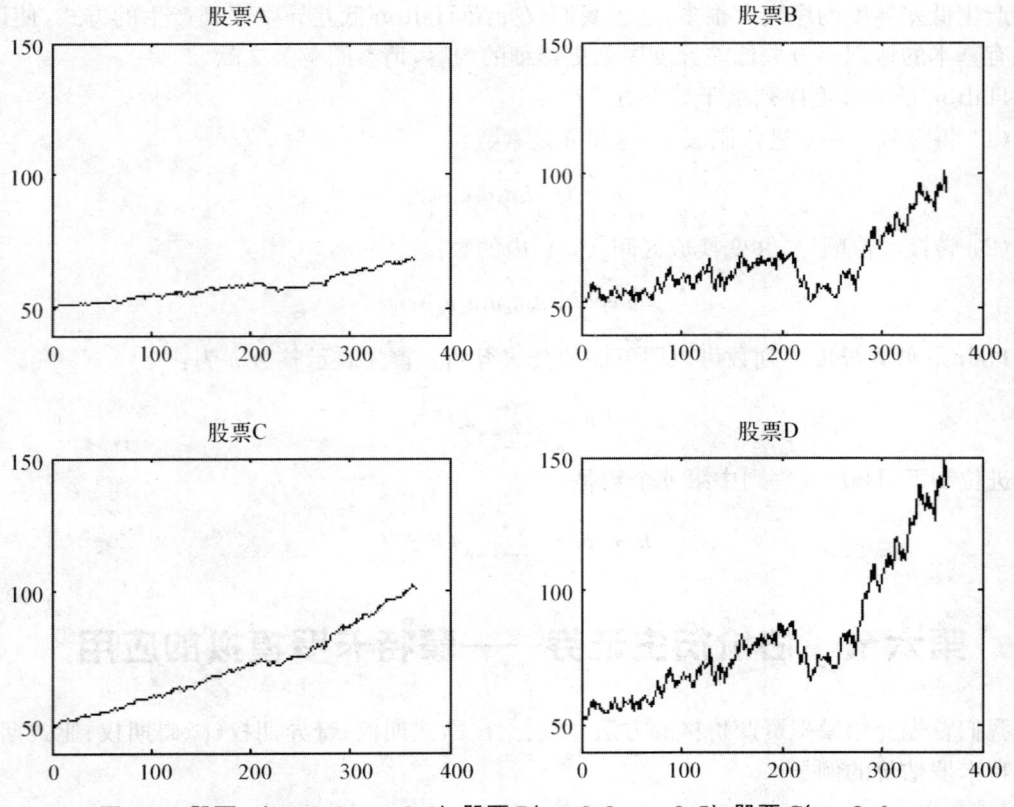

图 8.1　股票 A($\mu=0.2$, $\sigma=0.1$)、股票 B($\mu=0.2$, $\sigma=0.5$)、股票 C($\mu=0.6$, $\sigma=0.1$)、股票 D($\mu=0.6$, $\sigma=0.5$)一年内的模拟价格路径

从图 8.1 可以看出，股票 C 和股票 D 的价格上升速度较快，而股票 B 和股票 D 的价格波动比较大。这是与股票 C 和股票 D 价格的漂移率较高、股票 B 和股票 D 价格的波动率较高相对应的。

二 用蒙特卡罗方法估价欧式期权

为了估价期权，我们需要估计期权支付的贴现值：

$$f = e^{-rt}E^Q[f_T]$$

这里，f_T 是期权在到期日 T 时的支付，假设无风险利率是常数，E 是用风险中性概率测度计算期望。

这里，我们用蒙特卡罗方法估价欧式期权，并以此为例，介绍用蒙特卡罗方法估价期权的一般方法。

1. 直接方法

这时，我们需要的路径仅有资产价格初始值和到期日价格。根据下式产生期权支付：

$$\max\{0, S(0)e^{(r-\sigma^2/2)T+\sigma\sqrt{T}\varepsilon} - X\}$$

这里，X 是执行价格。对这个支付按照无风险利率折现，就是今天期权的价格。

例 8.7（欧式看涨期权价格）各参数及 Black-Scholes 公式的结果和运行时间（每次运行时间可能不同，下同）见表 8.1，蒙特卡罗模拟估价的结果和运行时间见表 8.2。蒙特卡罗模拟价格路径的程序是 pricepaths.m，蒙特卡罗模拟估价欧式期权的程序是 pricemc.m。

表 8.1　欧式看涨期权各参数及 Black-Scholes 公式的结果和运行时间

场景	初始价格	执行价格	无风险利率	期　限	波动率	Black-Scholes 公式	运行时间（秒）
1	$50	$52	10%p.a.	五个月	40%p.a.	$5.191 1	0.003 382
2	$50	$52	10%p.a.	五个月	20%p.a.	$2.631 8	0.003 649

表 8.2　欧式看涨期权蒙特卡罗模拟估价的结果和运行时间

场景	模拟次数	期权价格	置信区间	置信区间长度	置信度	运行时间（秒）
1	1 000	$5.444 5	(4.877 6, 6.011 5)	1.133 9	95%	0.031 302
	200 000	$5.178 0	(5.139 3, 5.216 7)	0.077 4	95%	0.265 622
2	1 000	$2.741 1	(2.477 7, 3.004 5)	0.526 8	95%	0.030 820
	200 000	$2.625 3	(2.607 3, 2.643 3)	0.036 0	95%	0.267 844

从表 8.1 可以看出，随着模拟次数的增加，模拟的结果也越精确，但运行时间大大增加。因此，方差减少技术和低差异度序列方法改进估计精度是有价值的。

2. 使用对偶变量技术

首先产生标准正态变量流,然后将这个序列改变符号,再应用这个序列。对这些随机数计算样本平均来估计欧式期权价值。对上面的例子,我们仅使用原来模拟随机数的一半。估计结果如下:

例 8.8 (欧式看涨期权价格(续例 8.7))使用对偶变量蒙特卡罗模拟估价的结果和运行时间见表 8.3。使用对偶变量模拟价格路径的程序是 pricepathsav.m,使用对偶变量估价欧式期权的程序是 pricemcav.m。

表 8.3 欧式看涨期权使用对偶变量蒙特卡罗模拟估价的结果和运行时间

场景	模拟次数	期权价格	置信区间	置信区间长度	置信度	运行时间(秒)
1	100 000	\$5.197 1	(5.165 6, 5.228 6)	0.063 0	95%	0.141 230
2	100 000	\$2.633 7	(2.619 8, 2.647 6)	0.027 8	95%	0.139 777

考虑截断支付欧式期权。期权支付如下表示:

$$f[S(T)] = \begin{cases} S(T) - X & S(T) \in [X, S_b] \\ 0 & S(T) \notin [X, S_b] \end{cases}$$

股票价格 S_b 是一个障碍,当 $S(T) > S_b$ 时取消期权。由于是欧式期权,仅在到期日那天超过障碍时才取消期权。这是与障碍期权不同的地方。由于这个支付函数不是股票价格的单调函数,可以预期,对偶抽样技术并不总是有效。

例 8.9 (截断支付欧式看涨期权价格)各参数见表 8.4,蒙特卡罗模拟、使用对偶变量蒙特卡罗模拟的结果和运行时间见表 8.5。使用对偶变量模拟价格路径的程序是 pricepathsav.m,蒙特卡罗模拟估价截断支付欧式看涨期权的程序是 trcpricemc.m,使用对偶变量估价截断支付欧式看涨期权的程序是 trcpricemcav.m。

表 8.4 截断支付欧式看涨期权各参数

初始价格	执行价格	无风险利率	期限	波动率	S_b
\$50	\$50	10%p.a.	五个月	40%p.a.	\$70

表 8.5 截断支付欧式看涨期权蒙特卡罗模拟、使用对偶变量蒙特卡罗模拟估价的结果和运行时间

方法	模拟次数	期权价格	置信区间	置信区间长度	置信度	运行时间(秒)
直接蒙特卡罗模拟	200 000	\$3.218 5	(3.196 1, 3.241 0)	0.044 9	95%	0.297 852
采用对偶变量蒙特卡罗模拟	100 000	\$3.226 1	(3.208 7, 3.243 6)	0.035 0	95%	0.233 849

从例 8.8 我们可以看出,对偶变量技术可以改善估计的精度,并且会提高效率。但是,这种改善的效果依赖于基础资产价格波动率。从例 8.9 可以看出,尽管方差可以减少,但是效果并不显著。如果一定的单调性条件不满足,对偶变量法不能减少方差。在极端情况下,如果单调性不满足,对偶抽样会增加方差。

3. 使用控制变量估价欧式期权

股票价格是一个自然的控制变量,在期权到期日,它的期望和方差均已知。为应用控制变量方法,我们必须计算期权价值与基础资产价格之间的协方差。

例 8.10 (欧式看涨期权价格(续例 8.5))各参数见表 8.1。使用控制变量蒙特卡罗模拟估价的结果和运行时间见表 8.6,其程序是 pricemccv.m。

表 8.6   欧式看涨期权使用控制变量蒙特卡罗模拟估价的结果和运行时间

场景	确定协方差模拟次数	确定期权价格模拟次数	期权价格	置信区间	置信区间长度	置信度	运行时间(秒)
1	5 000	195 000	$5.188 1	(5.171 0, 5.205 3)	0.034 2	95%	0.275 218
2	5 000	195 000	$2.629 6	(2.621 0, 2.638 2)	0.017 2	95%	0.276 595

从这个例子可以看出,使用控制变量确实减少方差。控制变量法很容易与对偶变量法结合使用。

4. 使用 Halton 低差异度序列估价欧式期权

这里用 Box-Muller 算法产生正态变量。为了得到两个独立的标准正态变量,我们首先产生两个独立的随机数 U_1 和 U_2,然后计算

$$X = \sqrt{-2\ln U_1}\cos(2\pi U_2)$$

$$Y = \sqrt{-2\ln U_1}\sin(2\pi U_2)$$

X、Y 即为独立的标准正态变量。

在实际计算时,我们在对数计算中采用两个不同的素数作为对数的基。计算实例如下:

例 8.11 (欧式看涨期权价格(续例 8.5))各参数见表 8.1。使用 Halton 低差异度序列估价的结果和运行时间见表 8.7。产生 Halton 低差异度序列的程序是 gethalton.m,使用 Halton 低差异度序列估价欧式期权的程序是 pricehalton.m。

表 8.7　　欧式看涨期权使用 Halton 低差异度序列估价的结果和运行时间

场景	序列数	基数 1	基数 2	期权价格	运行时间(秒)
1	5 000	2	7	$5.197 0	0.152 677
		11	7	$5.217 3	0.152 132
		2	4	$6.248 5	0.152 895
2	5 000	2	7	$2.635 3	0.152 579
		11	7	$2.643 7	0.152 098
		2	4	$3.072 7	0.152 705

这里我们使用最简单的序列,如果使用较好的序列(如 Sobol 或 Faure),则效果更好。从上面的结果可以看出,估计的质量可能依赖于对数基的选择。如果选择非素数作为基,则效果可能很差。

三　用蒙特卡罗方法估价奇异期权

1. 估价 down-and-out 看跌期权

假设在每个交易日的结束检查障碍是否达到。在实际期权应用中,障碍期权可能对随机波动率非常敏感,在估价障碍期权时,蒙特卡罗方法应该结合随机波动率模型一起使用。

例 8.12　(down-and-out 看跌期权)各参数及解析公式结果和运行时间见表 8.8,蒙特卡罗模拟估价的结果和运行时间见表 8.9。使用解析公式估价 down-and-out 看跌期权的程序是 dpprice.m,使用蒙特卡罗模拟估价 down-and-out 看跌期权的程序是 dppricemc.m。

表 8.8　　down-and-out 看跌期权各参数及解析公式结果和运行时间

场景	初始价格	执行价格	无风险利率	期限	波动率	障碍水平	解析公式结果	运行时间(秒)
1	$50	$52	10%p.a.	两个月	40%p.a.	$40	$2.142 3	0.003 695
2	$50	$52	10%p.a.	两个月	40%p.a.	$30	$3.864 5	0.003 884

表 8.9　　down-and-out 看跌期权蒙特卡罗模拟估价的结果和运行时间

场景	步数	模拟次数	期权价格	置信区间	置信度	置信区间长度	跨越障碍次数	运行时间(秒)
1	60	10 000	$2.130 9	(2.069 8, 2.192 0)	95%	0.122 2	1 472	0.550 496
2	60	10 000	$3.869 8	(3.777 8, 3.961 8)	95%	0.183 9	12	0.550 124

因为期权到期日的支付不是到期日资产价格的单调函数,对偶抽样技术可能不是很有效,这里问题更复杂,期权支付与完整的资产价格路径有关。控制变量也许同样可以使用,控制变量的自然选择是欧式看跌期权的价格,可以用 Black-Scholes 公式计算。

这里我们尝试条件方差减少技术。考虑 down-and-in 看跌期权的价格 P_{di} 比较方便,因为

$$P_{do} = P - P_{di}$$

假设我们以时间间隔 δt 离散化期权有效时间(在这里是一天),$T = M\delta t$。考虑第 i,$i = 1, \cdots, M$ 天资产价格路径

$$S = \{S_1, S_2, \cdots, S_M\}$$

根据这个路径,期权价格的估计是

$$P_{di} = e^{-rT} E[I(S)(K-S_M)^+]$$

这里,示性函数 I 定义为:如果 $\{S_1, S_2, \cdots, S_M\}$ 中有一个小于障碍 S_b,则 $I(S) = 1$;否则,$I(S) = 0$,即

$$I(S) = \begin{cases} 1 & \text{如果 } S_j < S_b, \forall S_j \in \{S_1, S_2, \cdots, S_M\} \\ 0 & \text{其他} \end{cases}$$

现在用 j^* 表示障碍第一次被跨过的时间,如果在期权有效期间障碍始终没有被跨过,则习惯上记 $j^* = M+1$。在时刻 $j^*\delta t$ 期权被激活,从这一时刻开始,期权和一个欧式看跌期权相同。因此,在期权障碍被跨过 $t^* = j^*\delta t$ 和期权价格是 S_{j^*} 条件下,我们用 Black-Scholes 公式估计支付:

$$E[I(S)(K-S_M)^+ \mid j^*, S_{j^*}] = e^{r(T-t^*)}B_p(S_j, K, T-t^*)$$

这里,$B_p(S_j, K, T-t^*)$ 是用 Black-Scholes 公式给出的执行结果为 X、资产初始价格为 S_{j^*}、到期日为 $T-t^*$ 的欧式看跌期权的价格。给定模拟的路径 S,期权价格可以如下估计:

$$I(S)e^{-rt^*}B_p(S_j, K, T-t^*)$$

与对偶抽样技术不同,条件蒙特卡罗模拟利用有关问题的特定知识,知道的知识越多,我们进行的积分计算就越少。

例 8.13 (down-and-out 看跌期权(续例 8.10))各参数见表 8.8,条件蒙特卡罗模拟估价的结果和运行时间见表 8.10。使用条件蒙特卡罗模拟估价 down-and-out 看跌期权的程序是 dppricemccond.m。

表 8.10　　down-and-out 看跌期权条件蒙特卡罗模拟估价的结果和运行时间

场景	步数	模拟次数	期权价格	置信区间	置信度	置信区间长度	跨越障碍次数	运行时间(秒)
1	60	10 000	$2.117 7	(2.033 9, 2.201 5)	95%	0.167 6	1 472	0.618 019
2	60	10 000	$3.866 1	(3.851 3, 3.881 0)	95%	0.029 7	12	0.582 626

这个例子表明,虽然在场景 1 下条件蒙特卡罗模拟没有起到应有的作用,但在场景 2 下条件方差减少技术确实有效。在场景 2 下,我们进行了 50 000 次模拟,仅有 69 次跨越障碍,这说明大多数重复是浪费的,也就是说,跨越障碍是稀少事件,因此,重点抽样技术可能更有用。

一种可能的想法是改变资产价格的漂移率,使跨过障碍的可能性增加。我们返回产生资产价格的路径 S。在每一步,我们产生正态随机变量 Z_j,其期望为

$$v = (r - \sigma^2/2)\delta t$$

方差为 $\sigma^2 \delta t$，所有这些变量相互独立，资产价格设定为：

$$\ln S_j - \ln S_{j-1} = Z_j$$

记 Z 是这个正态随机向量，$f(Z)$ 是它的联合分布密度。如果我们用修改的期望值 $v-b$，可以期望障碍将被跨过更多次。记 $g(Z)$ 是具有这个修改的期望值的正态随机变量的联合密度，则我们必须发现重点抽样技术估计的修正项。根据联合重要性抽样和我们刚刚描述的条件期望，可以得到

$$E_f[I(S)(X-S_M)^+ | j^*, S_{j^*}] = E_g[f(Z)I(S)(X-S_M)^+/g(Z) | j^*, S_{j^*}]$$
$$= f(z_1,\cdots,z_{j^*})/g(z_1,\cdots,z_{j^*})E_g[f(z_{j^*+1},\cdots,z_M)/g(z_{j^*+1},\cdots,z_M)I(S)(X-S_M)^+ | j^*, S_{j^*}]$$
$$= f(z_1,\cdots,z_{j^*})/g(z_1,\cdots,z_{j^*})E_f[I(S)(X-S_M)^+ | j^*, S_{j^*}]$$
$$= f(z_1,\cdots,z_{j^*})/g(z_1,\cdots,z_{j^*})e^{r(T-t^*)}B_p(S_{j^*}, X, T-t^*)$$

在实践中，我们产生期望值为 $v-b$ 的正态变量，用似然比乘以条件估计。唯一需要解决的问题是如何计算似然比。经过适当的计算，可以得到

$$\frac{f(z_1,\cdots,z_{j^*})}{g(z_1,\cdots,z_{j^*})} = \exp\left\{-\frac{b}{\sigma^2 \delta t}\sum_{k=1}^{j^*}z_k - \frac{j^* b}{\sigma^2}\left(r - \frac{\sigma^2}{2}\right) + \frac{j^* b^2}{2\sigma^2 \delta t}\right\}$$

例 8.14 （down-and-out 看跌期权（续例 8.10））各参数见表 8.8，重点抽样技术条件蒙特卡罗模拟估价的结果和运行时间见表 8.11。使用重点抽样技术条件蒙特卡罗模拟估价 down-and-out 看跌期权的程序是 dppricemccondis.m。

表 8.11 down-and-out 看跌期权重点抽样技术条件蒙特卡罗模拟估价的结果和运行时间

场景	步数	模拟次数	bp	期权价格	置信区间	置信度	置信区间长度	跨越障碍的次数	运行时间（秒）
1	60	10 000	0	\$2.117 7	(2.033 9, 2.201 5)	95%	0.167 6	1 472	0.618 019
			20	\$2.133 7	(2.074 0, 2.193 4)	95%	0.119 4	2 502	0.667 825
			50	\$2.134 8	(2.097 2, 2.172 5)	95%	0.075 3	4 624	0.766 783
			200	\$1.982 7	(1.829 1, 2.136 4)	95%	0.307 3	9 985	0.967 548
2	60	10 000	0	\$3.866 1	(3.851 3, 3.881 0)	95%	0.029 7	12	0.582 626
			20	\$3.865 1	(3.857 0, 3.873 3)	95%	0.016 3	43	0.571 458
			50	\$3.863 4	(3.859 6, 3.867 1)	95%	0.007 5	225	0.577 160
			200	\$3.863 7	(3.862 9, 3.864 5)	95%	0.001 6	8 469	0.901 121

使用者提供一个百分比 bp，修改的期望值是 $(1-bp)(r-0.5\times sigma^2)dt$，参数 b 是正确期望值的百分比。我们可能使用 $bp > 1$ 来降低漂移率。

例 8.14 表明，在场景 2 下，重点抽样技术大大增加了跨越障碍的次数，当 bp 取 200 时，跨越障碍的次数大约占了总数的 85%。但在场景 1 下，当 bp 取 200 时，虽然跨越障碍

的次数接近于总数,期权价格和置信区间却不理想。可见,重点抽样技术的作用取决于参数的大小。

2. 亚式期权估价

这里我们考虑算术平均价格亚式看涨期权。该期权的支付是:

$$\max\left\{\sum_{i=1}^{N} S(t_i)/N - K, 0\right\}$$

这里,期权的到期日是 T,$\delta t = T/N$,$t_i = i\delta t$(调整顺序)。直接应用蒙特卡罗模拟,简单地产生资产价格路径,然后估计期望支付的贴现值。

对直接应用蒙特卡罗模拟的一个改进是使用控制变量法。我们取如下资产价格的和:

$$Y = \sum_{i=0}^{N} S(t_i)$$

这是一个适当的控制变量,因为它与期权的支付相关。在风险中性概率下,它的期望值是:

$$E[Y] = E\left[\sum_{i=0}^{N} S(t_i)\right] = E\left[\sum_{i=0}^{N} S(i\delta t)\right]$$
$$= \sum_{i=0}^{N} S(0) e^{ir\delta t} = S(0) \sum_{i=0}^{N} [e^{r\delta t}]^i = S(0)(1 - e^{r(N+1)\delta t})/(1 - e^{r\delta t})$$

例 8.15 (算术平均价格亚式看涨期权)各参数见表 8.12,蒙特卡罗模拟估价的结果和运行时间见表 8.13,使用控制变量蒙特卡罗模拟估价的结果和运行时间见表 8.14。蒙特卡罗模拟估价算术平均价格亚式期权的程序是 aapapricemc.m,使用控制变量蒙特卡罗模拟估价算术平均价格亚式期权的程序是 aapapricemccv.m。

表 8.12 算术平均价格亚式看涨期权各参数

场 景	初始价格	执行价格	无风险利率	期 限	波动率
1	$50	$50	10%p.a.	五个月	40%p.a.
2	$50	$50	10%p.a.	五个月	20%p.a.

表 8.13 算术平均价格亚式看涨期权蒙特卡罗模拟估价的结果和运行时间

场景	步数	模拟次数	期权价格	置信区间	置信度	置信区间长度	运行时间(秒)
1	5	50 000	$3.961 8	(3.910 0, 4.013 6)	95%	0.103 6	0.256 487
2	5	50 000	$2.340 8	(2.314 5, 2.367 1)	95%	0.052 6	0.256 014

表 8.14 算术平均价格亚式看涨期权使用控制变量蒙特卡罗模拟估价的结果和运行时间

场景	步数	确定协方差模拟次数	确定期权价格模拟次数	期权价格	置信区间	置信度	置信区间长度	运行时间(秒)
1	5	5 000	45 000	$3.961 0	(3.938 4, 3.983 7)	95%	0.045 2	0.256 859
2	5	5 000	45 000	$2.340 4	(2.329 3, 2.351 4)	95%	0.022 1	0.259 963

例 8.15 表明，无论是在场景 1 下还是在场景 2 下，使用控制变量都减少了方差。

我们可以改进估计的另外一个工具是使用低分辨率序列。这里，我们使用 Halton 序列。对不依赖路径的期权，我们只需要两个 Halton 序列，对它们应用 Box-Muller 变换。对离散抽样的亚式期权，我们需要用更多的序列。在抽样资产价格计算算术平均价格的每个时间点，我们都需要两个序列。下面是一个计算的例子：

例 8.16 （亚式看涨期权（续例 8.13））各参数见表 8.12，使用 Halton 序列估价的结果和运行时间见表 8.15。使用 Halton 序列估价算术平均价格亚式期权的相关程序是 getprimes.m（产生素数）、gethalton.m（产生 Halton 序列）、pricepathshalton.m（使用 Halton 序列模拟价格路径）和 aapapricehalton.m（使用 Halton 序列估价算术平均价格亚式期权）。

从结果可以看出，增加模拟次数，未必一定提高精度。

表 8.15　算术平均价格亚式看涨期权使用 Halton 序列估价的结果和运行时间

场景	步数	模拟次数	期权价格	运行时间（秒）
1	5	1 000	$4.028 9	0.174 042
		2 000	$3.997 9	0.326 744
		3 000	$3.961 9	0.457 256
		10 000	$3.944 1	1.499 454
		30 000	$3.974 2	4.510 648
2	5	1 000	$2.369 2	0.172 463
		2 000	$2.353 5	0.325 638
		3 000	$2.338 0	0.458 106
		10 000	$2.329 5	1.514 510
		30 000	$2.345 5	4.537 785

本章小结

蒙特卡罗模拟常常用于下面三个问题：估计一个随机变量的期望、场景模拟分析和估计概率分布，特别是概率尾部分布。我们首先介绍了蒙特卡罗技术，给出模拟随机变量（伪随机数）的方法、重复次数的选择、方差减少技术。其次介绍了准蒙特卡罗模拟技术。然后，介绍了应用这些技术模拟资产价格过程的方法。在此基础上，我们给出了估价欧式期权和奇异期权等衍生证券的方法，最后比较了蒙特卡罗方法与 Black-Scholes 方法估价衍生证券的异同。

问题与习题

1. 试阐述蒙特卡罗模拟方法估价衍生证券的基本思想。
2. 计算机产生的随机数是真正的随机数吗？为什么？
3. 逆转换方法和接受—拒绝方法适用于哪些情况？如果某分布函数非常复杂，不能使用这两种方法产生随机数，你能否想出其他方法？（提示：试错法）
4. 对偶变量技术适用于哪些情况？
5. 根据方差分解公式，可以衍生出哪两种减少方差的技术？它们有何不同？
6. 准蒙特卡罗模拟也可以减少方差，它与方差减少技术有何不同？
7. 如果股价服从几何布朗运动，其漂移率和标准差对股价行为有何影响？
8. 对偶变量技术可与控制变量技术结合使用，试编写相关程序，并把该程序的结果与例8.6和例8.8的结果进行比较。
9. 结合例8.12，分析重点抽样技术的作用。试编写重点抽样技术条件蒙特卡罗模拟估价其他障碍期权的程序。
10. 为什么估价亚式期权时不能使用对偶变量技术？试编写使用Halton序列估价算术平均敲定价格亚式期权的程序。

第九章

偏微分方程与有限差分方法

第一节 偏微分方程引言和分类

一 偏微分方差

根据我们在第五章的讨论,衍生证券的理论价格满足偏微分方程(PDE)

$$\frac{\partial f}{\partial t} + \frac{1}{2}\sigma^2 S^2 \frac{\partial^2 f}{\partial S^2} + rS\frac{\partial f}{\partial S} - rf = 0 \tag{9.1}$$

这里,r 是无风险利率,σ 是资产价格的波动率。偏微分方程不同的边界条件,对应着不同的期权类型。

为了对偏微分方程(PDE)进行分类,我们暂时忽略参数和变量的经济含义,简单地分析其数学含义。Black-Scholes 方程是如下广义形式的特例:

$$a(x,y)\frac{\partial^2 \phi}{\partial x^2} + b(x,y)\frac{\partial^2 \phi}{\partial x \partial y} + c(x,y)\frac{\partial^2 \phi}{\partial y^2} + d(x,y)\frac{\partial \phi}{\partial x} + e(x,y)\frac{\partial \phi}{\partial y} + f(x,y)\phi + g(x,y) = 0 \tag{9.2}$$

二 偏微分方程类型

式(9.2)是一个线性二阶方程。根据 $b^2 - 4ac$ 符号的不同,我们将线性二阶方程划分为:

$$b^2 - 4ac > 0, \text{双曲性方程} \tag{9.3}$$

$$b^2 - 4ac = 0, \text{抛物性方程} \tag{9.4}$$

$$b^2 - 4ac < 0, \text{椭圆性方程} \tag{9.5}$$

显然,Black-Scholes 方程是二阶线性抛物型方程。

对需要研究的偏微分方程,我们要求它具有如下性质:

(1) 方程存在解;
(2) 方程的解是唯一的;
(3) 方程的解有较好的性质(如问题中数据小的扰动导致结果也是小的扰动,即稳定性)。

偏微分方程可以应用有限差分方法近似计算方程的解。将偏微分方程中的所有偏导数用函数差分近似替代,这样得到衍生证券价格的线性方程组,通过求解这个方程组,可以得到衍生证券价格的数值解。下面,我们介绍具体的算法。

第二节 有限差分方法数值解

一 差分与偏导数

在微积分的学习中,我们知道一阶导数和二阶导数可以用下面的公式近似计算:

$$f'(x) = \frac{f(x+h) - f(x)}{h} + O(h) \quad \text{(向前近似)} \tag{9.6}$$

$$f'(x) = \frac{f(x) - f(x-h)}{h} + O(h) \quad \text{(向后近似)} \tag{9.7}$$

$$f'(x) = \frac{f(x+h) - f(x-h)}{2h} + O(h^2) \quad \text{(对称近似)} \tag{9.8}$$

$$f''(x) = \frac{f(x+h) - 2f(x) + f(x-h)}{h^2} + O(h^2) \tag{9.9}$$

一阶导数的对称近似误差的近似阶数比向前近似和向后近似的高。但是,这并不意味着导数的向前近似和向后近似将被遗弃。根据边界条件类型的不同,在有些数值算法中,向前近似和向后近似反而比较好。

应用近似算法到 $\varphi(x, y)$ 的偏微分方程中,需要将 (x, y) 平面设定形式为 $(i\delta x, j\delta y)$ 的离散网格,这里 δx 和 δy 是离散步长,我们寻找这些点上 $\varphi(x, y)$ 的值。习惯上,使用记号

$$\phi_{i,j} = \phi(i\delta x, j\delta y)$$

根据方程的类型和导数近似选择的不同,我们得到不同的代数方程,并用得到的代数方程来计算偏微分方程的数值解。表示边界条件有时是一个的困难问题。如果方程定义在矩形区域,则容易选择网格,并且边界点在网格上。其他情况下,需要使用近似表示边界条件的方法。

二 不宜采用有限差分方法的例子

考虑一阶线性方程

$$\frac{\partial \phi}{\partial t} + c \frac{\partial \phi}{\partial x} = 0 \tag{9.10}$$

这里,$\phi(x, t)$,$c > 0$,初始条件为 $\phi(x, 0) = f(x)$,$\forall x$。容易证明 $\phi(x, t) = f(x - ct)$。温度由边界向内部传播可以用式(9.10)描述。

下面我们用基于向前近似方法的有限差分方法计算这个偏微分方程数值解。

$$\frac{\phi(x, t+\delta t) - \phi(x, t)}{\delta t} + c \frac{\phi(x+\delta x, t) - \phi(x, t)}{\delta x} + O(\delta t) + O(\delta x) = 0$$

忽略截断误差,使用网格记号 $x = i\delta x$ 和 $t = j\delta t$,得到

$$\frac{\phi_{i,j+1} - \phi_{i,j}}{\delta t} + c \frac{\phi_{i+1,j} - \phi_{i,j}}{\delta x} = 0 \tag{9.11}$$

初始条件是:

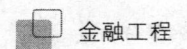

$$\phi_{i0} = f(i\delta x) = f_i, \quad \forall i \tag{9.12}$$

经过计算,可以得到:

$$\phi_{i,j+1} = \left(1 + \frac{c}{\rho}\right)\phi_{i,j} - \frac{c}{\rho}\phi_{i+1,j} \tag{9.13}$$

其中,$\rho = \dfrac{\delta x}{\delta t}$。

不幸的是,这种算法得到的数值解并不总能收敛到该方程的解。看下面的例子:

例 9.1 对一阶线性方程(9.10),假设

$$f(x) = \begin{cases} 0 & x < -1 \\ x+1 & -1 \leqslant x \leqslant 0 \\ x & x > 0 \end{cases}$$

由初始条件式(9.12)得 $\phi_{i0} = f(i\delta x) = 1, \forall i \geqslant 0$。

对 $j = 1$,由式(9.13)可得

$$\phi_{i,1} = \left(1 + \frac{c}{\rho}\right)\phi_{i,0} - \frac{c}{\rho}\phi_{i+1,0}, \quad \forall i \geqslant 0$$

对任意时间$(j = 2, 3, \cdots)$,容易证明,对任意小的离散步长,有 $\phi_{i,j} = 1, i, j \geqslant 0$。显然,这个结论是不正确的。说明有限差分方法得到的结果可能并不令人满意。

三 有限差分方法的不稳定性

式(9.11)有限差分方法出现问题的原因是采用向前近似方法,没有反映物理过程的特点,即温度由边界向内部传播的事实。直觉告诉我们,可以采用向后差分方法克服这个问题。这样可以得到方程

$$\frac{\phi_{i,j+1} - \phi_{i,j}}{\delta t} + c\frac{\phi_{i,j} - \phi_{i-1,j}}{\delta x} = 0$$

求解 $\phi_{i,j+1}$,我们得到如下关系:

$$\phi_{i,j+1} = \left(1 - \frac{c}{\rho}\right)\phi_{i,j} + \frac{c}{\rho}\phi_{i-1,j}$$

当 $c\delta t \leqslant \delta x$(即 $c/\rho \leqslant 1$)时,数值解是稳定的;否则,初始值被放大,随着 j 的增加,数值趋于无穷。

第三节 显性和隐性有限差分方法

一 用显性有限差分方法求解

考虑如下方程:

$$\frac{\partial \phi}{\partial t} = \frac{\partial^2 \phi}{\partial x^2} \tag{9.14}$$

并假设 $x \in (0, 1)$ 和 $t \in (0, \infty)$；在实际应用中，$t \in (0, T)$。我们对 $t = 0$ 有初始值，在 $x = 0$ 和 $x = 1$ 有边界条件。我们关于 x 离散化的步长是 δx，则 $N\delta x = 1$；关于 y 离散化的步长是 δy，则 $N\delta y = T$。这样，得到的网格节点有 $(N+1) \times (M+1)$。

用显性有限差分方法求解偏微分方程，即用式(9.6)代替方程中关于时间的一阶导数，用式(9.9)代替方程中关于"状态"的二阶导数。用显性有限差分方法求解偏微分方程(9.14)，得到：

$$\frac{\phi_{i, j+1} - \phi_{i, j}}{\delta t} = \frac{\phi_{i+1, j} - 2\phi_{i, j} + \phi_{i-1, j}}{(\delta x)^2} \tag{9.15}$$

求解这个方程，得到

$$\phi_{i, j+1} = \rho \phi_{i-1, j} + (1 - 2\rho)\phi_{i, j} + \rho \phi_{i+1, j} \tag{9.16}$$

其中，$\rho = \delta t / (\delta x)^2$。

从初始点出发，可以得到未知的值 $\phi_{i, j}$。这种方法以明确的方式表示未知值 $\phi_{i, j}$，故称为显性方法。

为了使计算方法得到稳定的数值解，必须满足稳定性条件 $\rho < 1$，这就必须使 δt 很小，也就是要求网格很小，这样导致太多的计算工作。一种可以替代的方法是使用隐性方法。

二 用隐性有限差分方法求解

用隐性有限差分方法求解偏微分方程，即用式(9.7)代替方程中关于时间的一阶导数，用式(9.9)代替方程中关于"状态"的二阶导数。用隐性有限差分方法求解偏微分方程(9.14)，得到：

$$\frac{\phi_{i, j} - \phi_{i, j-1}}{\delta t} = \frac{\phi_{i+1, j} - 2\phi_{i, j} + \phi_{i-1, j}}{(\delta x)^2} \tag{9.17}$$

求解这个方程，得到

$$-\rho \phi_{i-1, j} + (1 + 2\rho)\phi_{i, j} - \rho \phi_{i+1, j} = \phi_{i, j-1}, \rho = \delta t / (\delta x)^2 \tag{9.18}$$

现在，如果我们对时间变量用"向前"方式计算，我们得到联系三个未知值与一个已知值的方程。也就是说，未知值是隐含地给出的。因此，这种方法称为隐性方法，也称为完全隐含的方法。我们必须对每个时间层求解线性方程组。由于边界条件已知，我们有 $N-1$ 个未知变量、$N-1$ 个方程。矩阵形式为

$$B\Phi_{j+1} = \Phi_j + \rho g_j, j = 0, 1, 2, \cdots$$

这里，

$$B = \begin{bmatrix} 1+2\rho & -\rho & \cdots & 0 \\ -\rho & 1+2\rho & \cdots & 0 \\ 0 & -\rho & \ddots & \cdots \\ & & \cdots & 1+2\rho \end{bmatrix}$$

它是三对角矩阵。可以证明，隐含方法是无条件稳定的。

三、用 Crank-Nicolson 方法求解

在 Taylor 展开中,如果我们选择

$$\frac{\partial^2 \phi}{\partial x^2}(x_i, t_{j+1/2}) = \frac{1}{2}\left[\frac{\partial^2 \phi}{\partial x^2}(x_i, t_{j+1}) + \frac{\partial^2 \phi}{\partial x^2}(x_i, t_j)\right] + O(\delta x^2) \tag{9.19}$$

和

$$\frac{\partial \phi}{\partial x}(x_i, t_{j+1/2}) = \frac{\phi(x_i, t_{j+1}) - \phi(x_i, t_j)}{\delta t} + O(\delta t^2) \tag{9.20}$$

应用这两个近似以及其他近似值,我们可以得到 Crank-Nicolson 方法

$$-\rho\phi_{i-1,j+1} + 2(1+\rho)\phi_{i,j+1} - \rho\phi_{i+1,j-1} = \rho\phi_{i-1,j} + 2(1-\rho)\phi_{i,j} + \rho\phi_{i+1,j}$$

这种方法的基本特征是误差均为 $O(\delta t^2)$ 和 $O(\delta x^2)$。这意味着,为了使数值解具有满意的精度,我们需要较少的计算工作。

我们可以在更一般的框架下分析 Crank-Nicolson 方法,认为在有限差分方法中用了两种导数的凸组合:

$$\frac{\phi_{i,j+1} - \phi_{i,j}}{\delta t} = \frac{1}{(\delta x)^2}\left[\lambda(\phi_{i-1,j+1} - 2\phi_{i,j+1} + \phi_{i+1,j+1}) + (1-\lambda)(\phi_{i-1,j} - 2\phi_{i,j} + \phi_{i+1,j})\right]$$

其中,$0 \leqslant \lambda \leqslant 1$。选择 $\lambda = 0$,我们得到显性方法;选择 $\lambda = 1$,我们得到隐性方法;选择 $\lambda = 1/2$,我们得到 Crank-Nicolson 方法。

注意,Crank-Nicolson 方法也是无条件稳定的。

四、收敛性、一致性和稳定性

在有限差分方法中,我们隐含假设当离散步长趋于零时,截断误差也趋于零,有限差分方程的解收敛到偏微分方程的解。然而,我们也给出了反例,这个假设可能并不成立,当离散步长趋于零时,有限差分方程的解并不一定收敛到 PDE 的解。所以,在讨论偏微分方程的有限差分的算法时,我们要注意区分算法收敛性、稳定性和一致性的不同。

严格地分析收敛性、稳定性和一致性问题超出我们讨论的范围,我们仅给出简单的说明。

假设 $\phi_{i,j}$ 是有限差分解,$\phi(x, t)$ 是 PDE 的正确解,当离散步长趋于零时,截断误差也趋于零,则该方法是**一致**的。**稳定性**问题主要考虑数值解与精确解的差是否保持有界。对固定的离散步长 δx 和 δt,当 $j \to \infty$ 时,$|\phi_{ij} - \phi(i\delta x, j\delta t)|$ 有界,则称该方法是稳定的。**收敛性**是指,如果对固定的值 j,当 $\delta x, \delta t \to 0$ 时,$|\phi_{ij} - \phi(i\delta x, j\delta t)|$ 趋于零。

为了保证数值解收敛到精确解,一致性条件是不够的。然而,对许多问题,如果一种数值方法是一致的,那么,该方法具有稳定性的充分必要条件是其具有收敛性。

第四节 有限差分方法估价欧式期权

一、偏微分方程离散化

衍生证券价格 $f(t, S)$ 满足偏微分方程(Black-Scholes 方程)

$$\frac{\partial f}{\partial t} + rS\frac{\partial f}{\partial S} + \frac{1}{2}\sigma^2 S^2 \frac{\partial^2 f}{\partial S^2} = rf \tag{9.21}$$

则方程的边界条件刻画了期权类型。

我们首先描述基于有限差分的期权定价数值方法。首先划分关于时间和资产价格的离散网格节点。记 T 是期权到期日，S_{max} 是在标的资产的价格 $S(t)$ 在期权期限内无法达到的上界。股票价格理论上没有上界，但是，为了计算的目的，标的资产价格的定义域应该有限。这里，S_{max} 起 ∞ 的作用。(t, S) 网格节点是

$$t = 0, \delta t, 2\delta t, \cdots, N\delta t = T$$
$$S = 0, \delta S, 2\delta S, \cdots, M\delta S = S_{max}$$

我们记 $f_{i,j} = f(i\delta t, j\delta S)$ 为期权在节点 (i, j) 的值。

近似计算导数的方法由式(9.6)、式(9.7)、式(9.8)和式(9.9)给出。方程离散化时，选择不同导数的离散形式，我们得到不同方法（隐性或显性等）。

式(9.21)的边界条件确定期权类型，我们必须小心的是设定边界条件。对执行价格为 K 的看涨期权，到期日的终端条件是：

$$f(T, S) = \max\{S - K, 0\}, \forall S$$

对执行价格为 X 的看跌期权，到期日的终端条件是：

$$f(T, S) = \max\{K - S, 0\}, \forall S$$

当我们考虑关于资产价格的边界条件时，问题也许比较复杂。下面考虑几个例子。

例9.2 考虑欧式看跌期权。当资产价格 $S(t)$ 很大时，期权价值很小，可以忽略不计。因此，可以认为期权是虚值，边界条件是：

$$f(t, S_{max}) = 0$$

当资产价格 $S(t) = 0$ 时，在到期日，期权的支付是 K，将它折现到时间 t，得到：

$$f(t, 0) = Ke^{-r(T-t)}$$

用网格节点的记号，我们有

$$f_{N,j} = \max[K - j\delta S, 0], j = 0, 1, \cdots, M$$
$$f_{i,0} = Ke^{-r(N-i)\delta t}, i = 0, 1, \cdots, N$$
$$f_{i,M} = 0, i = 0, 1, \cdots, N$$

例9.3 考虑欧式看涨期权。当资产价格 $S(t) = 0$ 时，期权的价值为 0，即

$$f(t, 0) = 0$$

当资产价格 $S(t)$ 很大时，可以认为期权到期时是实值期权，其支付为 $S(T) - K$。根据无套利原理，可以得到合适的边界条件：

$$f(t, S_{max}) = S_{max} - Ke^{-r(T-t)}$$

用网格节点的记号,我们有

$$f_{N,j} = \max[j\delta S - K, 0], \quad j = 0, 1, \cdots, M$$
$$f_{i,0} = 0, \quad i = 0, 1, \cdots, N$$
$$f_{i,M} = M\delta S - Ke^{-r(N-i)\delta t}, \quad i = 0, 1, \cdots, N$$

二 显性方法估价欧式期权

首先考虑欧式看跌期权。我们用对称差分近似期权价值关于资产价格的导数,用向后差分近似期权价值关于时间的导数(这不是唯一可能的选择,但任何选择必须与边界条件相对应),从而可以得到下面的差分方程:

$$\frac{f_{i,j} - f_{i-1,j}}{\delta t} + rj\delta S \frac{f_{i,j+1} - f_{i,j-1}}{2\delta S} + \frac{1}{2}\sigma^2 j^2 \delta S^2 \frac{f_{i,j+1} + f_{i,j-1} - 2f_{i,j}}{\delta S^2} = rf_{i,j} \quad (9.22)$$

由于我们有终端条件,这个方程求解必须按照时间变量由前向后倒推计算。在上式中令 $i = N$,给定终端条件,我们仅有唯一的未知数 $f_{N-1,j}$,它由三个已知的数表示。与此类似,在每个时刻,每个未知数都可由后一个时刻三个已知的数表示。重写这些方程,我们得到

$$f_{i-1,j} = a_j^* f_{i,j-1} + b_j^* f_{i,j} + c_j^* f_{i,j+1}, \quad i = 0, 1, \cdots, N-1, \; j = 1, 2, \cdots, M-1$$

其中,

$$a_j^* = \frac{1}{2}\delta t(\sigma^2 j^2 - rj), \quad b_j^* = 1 - \delta t(\sigma^2 j^2 + r), \quad c_j^* = \frac{1}{2}\delta t(\sigma^2 j^2 + rj)$$

给定 $S_{\max}$ 和离散步长,可以很容易地计算上面的数值解。如果初始资产价格不在网格节点上,需要使用线性插值或其他样条函数方法计算相应的值。

例 9.4 (欧式看跌期权)各参数及 Black-Scholes 公式的结果和运行时间(每次运行时间可能不同,下同)见表 9.1,显性有限差分法估价的结果和运行时间见表 9.2。显性有限差分法估价欧式期权的程序是 priceexpl. m。

表 9.1　　欧式看跌期权各参数及 Black-Scholes 公式的结果和运行时间

场景	初始价格	执行价格	无风险利率	期限	波动率	Black-Scholes 公式	运行时间(秒)
1	$50	$50	10%	五个月	40%p.a.	$4.0760	0.002782
2	$50	$50	10%	五个月	30%p.a.	$2.8446	0.002745

我们可以看到,数值方法得到的结果相当准确。我们还可以通过应用更小的网格来改善估计的精度。但是,如果资产价格的步长变化时,期权价格远小于零,这说明显性有限差分法的解是不稳定的。为了避免这个问题,可以使用隐性方法,也可以进行稳定性分析,导出满足稳定条件的离散步长的界限。

表 9.2　　　　　　　　　　　显性有限差分法估价的结果和运行时间

场景	最大资产价格	时间步长	资产价格步长	期权价格	运行时间（秒）
1	100	5/1 200	2	\$4.066 9	0.001 349
	100	5/1 200	1.5	\$$-1.473\ 0\times 10^{23}$	0.001 620
	100	5/1 200	1	\$$-1.629\ 1\times 10^{53}$	0.002 309
2	100	5/1 200	2	\$2.828 8	0.001 362
	100	5/1 200	1.5	\$2.859 7	0.001 649
	100	5/1 200	1	\$$-2.827\ 1\times 10^{22}$	0.002 320

下面,我们描述不稳定的金融解释,并由此导出另外一种算法。

三　不稳定的金融解释

在显性方法中,我们用 $f(t+\delta t, S+\delta S)$、$f(t+\delta t, S)$、$f(t+\delta t, S-\delta S)$ 表示 $f(t, S)$。这看上去像三叉树方法,但它是二叉树方法的推广。我们解释如下：假设在点 (i, j),关于资产价格的一阶和二阶导数与点 $(i+1, j)$ 对应的导数相等,则

$$\frac{\partial f}{\partial S} = \frac{f_{i+1, j+1} - f_{i+1, j-1}}{2\delta S}$$

$$\frac{\partial^2 f}{\partial S^2} = \frac{f_{i+1, j+1} + f_{i+1, j-1} - 2f_{i+1, j}}{\delta t}$$

也可以认为我们在差分方程(9.22)中的右边用 $f_{i-1, j}$ 代替了 $f_{i, j}$。这就引入一个有界的误差,当网格变小时,这个误差趋于零。

有限差分方程现在变为

$$\frac{f_{i+1, j} - f_{i, j}}{\delta t} + rj\delta S \frac{f_{i+1, j+1} - f_{i+1, j-1}}{2\delta S} + \frac{1}{2}\sigma^2 j^2 \delta S^2 \frac{f_{i+1, j+1} + f_{i+1, j-1} - 2f_{i+1, j}}{\delta S^2} = rf_{i, j}$$

即

$$f_{i, j} = a_j^* f_{i+1, j-1} + \hat{b}_{j+1}^* f_{i, j} + \hat{c}_j^* f_{i+1, j+1}, \quad i = 0, 1, \cdots, N-1, \ j = 1, 2, \cdots, M-1$$

其中,

$$a_j^* = \frac{1}{1+r\delta t}\left(-\frac{1}{2}rj\delta t + \frac{1}{2}\sigma^2 j^2 \delta t\right) = \frac{1}{1+r\delta t}\pi_d$$

$$\hat{b}_j^* = \frac{1}{1+r\delta t}(1-\sigma^2 j^2 \delta t) = \frac{1}{1+r\delta t}\pi_0$$

$$\hat{c}_j^* = \frac{1}{1+r\delta t}\left(\frac{1}{2}rj\delta t + \frac{1}{2}\sigma^2 j^2 \delta t\right) = \frac{1}{1+r\delta t}\pi_u$$

这仍然是显性方法,有数值不稳定的问题。但是,系数 a_j^*、$\hat{b}_j^*$、$\hat{c}_j^*$ 有很好的解释。系数中的 $1/(1+r\delta t)$ 项,可以认为是时间间隔 δt 的折现因子。而且 $\pi_d + \pi_0 + \pi_u = 1$,所以可把系数 a_j^*、$\hat{b}_j^*$、$\hat{c}_j^*$ 解释为概率。下面我们验证 a_j^*、$\hat{b}_j^*$、$\hat{c}_j^*$ 是风险中性概率。我们首先检查在时间间隔 δt 内资产价格增量的期望：

$$E[\Delta] = -\delta S\pi_d + 0\pi_0 + \delta S\pi_u = rj\delta S\delta t = rS\delta t$$

这正是风险中性世界中的期望。对增量的方差,我们有

$$E[\Delta^2] = (-\delta S)^2\pi_d + 0\pi_0 + (\delta S)^2\pi_u = \sigma^2 j^2 (\delta S)^2 \delta t$$

因此,对小的 δt,

$$Var[\Delta] = E[\Delta^2] - E^2[\Delta] = \sigma^2 S^2 \delta t - r^2 S^2 (\delta t)^2 \approx \sigma^2 S^2 \delta t$$

它与风险中性世界中的几何布朗运动相同。因此,事实上显性方法可以看作三叉树方法。但是,可能出现的一个小问题是 π_d 和 π_0 小于零。

避免这个问题的一种方法是改变变量。用 $Z = \ln S$ 重写 Black-Scholes 方程,就可以导出稳定性的简单条件。然而,改变变量并不适用于某些奇异期权。我们可以应用隐性方法避免不稳定性的问题。

四 用完全隐含方法估价欧式期权

为了克服显性方法的不稳定性问题,我们采用隐性方法。这种方法用向前差分近似代替期权关于时间的偏导数。网格差分方程是

$$\frac{f_{i+1,j} - f_{i,j}}{\delta t} + rj\delta S \frac{f_{i,j+1} - f_{i,j-1}}{2\delta S} + \frac{1}{2}\sigma^2 j^2 \delta S^2 \frac{f_{i,j+1} + f_{i,j-1} - 2f_{i,j}}{\delta S^2} = rf_{i,j}$$

可以写成:

$$a_j f_{i,j-1} + b_j f_{i,j} + c_j f_{i,j+1} = f_{i+1,j}$$

其中,

$$a_j = \frac{1}{2}rj\delta t - \frac{1}{2}\sigma^2 j^2 \delta t$$

$$b_j = 1 + \sigma^2 j^2 \delta t + r\delta t$$

$$c_j = -\frac{1}{2}rj\delta t - \frac{1}{2}\sigma^2 j^2 \delta t$$

这里,一个已知数与三个未知数联系在一起。对每个时间层我们有 $M-1$ 个方程和 $M-1$ 个未知数;对每个时间层,边界条件缺失两个数,在最后的时间层终端条件给出这些值。与显性方法相似,我们需要采用倒推的方法,分别对 $i = N-1, \cdots, 0$ 求解线性方程组。在时间层 i,方程组是

$$\begin{bmatrix} b_1 & c_1 & & & & \\ a_2 & b_2 & c_2 & & & \\ & a_3 & b_3 & c_3 & & \\ & & \ddots & \ddots & \ddots & \\ & & & a_{M-2} & b_{M-2} & c_{M-2} \\ & & & & a_{M-1} & b_{M-1} \end{bmatrix} \begin{bmatrix} f_{i1} \\ f_{i2} \\ f_{i3} \\ \vdots \\ f_{i,M-2} \\ f_{i,M-1} \end{bmatrix} = \begin{bmatrix} f_{i+1,1} \\ f_{i+1,2} \\ f_{i+1,3} \\ \vdots \\ f_{i+1,M-2} \\ f_{i+1,M-1} \end{bmatrix} - \begin{bmatrix} a_1 f_{i,0} \\ 0 \\ 0 \\ \vdots \\ 0 \\ c_{M-1} f_{i,M} \end{bmatrix}$$

例 9.5 (欧式看跌期权)各参数及 Black-Scholes 公式的结果和运行时间见表 9.1,隐性有限差分法估价的结果和运行时间见表 9.3。隐性有限差分法估价欧式期权的程序是 priceimpl.m。

表 9.3　　　　　　　　　　隐性有限差分法估价的结果和运行时间

场景	最大资产价格	时间步长	资产价格步长	期权价格	运行时间(秒)
1	100	5/1 200	2	\$4.054 5	0.008 047
	100	5/1 200	1	\$4.065 8	0.015 101
	100	5/2 400	0.5	\$4.071 8	0.083 834
2	100	5/1 200	2	\$2.819 4	0.007 887
	100	5/1 200	1	\$2.834 8	0.014 930
	100	5/2 400	0.5	\$2.841 0	0.073 228

从表 9.3 可以看出,步长越小(网格越小),结果越精确。而且,没有出现显性方法中不稳定的问题。

第五节　有限差分方法估价奇异期权和美式期权

为了应用有限差分方法估价奇异期权和美式期权,需要给出边界条件。当处理障碍期权时可能相对比较容易。对于 down-and-out 看跌期权而言,股价小于障碍的各点对应的期权价值均为 0。所以,我们只需考虑股价大于障碍时的情况。对于 down-and-out 看涨期权而言,标的资产价格的定义域是有界的。美式期权比较难以处理,因为美式期权可能提前执行,我们需要决定执行期权的最优时间和资产价格。因此,我们必须在求解的过程中找出自由边界。对奇异期权,边界条件的种类非常多,我们要根据期权的类型找出适当的边界条件并在数值计算的过程中近似表示出这些条件。

一　用 Crank-Nicolson 方法估价障碍期权

Crank-Nicolson 方法把隐性方法和显性方法结合起来,提高了数值计算的精度。把这种方法应用到 Black-Scholes 方程中,得到:

$$\frac{f_{i,j} - f_{i-1,j}}{\delta t} + \frac{rj\delta S}{2}\left(\frac{f_{i-1,j+1} - f_{i-1,j-1}}{2\delta S}\right) + \frac{rj\delta S}{2}\left(\frac{f_{i,j+1} - f_{i,j-1}}{2\delta S}\right)$$
$$+ \frac{\sigma^2 j^2 (\delta S)^2}{4}\left(\frac{f_{i-1,j+1} - 2f_{i-1,j} + f_{i-1,j-1}}{\delta S^2}\right) + \frac{\sigma^2 j^2 (\delta S)^2}{4}\left(\frac{f_{i,j+1} - 2f_{i,j} + f_{i,j-1}}{\delta S^2}\right)$$
$$= \frac{r}{2}f_{i-1,j} + \frac{r}{2}f_{i,j}$$

这个方程可以改写为

$$-\alpha_j f_{i-1,j-1} + (1 - \beta_j)f_{i-1,j} - \gamma_j f_{i-1,j+1} = \alpha_j f_{i,j-1} + (1 + \beta_j)f_{i,j} + \gamma_j f_{i,j+1}$$

其中,

$$\alpha_j = \frac{\delta t}{4}(\sigma^2 j^2 - rj),\ \beta_j = -\frac{\delta t}{2}(\sigma^2 j^2 + r),\ \gamma_j = \frac{\delta t}{4}(\sigma^2 j^2 + rj)$$

这里我们考虑 down-and-out 看跌期权，假设标的资产的价格是连续观测的。在这种情况下，我们仅考虑 $S \geqslant S_b$，边界条件是

$$f(t, S_{\max}) = 0, \quad f(t, S_b) = 0$$

结合边界条件，差分方程可以写成

$$M_1 f_{i-1} = M_2 f_i$$

这里，

$$M_1 = \begin{bmatrix} 1-\beta_1 & -\gamma_1 & & & & \\ -\alpha_2 & 1-\beta_2 & -\gamma_2 & & & \\ & -\alpha_3 & 1-\beta_3 & -\gamma_3 & & \\ & & \ddots & \ddots & \ddots & \\ & & & -\alpha_{M-2} & 1-\beta_{M-2} & -\gamma_{M-2} \\ & & & & -\alpha_{M-1} & 1-\beta_{M-1} \end{bmatrix}$$

$$M_2 = \begin{bmatrix} 1+\beta_1 & \gamma_1 & & & & \\ \alpha_2 & 1+\beta_2 & \gamma_2 & & & \\ & \alpha_3 & 1+\beta_3 & \gamma_3 & & \\ & & \ddots & \ddots & \ddots & \\ & & & \alpha_{M-2} & 1+\beta_{M-2} & \gamma_{M-2} \\ & & & & \alpha_{M-1} & 1+\beta_{M-1} \end{bmatrix}$$

$$f_i = [f_{i1}, f_{i2}, \cdots, f_{i,M-1}]^T$$

例 9.6 （down-and-out 看跌期权）各参数及解析公式（假设每次观测股价的时间间隔为 1/360 年）结果和运行时间见表 9.4，Crank-Nicolson 方法的结果和运行时间见表 9.5。使用 Crank-Nicolson 方法估价 down-and-out 看跌期权的程序是 dppricecn.m。

表 9.4　　　　down-and-out 看跌期权各参数及解析公式的结果和运行时间

场景	初始价格	执行价格	无风险利率	期限	波动率	障碍水平	解析公式结果	运行时间（秒）
1	$50	$52	10%p.a.	两个月	40%p.a.	$40	$2.142 3	0.003 695
2	$50	$52	10%p.a.	两个月	40%p.a.	$30	$3.864 5	0.003 884

表 9.5　　　　**Crank-Nicolson 方法的结果和运行时间**

场景	最大股价	时间步长	股价步长	期权价格	运行时间（秒）
1	$100	2/1 200	0.5	$1.955 3	0.024 672
	$100	1/2 400	0.1	$1.958 1	2.589 421
2	$100	2/1 200	0.5	$3.854 3	0.029 681
	$100	1/2 400	0.1	$3.856 7	3.521 573

从上述结果可以看出，随着步长的缩短，Crank-Nicolson 方法的结果逐渐精确，但收敛速度依赖于期权各参数。在该例中，场景 2 的期权的收敛速度明显大于场景 1 的期权的收敛速度。

三 估价美式期权

用有限差分方法估价欧式期权虽然很有启发性,但并不是很实用,因为我们有期权的精确定价公式。由于美式期权没有精确的定价公式,如果可以用这种思想给美式期权估价,就具有重大意义。

给美式期权估价的主要困难是边界具有不确定性,因为美式期权可能提前执行,我们不能事先确定它的边界,因此,方程求解就很困难,用蒙特卡罗模拟也很困难。为了避免出现套利机会,在 (t, S) 网格中的每一节点,期权价值不能小于其内在价值(期权执行后立即可以得到的支付)。所以,对美式期权,这意味着

$$f(t, S) \geqslant \max\{K - S(t), 0\}$$

从应用的角度,考虑这个条件并不困难。在应用显性方法时,我们将该方法略微改变:应用显性方法得到 $f_{i,j}$ 后,检查是否会提前执行期权,设定

$$f_{i,j} = \max[f_{i,j}, K - j\delta S]$$

由于存在不稳定问题,我们可能更倾向选择隐性方法。在这种情况下,计算有些复杂,因为上述关系要求事先知道 $f_{i,j}$。而在隐性方法计算时,我们不能事先知道 $f_{i,j}$。为了克服这个困难,我们需要使用迭代算法求解线性方程组。我们使用过度松弛的 Gauss-Seidel 方法,即考虑如下线性方程组系统

$$Ax = b$$

我们使用如下迭代步骤,初始点是 $x^{(0)}$:

$$x_i^{(k+1)} = x_i^{(k)} + \frac{\omega}{a_{ii}}\left(b_i - \sum_{j=1}^{i-1} a_{ij} x_j^{(k+1)} - \sum_{j=i}^{N} a_{ij} x_j^{(k)}\right), i = 1, \cdots, N$$

这里,k 是迭代计数器,ω 是过度松弛参数。迭代计算直到收敛条件满足,即

$$\| x^{(k+1)} - x^{(k)} \| < \varepsilon$$

其中,ε 是容忍参数。

假设我们用 Grank-Nicolson 方法估价美式看跌期权,需要计算如下线性方程组

$$M_1 f_{i-1} = r_i$$

其中,

$$r_i = M_2 f_i + \alpha_1 \begin{bmatrix} f_{i-1,0} + f_{i,0} \\ 0 \\ \vdots \\ 0 \end{bmatrix}$$

附加项考虑了标准看跌期权的边界条件,松弛步骤应该考虑矩阵 M_1 的对角性质,同时根据提前执行期权进行调整。记 g_j, $j = 1, \cdots, M-1$ 是当 $S = j\delta S$ 时期权的内在价值,对每个时间层 i,

$$f_{i1}^{(k+1)} = \max\left\{g_1, f_{i1}^{(k)} + \frac{\omega}{1-\beta_1}[r_1 - (1-\beta_1)f_{i1}^{(k)} + \gamma_1 f_{i2}^{(k)}]\right\}$$

$$f_{i2}^{(k+1)} = \max\left\{g_2, f_{i2}^{(k)} + \frac{\omega}{1-\beta_2}[r_2 + \alpha_2 f_{i1}^{(k+1)} - (1-\beta_2)f_{i2}^{(k)} + \gamma_2 f_{i3}^{(k)}]\right\}$$

$$\vdots$$

$$f_{iM-1}^{(k+1)} = \max\left\{g_{M-1}, f_{i,M-1}^{(k)} + \frac{\omega}{1-\beta_{M-1}}[r_{M-1} + \alpha_{M-1}f_{i,M-2}^{(k+1)} - (1-\beta_{M-1})f_{i,M-1}^{(k)}]\right\}$$

当从一个时间层转到下一个时间层计算时,一种合理的做法是将前面时间层的值作为迭代过程初始值。

例 9.7 (美式看跌期权)各参数及二叉树方法的结果和运行时间见表 9.6,Crank-Nicolson 方法的结果和运行时间见表 9.7。使用 Crank-Nicolson 方法估价美式看跌期权的程序是 appricecn.m,CRR 二叉树估价期权的程序是 crrtreeprice.m(用该程序估价美式期权时,第八个参数取为 0)。

表 9.6　　美式看跌期权各参数及二叉树方法的结果和运行时间

初始价格	执行价格	无风险利率	期限	波动率	二叉树方法的步数	二叉树方法的结果	二叉树方法的运行时间(秒)
$50	$50	10%p.a.	五个月	40%p.a.	500	$4.283 0	0.258 448

表 9.7　　Crank-Nicolson 方法的结果和运行时间

场景	最大资产价格	时间步长	资产价格的步长	松弛参数	容忍参数	期权价格	计算时间(秒)
1	100	1/600	1	1.5	0.001	$4.281 5	59.480 0
2	100	1/600	1	1.8	0.001	$4.279 4	136.330 0
3	100	1/600	1	1.2	0.001	$4.280 0	26.810 0
4	100	1/1 200	1	1.2	0.001	$4.282 8	55.090 0
5	100	1/100	1	1.2	0.001	$4.277 8	10.330 0

从这些例子可以看出,松弛参数 ω 对迭代算法的收敛速度有显著影响。如果仅比较计算速度,有限差分方法不如二叉树方法。如果还需计算 Black-Scholes 方程中的各种敏感性参数(希腊字母),有限差分方法可以得到比二叉树方法更好的结果,因为有限差分方法能得到网格节点上所有的期权值。而且,有限差分方法在估价复杂的奇异期权时更有效。

本章小结

衍生证券的理论价格满足偏微分方程。偏微分方程不同的边界条件,对应着不同的期权类型。通过解偏微分方程，我们可以计算衍生证券的价格。由于这些方程通常没有解析解，需要用有限差分方法计算数值解。本章分别介绍了有限差分方法的不稳定性、计算偏微分方程数值解的显性和隐性有限差分方法以及 Crank-Nicolson 方法，随后讨论数值解的收敛性、一致性和稳定性。

本章的一个重要内容是应用有限差分方法估价欧式期权和奇异期权，主要包括用显性方法估价欧式期权，用完全隐含方法估价欧式期权，以及用有限差分方法估价奇异期权和美式期权，用 Crank-Nicolson 方法估价障碍期权和估价美式期权，等等。

问题与习题

1. 显性有限差分方法、隐性有限差分方法与 Crank-Nicolson 方法有何不同？它们的解是否稳定？如果不稳定，应该如何解释？

2. 试编写 Crank-Nicolson 方法估价欧式期权的程序，并将结果与显性有限差分方法、隐性有限差分方法的结果进行比较。

3. 试编写显性有限差分方法、隐性有限差分方法估价 down-and-out 看跌期权的程序，并将结果与 Crank-Nicolson 方法的结果进行比较。

4. 在应用显性有限差分方法、隐性有限差分方法估价美式期权时，如何考虑期权的提前执行问题？

第四编

金融工程应用

- 金融创新与金融产品设计
- 衍生产品交易分析
- 风险价值与风险管理

第十章

金融创新与金融产品设计

第一节 金融创新的需求

促使金融创新的因素有两类：第一类由反映现代公司经营环境特征的因素组成，第二类由企业内部因素构成。环境因素包括价格波动性、产品和金融市场的全球化、税收的不对称性、科技的进步、金融理论的发展、金融监管方面的变化、竞争的加剧，以及交易成本等方面的因素。环境因素可被认为是企业的外界因素，企业无法直接控制这些因素，但鉴于它们对企业经营活动的影响，企业必须对这些因素极大关注。

企业内部因素包括流动性需要、经营者与所有者对风险的厌恶程度、代理成本、投资管理需要等。

一 环境因素

环境因素是指那些公司外部的、能影响到公司经营业绩的因素，包括**价格的波动性、市场的全球化、税收的不对称性、科技的进步、金融理论的发展、金融法规和竞争、信息成本和交易成本**等。

1. 价格的波动性

20世纪70年代中期以来，通货膨胀对金融市场的破坏性影响、传统金融机构的衰落与布雷顿森林协议的崩溃、许多发展中国家的迅速工业化等，以及80年代后各国普遍放松管制，金融自由化增强，出现了利率自由化、金融市场自由化、汇率浮动化等趋势，使经济中的不确定性大大增加。远程数据处理技术的发展，使信息获取与处理、对信息的反应速度大为提高，导致市场信息能以更快的速度传播。这些经济和技术因素的结合，使商品市场和金融市场的波动性变得更大了。商品价格、利率(资金价格)、汇率(货币价格)、权益的资本化率(权益的资本化率是权益资本的供应者为向公司所提供的权益资本而期望收取的价格)等波动非常剧烈。各种价格变动的速度、变动的频率以及变动的幅度等日益增加。价格变动本身既不是好事也不是坏事，而是市场经济平稳运行必须具备的条件。市场对价格变动的反应对资源有效配置具有重要意义。

但是，价格变动使个人、厂商和政府等暴露在很大的风险之中。因为公司价格有时浮动得相当剧烈，投资者暴露在价格风险中。另外，由于新型金融产品和金融技术使程序控制交易的现货—期货套利形式成为可能，权益价格的波动性从而大大增加。因此，接受价格波动性，学习怎样管理所承受的风险非常必要。

2. 市场的全球化

全球生产和营销活动导致了跨国公司的出现。20世纪70年代欧洲美元市场的发展，出

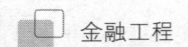

现了新型金融工具,把以前分割的世界资本市场连为一体。跨国公司总是面临相当大的汇率风险和利率风险。对于跨国公司来说,风险需要管理,汇率的波动性绝不能被忽视。

3. 税收的不对称性

税收的不对称性存在于:政府对某些行业给予特殊的税收豁免与优惠来促进其发展与成长,或者向某些特别的方向引导和调整其发展。其次,不同国家向企业施加不同的税收负担,有的国家向国内企业和在其境内经营的外国企业征收不同的税赋。一些企业过去的经营业绩留给企业相当可观的减税和冲销额度,这些额度有效地免除了企业在未来几年的纳税义务。这些可能性的存在,使适当的金融创新可以为企业带来现实的经济利益。

4. 科技的进步

科技突破的推动尤其是与计算机技术进步密切相关的远程通信技术的发展,使复杂金融交易的建模成为可能。在引入计算机和数据分析软件后,货币和利率互换的定价和交易可以迅速进行,促使货币和利率互换产品迅速地兴盛起来。1982年以后股票指数期货的发展也与计算机订单匹配的出现有关。计算机程序控制交易(期货—现货套利的交易策略),更是科技进步的直接应用。金融理论与计算机的发展,部分地推动了股票指数期货合同的发展。

程度控制交易把信息从期货市场迅速地传递到股票市场,从而增加了股票市场的短期价格波动性。其他科学技术发展也同样使价格波动性加大。例如,气象卫星使谷物价格能对任何新的发展变化迅速做出反应。这种信息流动的进步通过短期农作物价格变化速度的加大和幅度的加大明显地表现出来。

尽管从市场长期运作的角度看,加快价格出清速度从整体上对经济是有利的(因为可迅速地按最有效的用途重新配置资源),但比较大的价格波动性使商品的生产者和消费者面临较大的价格风险。这种风险的加大会轻易地把一个本来经营良好、运行正常的企业毁掉。风险管理的创新需求就产生了。

5. 金融理论的发展

金融理论研究价值和风险的问题,核心是资产估价关系。基本的关系有久期和利率免疫的方法、证券组合理论、资本资产定价理论、期权定价模型。久期和利率免疫的方法几乎被目前所有从事资产/负债管理的人普遍采用;证券组合理论扩展应用于套期保值;资本资产定价理论已成为现代证券分析的一个主要支柱;期权定价模型及其变形几乎从相关论文发表时起就被用来确定卖出和买入期权的公平价值,并应用于金融衍生产品对金融价格风险进行套期保值。

如果没有现代金融理论的发展,就没有为金融资产估价的理论,金融创新产品的估价成为一个严重的问题。可以想象,如果交易双方对资产价格很难达成共识,资产交易很难进行,就不可能出现一个活跃的市场,套利和套期保值的策略也不可能出现,为进行这些交易的产品也就失去了存在的基础。

6. 金融法规和竞争

金融管制的目标,是防止金融机构从事高风险操作,保护公共以及投资者的利益。通过规范金融机构的行为,可以保护和鼓励公平竞争。但是,金融管制客观上限制了金融机构的营利能力,有时也降低了经济运行效率。金融行业管制促使人们进行金融产品创新,以避让或绕开管制法规。

另外,经济在发展,经济环境也在变化,原有的法规逐步不适应新的情况,导致管制过度,影响了经济运行效率,降低了金融机构的市场竞争能力。于是,政府放松金融管制、鼓励企业家创新,也促成金融产品创新需求。同时,放松管制促使曾经受保护的行业增进效率,倒闭的机构将其资源转移到更有效率的机构中去。这加强了对金融产品创新的需求。

商业银行与投资银行的混业经营,使不同机构有效竞争。为了吸引客户、获得利润,商业银行和投资银行不得不把注意力转向创造和革新,设计和提供适合客户需要的独特金融工具。这样银行间便展开了一场发明新式金融产品的竞争。

有些新金融产品能以较低的成本达到原有的目的,而另一些则能实现现有产品无法达到的目的。前者使**市场更有效率**,后者使**市场更加完全**。从这个意义上讲,这些产品都能真正创造效益。

7. 信息成本和交易成本

信息成本和交易成本在证券交易活动中广泛存在,信息技术的进步为降低信息成本和交易成本提供了可能。在交易成本和信息成本比较高时不存在的套利交易,当交易成本和获取信息的成本降低时,就可能成为有利可图的机会。而多种金融工具结合的交易活动,也只有在交易成本和信息成本很低时才能进行。

交易策略的开发与降低信息成本和交易成本的创新密切相关。电子化证券交易系统使证券交易和信息发布成本大大降低。可展期票据和证券存架登记技术的发明,以及商业银行从事投资银行业务,使得证券发行的成本大幅度降低;并且,金融市场更加便捷、更加具有效率(交易成本降低)、更加完美(信息更加对称、摩擦更加小)、更加完全(产品更加丰富)。

二 企业内部因素

金融产品创新,不仅有企业外部因素的需求,也有企业内部因素的需求。企业内部因素主要有流动性需要、经营者与所有者对风险的厌恶程度、资产管理等。

1. 流动性需要

流动性是指将一项资产在价格变动不大的前提下转变成现金的难易程度,或在不增加交易成本的条件下,市场对某种证券的购买和销售所能吸收的程度。流动性常用来说明使现金发挥作用的能力或者在紧急情况下筹措现金的能力,有时也指经济条件(特别是利率)发生变动的时候,证券价值偏离其面值的程度。

公司和个人都有流动性方面的需要,金融产品创新可以从两个方面满足这种需要:创造新的产品,或者增加已有金融产品的流动性。例如,货币市场基金、货币市场账户、流动账户、电子资金和电子支付系统、商业票据和大面额存款单市场的开发以及回购协议市场的发展等,都提供了不同流动性的金融产品。

增进流动性的金融产品创新有:把一种以前非标准的金融工具标准化,提高交易效率。例如,将远期合约标准化,成为期货合约,增加了合约的流动性。还可以对金融产品结构进行调整,使它能在规范的二级市场中交易。当进行这种创新时,有时需要加强资产信用保证,使某些高风险的金融工具对低风险偏好的投资者也有吸引力。典型的例子有住房抵押贷款支持的证券化产品和资产支持的证券化产品。

2. 对风险的厌恶程度

理性人厌恶金融风险,只有当个人得到充分的风险补偿时,他才愿意承担风险。金融产品创新,可以通过降低金融工具的内在风险或创造出管理风险用的金融工具等途径来增大企业的价值或个人投资者的效用。

增加金融产品流动性的创新也有降低风险的作用,住房抵押贷款支持的证券化产品向个人投资者和机构投资者提供了一种新的工具,利用这种新工具可对住宅抵押贷款市场投资而不必过于担心提前还清贷款的风险。如果对住房抵押贷款或住房抵押贷款过手证券的直接投资,提前偿还贷款的风险几乎是无法避免的。可调利率债务或可调股息优先股的价格对利率总水平的变动不像相同到期日的固定利息金融工具那样敏感,因此,持有这些金融产品的风险要小得多。

风险管理工具和风险管理策略,是满足个人和企业对风险的厌恶需求而进行的金融创新,如利率期货与期权、股票指数期货与股票指数期权、外汇期货与外汇期权,以及诸如远期利率协议和远期外汇协议之类的柜台交易协议,利率互换、货币互换、商品互换和权益互换等互换产品。这些产品都可以满足资产/负债管理和各种套期保值策略需求。

第二节 20世纪70年代以来的创新产品

20世纪70年代以来,为了管理商品价格、利率、汇率以及其他金融资产价格的波动所带来的风险,以远期协议、期货、互换、期权为基础的衍生产品迅速发展起来。这些金融创新产品适应市场创新需求,重新配置或(和)转移风险,促进了经济发展。

一 产品创新过程

金融产品创新过程是由简单到复杂逐步进行的。金融创新是与时俱进的活动,在不同时期有不同创新。首先出现简单的投资、融资活动,随后这些活动证券化,随着经济活动的逐步发展,在这些基本证券的基础上逐步衍生出许多复杂证券。而历史上的许多创新,现在已经成为金融市场中广泛运用和交易的产品。最基本的投资、融资活动有三种:债券投融资活动、股票投融资活动和外汇投融资活动。几乎所有衍生证券都是在这三种基础证券上发展起来的。在金融创新的历史过程中,主要的创新有**债权产品创新过程**、**股权产品创新过程**、**外汇产品创新过程**以及**对创新产品的创新**。

1. 债权产品创新过程与价值变化

最基本的债权由借贷活动开始。最初,企业(个人)向其他企业(个人)或银行借贷,出现借贷合同。使用借贷合同进行投资、融资活动有两个问题:公平借贷合同的可获得性问题以及借贷合同的流动性问题。对贷款方,希望以高的利率把钱贷给信誉最好的企业(机构或个人);借贷方希望以最低的成本得到资金。由于信息不对称是常态,公平合约的可获得性有时就成为一个问题。借贷合同的流动性也很差,如果借贷双方中有一方希望终止借贷关系,就会有许多麻烦。通常的情况是,希望终止借贷关系的一方,会在终止借贷合同后获得利益,而它的合同对方获得利益的可能性不大,通常不愿意终止借贷关系。

解决这个问题的一种办法,就是企业(个人)将债务或贷款证券化,将借贷合同转换为债券,让债券在(有组织的)市场中发行和转让。在市场中集中了大量的投资、融资机构(个人),市场竞争将大大增加公平借贷合同的可获得性,并降低流动性风险。这时的债券还保留了借贷债务合同的传统——欠债还钱,按照合约规定的时间支付本息。

可回售债券和可赎回债券的出现,使债券偿还时间可以变换、债券期限可以缩短,并降低债券的期限风险。可转换债券和可交换债券的出现,使债券本息支付出现变换。传统债务关系的本息支付是现金,而可转换债券和可交换债券的本息支付可以是股票或其他(金融)资产,典型的支付是某一家公司股票为投资和融资机构提供了更多的选择。可转换(交换)债券如果还有可赎回或可回售权利，又产生可转换（可交换）可回售（可赎回）债券，则为投资和融资机构提供更多的保护。

2. 股权产品创新过程与价值变化

最基本的股权创新过程从创办企业开始。一个企业的诞生意味着产生一个经济实体，企业的股权（账面价值）由组织企业的合约体现。将企业的股权划分一定的份额，以证券的形式表示，产生股票。股票产生的最大好处，是增加了企业资产（股票）的流动性。有了股票，转让对企业的投资就容易得多，从而可以吸引更多的投资者投资于企业。有了股票的市场价格，基于股票的衍生产品如股票期权等，就有了存在的基础，为投资者提供了投资于企业的多种可能性。

不同的投资者，对金融资产的风险—收益偏好是不同的，股票仅提供了有限的投资机会。根据投资组合理论，将不同资产（股票）进行组合，可以得到与市场中股票的风险—收益不同的"新"资产，这些"新"资产可能满足某些投资者的需要。如果投资者自己在市场中交易这种"组合"产品，需要同时买卖多种股票。由于市场行情在不断变化，股票可能不总在希望的价位上成交，或者交易成本太高。但指数产品，如指数基金（ETF）、封闭基金（共同、私募基金等）、开放式基金、其他收益凭证等，就为投资者提供了这样的投资机会，从而提高了市场效率。股票期权、指数期货、期货期权等产品的出现，使市场更完全，丰富了投资者的投资选择机会。

3. 外汇产品创新过程与价值变化

外汇产品创新过程与债权产品创新过程、股权产品创新过程相似，也是由简单产品开始。由于投资或其他经济活动的需要，投资者（企业）有持有外币资产的需求。最简单的做法就是持有外币资产，但这样做的缺点是直接面对汇率风险。为了管理汇率风险，远期汇率产品、货币期货、货币期权等产品被创造出来。随着经济活动的日益复杂，投资者的管理资产越来越复杂，于是，我们看到利率互换、货币互换以及利率互换期权、货币互换期权等创新产品的出现。

4. 创新产品的创新

创新过程没有止境。一种金融产品创造了出来，又为其他产品的创新提供了基础。可转换（可交换）可回售可赎回债券、期货期权、利率互换期权、货币互换期权、资产证券化产品等，都是对创新产品的创新。

二 一些创新产品的需求分析

金融产品的价值由其收益性、流动性和安全性决定。不同收益性、流动性和安全性的组合，决定着不同金融资产的特性。创新产品的价值变化，可以通过资产的收益性、流动性和安全性表现出来。新的产品出现是否使市场更完全？是否使市场更有效？这是两个基本问题。在实际分析时，习惯上将资产的收益性、流动性和安全性细分为以下几个方面进行讨论：

1. 流动性是否变化

应收款项证券化后转让与应收款项证券本身相比，提高了流动性，同时降低了交易成本。类似的产品有资产证券化产品和住房抵押贷款证券化产品。

2. 风险是否变化

住房抵押贷款证券化产品，对不同贷款合同组合后再证券化，降低了个别贷款合同的提前偿还风险。基于利率期权的利率上下限、浮动利率票据 FRN 等，降低了利率风险。实际收

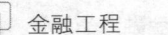

益证券(Real Yield Securities)降低了通货膨胀风险。

3. 税收是否变化

具有不同公司所得税的关联企业之间通常可以通过股权与债权互换等关联交易达到一定程度的避税目的。股票回购也用于规避税收目的。上市公司的可转换债券设计中常设有可回售条款。如果债券持有人通过回售获得收益与通过利率获得收益的税收存在差别，则这个条款可以使债券持有人在一定程度上达到规避税收的目的。

通过金融控股公司这种金融组织创新，也可达到合理避税的目的。金融控股公司在税制上的一个显而易见的优势是合并报表。金融控股公司内各子公司营利状况不一且总公司在进行经营战略调整时，也会出现战略发展部门头几年不盈利而准备退出的领域暂时还盈利的情况。在这种情况下，金融集团公司内实行合并报表，就可以用盈利部门的利润冲销一部分子公司的亏损，这样纳税额就比较少。

4. 交易成本是否变化

ETF 的出现可以大大降低投资指数股票的交易成本。

5. 能否规避管制

金融管制往往限制了金融机构获得利益的机会，合法绕过管制常常意味着获得高额利益。

6. 能否满足投资者偏好

住房抵押贷款证券化产品、交易所交易基金可满足投资者的不同偏好。

7. 交易方便性和便捷性是否变化

以 IT 技术为代表的技术革命在金融行业得到迅速渗透和推广，出现了许多运用 IT 技术的新型交易手段和交易方式，极大地提高了交易的效率和便捷性。电子证券交易系统、自动柜员机、POS 终端、银行转账清算系统、银行业同业票据交换所支付系统等极大地提高了交易的方便性和便捷性。交易所交易基金(ETF)的出现，也为购买股票指数提供了交易的方便性和便捷性。

实际上，金融创新也不一定是由单一因素驱动的，它可能是多种因素综合驱动的结果。因此，金融创新也可能用于解决多种因素引起的复杂金融问题。一个创新可能是一个复杂的金融策略或方案，表现形式不一定就是金融产品。

第三节 金融产品创新

一 金融产品创新的原理

金融资产的本质特性是其收益性、流动性和安全性的组合，不同的组合代表了不同的资产。金融产品创新的结果，从其实质来看，或是新产品能以更低的成本达到其他资产能达到的目标，或是新产品能实现已有的产品无法实现的目标。从这个意义上讲，这些产品都能真正创造价值。前者使**市场更有效率**，后者使**市场更加完全**。

远期合约的出现，就能实现锁定资产价格、规避市场风险的目的，而在此之前，没有任何工具能实现这个目标。远期合约的出现，使市场更加完全。

而指数基金、交易所交易基金等，可以满足投资者以更低的成本购买股票指数的目的。如果没有指数基金、交易所交易基金，投资者必须在市场中进行很多次交易才能购买到指数，时间成本和资金成本都很高,而指数基金、交易所交易基金的出现,极大地方便了投资者购买股票指数的需求,降低了交易成本,使市场更有效率。

从概念上讲,金融产品创新,就是创造不同流动性、收益性和安全性的金融产品的组合,满足企业和投资者需求,比如降低代理成本和交易成本、提高交易效率和便捷性、增加金融产品流动性、重新配置风险等。投资者的各种偏好,比如规避金融管制、合理避税等,也应得以满足。而金融创新的目标,就是满足企业和投资者的需求。

(1) 规避风险

机构规避风险的目的是为了减少损失,使将来可能的损失限定在一定范围内。但这不等于完全避免损失。规避金融风险即管理风险。我们不能控制风险,因为风险的发生不以人的意志为转移。但是,我们希望能管理风险,使风险发生的后果能被接受,而不至于彻底输掉生存的机会。为了管理风险,我们就需要金融工具。

(2) 利用市场缺陷

金融理论告诉我们,当市场有效时,市场不存在套利机会。虽然现实的市场套利机会存在的时间确实不长,但是,资产的市场价格并不总能保证市场不存在套利机会。利用市场缺陷获利的金融创新,需要开发必要的交易手段和交易产品。

(3) 克服市场摩擦

市场存在摩擦,通常是因为存在金融管制,或者是因为交易成本很高。金融产品创新,就是希望能提供克服市场摩擦的产品。

产品创新,就是满足需求。设计新的金融产品,可以创造新价值。产品创新可以是从无到有的创新,也可以是对已经存在的金融产品进行适当的分解或组合,创造出新的金融产品。

二 金融产品创新技术

概括地说,金融产品创新技术就是改变现有产品的流动性、安全性和收益性中的一个、两个或全部。根据金融创新需求的环境因素和企业内部因素,改变金融产品特性,满足企业的需求。

改变的方法有产品分解和产品合成。基本途径是对金融资产合同条款进行修改,逐步衍生、产生新型产品。基本的做法是对远期、期货、互换和期权等最基本的衍生产品合约进行修改,获得不同的产品。其他的产品创新方法有合成衍生产品与基础资产产生新产品,合成衍生产品与衍生产品产生新产品,分解产品产生新产品,增加产品的合同条款等。

1. 合约条款转变的产品创新

远期、期货、互换和期权等标准的金融产品具有基本的变量。远期和期货的基本变量是基础资产、执行价格、交割日期等;互换的基本变量是互换的货币、互换本金、支付时间、支付货币、支付利率等;期权的基本变量是基础资产、执行价格、执行日期、执行交易权利等。通过转变这些基本变量,我们可以得到非常丰富的金融产品。

(1) 基础资产

基础资产可以是商品,也可以是金融产品,如企业债券、政府债券、外汇、利率、股票、股票指数等。基础资产还可以是衍生证券,如远期、期货、互换和期权以及有价证券。

(2) 执行价格

执行价格是按照事先规定的公式确定的价格。它可以是基础资产在某个时点价格的函数,也可以是基础资产在规定时间内的价格的函数,还可以是参考指数的函数。

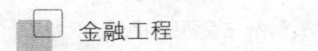

(3) 执行日期和交割日期

执行日期和交割日期可以是固定不变的,也可以是变化的。

(4) 执行交易权利

交易权利可以是买入基础资产或衍生证券的权利,也可以是卖出基础资产或衍生证券的权利。权利可以行使,也可以不行使;权利可以转让,也可以不转让,等等。

(5) 支付货币

合约双方支付的货币可以相同,也可以不同;甚至可以不支付货币,而是支付基础资产。

(6) 支付利率

支付的利率可以是固定利率,也可以是浮动利率。并且,支付的参照利率可以与支付的货币之间没有关系。例如,支付利率是英镑的 LIBOR 6 个月期利率,但是,支付的货币可以是人民币,但不是按照人民币利率支付。

(7) 支付时间

支付的时间可以固定,也可以变化。合约双方支付的时间也可以不同,如在互换合约中,并不一定要求在每期双方一定支付,可能一方支付,另外一方不支付。

实际上,在所有合同的基本变量中,具体变量值的选择没有限制,唯一的限制是合约双方是自愿签订这份合约,并且合约双方都认为该合约是公平的。

例 10.1　远期与期货合约条款转变的创新产品

商品(黄金、大豆、铜、石油)期货、国债期货、外汇期货、利率期货、股票指数期货、远期汇率协议和远期利率协议。

例 10.2　互换合约条款转变的创新产品

价差锁定型互换、基差互换、混合指数股票互换、本金波动互换、延迟付息的债券互换、零息票互换、远期互换、商品互换、股票互换、利差互换、利差上限/下限、利差、利率上限/下限、息票和本金用不同的货币。

例 10.3　债券合约条款转变的创新产品

普通债券的基本变量是本金、利息、支付日期。这些变量值的不同组合,产生不同的债券衍生产品。零息票债券、利率递升/递减息票、双重货币债券、可延长期限、可提前回售或赎回等。

例 10.4　期权合约条款转变的产品创新

复合期权、一揽子期权、彩虹期权、亚式期权、障碍期权、货币期权、利率期权、期货期权、用外币执行的外国股票期权、用本币执行的外国股票期权、互换期权等。

---

2. 产品合成的产品创新

通过组合两种或两种以上金融产品形成一种新的金融产品的方法称为产品合成创新。在理想条件下,几乎可以合成出任何收益分布的金融产品。

例 10.5 产品合成的创新产品

ETF 是股票合成的创新产品，看跌期权是看涨期权和基础资产合成的创新产品。利率有上限的浮动利率票据是浮动利率票据和利率上限期权空头的合成产品。股票期权是债券和基础资产动态复制的合成产品。

3. 产品分解的产品创新

将金融产品中的风险—收益特性进行分解，改变金融产品的流动性、收益性和安全性，产生具有新的流动性、收益性和安全性组合的产品。

例 10.6 产品分解的创新产品

本息分离债券（STRIPS）、抵押支持证券（MBS）、资产支持证券（ABS）。

4. 合约条款增加的产品创新

金融产品是一份合约，规定了双方的权利和义务。适当增加权利和义务，可以产生新的创新产品。常见的条款有转换条款、回售条款、赎回条款、调整条款、延期/提前条款、浮动/固定条款、触发/触消条款、互换条款、封顶/保底条款、依赖条款等。

（1）转换条款

金融产品合约赋予合约一方将一种类型资产转换成另外一种类型资产的权利。

（2）回售条款

金融产品合约赋予证券持有人以特定的价格将产品回售给发行人的权利。

（3）赎回条款

金融产品合约赋予证券发行人在证券到期之前全部或部分地将证券以特定价格赎回的权利。

（4）调整条款

金融产品合约规定的变量（如利率、汇率、股息率）可以在一定条件下重新商定的条款。

（5）延期/提前条款

金融产品合约规定的证券期限可以延长或缩短的条款。

（6）浮动/固定条款

金融产品合约有效期内某些经济变量按照明确的方式进行变化的条款。

（7）触发/触消条款

金融产品合约规定的某些权利在满足一定条件下可以被触发（使权利有效）或被触消（使权利无效）。

（8）互换条款

金融产品合约规定两种不同金融产品可以相互转换的条款。

（9）封顶/保底条款

金融产品合约规定的某个变量变化范围的条款，如最低投资收益率保证条款、最高借贷利率条款等。

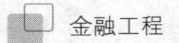

（10）依赖条款

金融产品合约规定某种产品的价格是另外一种产品价格或其他经济变量的函数。

例 10.7 合约条款增加的创新产品

（1）转换条款创新产品

可转换债券的持有人可以将债券转换为股票，也可以转换为另外一种形式债券。

可交换债券的持有人可以将债券转换为与发债公司不同的一家公司的股票。

（2）回售条款创新产品

可回售证券的持有人拥有按照规定的价格将证券回售给证券发行机构的权利。

（3）赎回条款创新产品

可赎回债券的发行机构拥有按照规定的价格将债券从债券持有人手中赎回的权利。

（4）调整条款创新产品

可调整股息率的永久性优先股，其股息率根据基准国库券利率每个季度调整一次。

（5）延期/提前条款创新产品

例如，国家开发银行第 11 期金融债，期限为 3 年，附加了延期选择权，投资者有权在 3 年到期后，要求将债券的期限再延长 2 年。

（6）浮动/固定条款创新产品

浮动利率债券的利息支付随参考指数的变换而变换。

（7）触发/触消条款创新产品

入局期权(knock-in options)：期权只有在标的资产的价格达到一定界限时才会生效。

出局期权(knock-out options)：期权只有在标的资产的价格达到一定界限时才会消失。

（8）互换条款创新产品

利率互换和货币互换产品是典型的互换条款创新产品。

（9）封顶/保底条款创新产品

利率上限与利率下限是典型的封顶/保底条款创新产品。

（10）依赖条款创新产品

指数化货币期权票据(ICON)、交叉指数基础票据(Cross Index Basis Note)等产品。

5. 条款增加组合的产品创新

组合前面不同的条款，我们得到很多条款增加组合的创新产品。下面我们给出几个合同条款增加组合的创新产品的例子。

例 10.8 合约条款增加组合的创新产品

许多可转换债券是由债券加可转换权利、可回售权利、可赎回权利等条款组合而成的。可回售可延期短期债券包含可回售和可延长等条款。可转换可换股优先股的持有人可以选择将优先股转换为普通股，而发行者可以选择将它转换为可转换债券。流动收益期权票据包含可赎回、可回售、可转换等条款。

第四节 复合金融工具创新

复合证券或复合金融工具是一种现金流,产生于组合或分解一系列金融工具的现金流来模拟一项实际的金融工具的现金流。

例 10.9 金融市场中有可以交易金融工具 I,J 和 K。如果我们能以适当比例组合金融工具 J 和 K,得到的资产组合的现金流与金融工具 I 的现金流相同,我们就有效地复制了工具 I,形成模拟金融工具 I 的现金流,金融工具 J 和 K 的组合构成了复合金融工具 I。

最早的复合金融工具是复合看涨期权和复合零息票债券。下面我们介绍这两个具有代表性的金融工具。复合看涨期权是通过组合几种工具而产生的复合衍生工具,复合零息票债券是靠分解一种工具而产生的复合金融工具。

一 复合期权和零息债券

欧式看涨期权和看跌期权价格满足平价关系,即

$$c + Xe^{-r(T-t)} = p + S$$

简单变形,得到:

$$c = p + S - Xe^{-r(T-t)}, \quad p = c - S + Xe^{-r(T-t)} \text{ 和 } S = c - p + Xe^{-r(T-t)}$$

因此,适当组合看跌期权、股票和现金可以得到看涨期权,适当组合看涨期权、股票和现金可以得到看跌期权,适当组合看跌期权、看涨期权和现金可以得到股票。

如果期权的标的资产是期货合约,则期权为期货期权,以上策略可以生成复合期货合约。

复合期权和复合期货是通过组合一系列金融工具创造出来的,复合工具也可以通过分解单个金融工具创造,如零息债券就可以通过这种方式复合。在复合产生零息债券的过程中,投资银行或其他套利者购买常规债券,然后分离各期的未来息票支付和本金支付,将这些支付分别作为零息债券卖给投资者,产生许多零息票债券。

二 复合衍生工具

不仅基础资产可以复合其他衍生产品,各种柜台交易的衍生工具都可以由其他衍生工具合成。例如,多期期权和价格上限及下限可以由一系列的单期看跌期权或单期看涨期权合成。同样,短期互换(2~3年)可以由一系列的欧洲美元期货合约合成。

对金融中介来说,合成一种新产品的能力非常重要,因为它提供了一种用来为不平衡头寸进行保值的方法。例如,以固定利率付款方身份进入两年期利率互换交易的中介机构可以用欧洲美元期货合成短期互换的方法来匹配中介机构买进的头寸。在一般情况下,中介机构会买下相应数量的欧洲美元期货。这些期货产生的现金流与互换交易的现金流几乎完全一

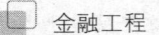

样。中介机构通过买进一系列期货进行套期保值。

第五节　金融产品设计

一　金融产品设计的基本问题

金融产品设计的目的就是解决金融问题,即通过设计新的金融产品使金融问题得到创造性的解决。金融产品从广义上讲就是金融问题的解,包括金融工具产品和金融服务产品两种形式。股票、债券、期货、期权、互换等属于金融工具,也是狭义上的金融产品;而对于金融工具的应用服务,如金融机构的资产管理类产品即属于金融产品范畴;此外,金融机构提供的结算、清算、发行、承销等标准化金融服务也属于广义上的金融产品。

资产管理类产品是利用各类金融工具来解决客户投资需求的标准化产品,属于金融服务产品。资产管理是指委托人将自己的资产交给受托人,由受托人为委托人提供理财服务的行为。资产管理产品是金融机构代理客户资产在金融市场进行投资,为客户获取投资收益的一种合同化、标准化的金融服务产品。

按照受托人的区别,资产管理产品可以分为:券商资产管理产品、保险资产管理产品、银行资产管理产品(即常见的银行理财产品)等。

按照委托人的区别,资产管理产品一般分为:定向资产管理产品,即为单一客户办理资产管理业务的产品;集合资产管理产品,即为多个客户办理资产管理业务的产品;专项资产管理产品,即为客户办理特定目的的资产管理业务产品。这三类产品的规模、风险收益要求与法律监管要求各不相同。例如,按照我国现行法规的规定,集合资产管理产品不得设置保本条款,而定向资产管理产品可以设置保本条款,这些在资产管理产品的设计中都需要加以注意。

按照基本投资特征,常见的资产管理产品可以分成三大类:居中的是传统的境内积极管理产品,包括股票、固定收益产品和货币市场产品;在其上端的是高阿尔法产品和国际投资产品,以私募股权基金(PE)、对冲基金、结构化产品、房地产信托基金(REITs)和国际股票基金为代表;下端的是所谓"便宜的贝塔产品",包括纯粹的指数型产品和数量化积极管理产品(QA)。这三类产品的投资风格迥异,产品的管理费用和利润分成方式一般遵循自下而上逐步增加的规律。

二　金融产品设计的目的和原则

金融产品设计的目的是为了解决金融问题,即通过设计新的金融工具,或改进现有的金融工具,或重新组合现有金融工具,或改进现有金融工具的使用方法等解决现存的金融问题。

金融产品设计具有很强的问题导向型特点,其目的明确,要求设计金融产品所使用的手段和方法要有助于金融问题的解决。因此在金融产品设计时,要防止陷入"唯方法论"的误区,注意避免"为了创新而创新"。

金融产品设计强调实践性,在金融产品设计时所采用的金融工具和手段方法要考虑实际环境中的条件限制,要求在设计过程中论证金融产品的可行性和可操作性。

有别于普通的金融服务,金融产品的产品化特征十分明显。无论是设计金融工具还是应用金融工具,都要求产品质量的标准化,即:产品的风险和收益可测、可控;产品的权利和义务明确,并能条款化、合同化;产品符合法律和法规要求。

三 金融产品设计的思路

围绕解决实际金融问题的目的,金融产品的设计思路大致分成三类:

1. 设计全新金融工具

根据金融问题的需求设计全新的金融工具。这种方法具有很大的创新性,要求创造一种有别于现有金融产品的全新型工具,如为了解决贷款中的浮动利率和固定利率的比较优势问题而创造的利率互换协议。

2. 改进现有金融产品

对现有的金融工具和服务进行分析,并加以改进,以满足金融问题的特定需要。改进思路包括对于传统金融工具的部分条件进行修改:对欧式期权的执行时间进行改进,创造出美式期权;把现有的金融工具用于新的领域,例如把期货和期权用于碳交易领域,创造出碳金融衍生品;把被动指数型投资理财产品改进为增强指数型投资理财产品,满足兼顾分散化和主动择股和择时的投资者的需求。

3. 重新组合现有金融产品

利用现有的金融产品进行组合,创造具有新的收益、风险特征和现金流特征的新金融产品。例如,利用基础衍生产品设计结构化衍生产品,利用股票组合和股指期货工具设计市场中性的资产管理产品等。

四 金融产品设计的过程和方法

金融产品设计是一个创造性的综合信息处理过程,它将金融需要与设计者的意图转化为一种具体的金融工具或服务产品,把一种计划、规划、设想、问题解决方法表达出来,需要站在投资人和发行人双方的角度对金融产品的设计方法进行全方位的分析。

金融产品的设计过程主要有以下几步:

1. 需求分析

金融产品设计的第一步是对目标客户进行需求分析。这阶段需要金融产品设计人员与目标客户进行沟通。一方面要协助客户对金融产品的开发提出需求,另一方面与客户充分交换意见,探讨相应金融产品开发的合理性与实现的可能性。金融产品设计者应该认真分析用户所要解决的问题、意见和要求,并加以充分的考虑。

2. 金融问题的再定义

金融产品设计者根据金融产品的需求分析,用金融工程的规范性语言来定义或再表达客户所要解决的金融问题,要求把具体金融问题分解为详细的收益、风险和现金流等要求,这是金融产品设计的核心,是后续进行标准化金融产品设计的目标和依据。

3. 金融问题的求解

按照上述金融产品设计思路,可以设计全新金融工具、改进现有金融产品、重新组合现有金融产品等方法来求解金融问题,为客户设计能解决其实际问题的具有一定风险、收益和现金流特征的金融产品。

4. 金融产品论证

对于设计出的金融产品必须有相应方法论证其有效性、准确性和可靠性。

对于金融工具的设计特别是结构化金融产品等,需要研究其定价技术。如果设计出的金

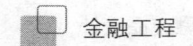

融产品不能进行合理的定价,那么该金融产品就可能在市场上产生无风险套利机会。金融产品的定价一般采用无套利定价原理,也就是说不能使该金融产品与别的金融产品的组合中产生一个无风险套利机会。

对于资产管理产品等应用型金融产品的设计,要对其产品原理进行阐述,并详细设计量化策略模型。量化策略模型一般要结合所用的金融工具的定价方法,设计统计模型或计量模型来进行有效性、准确性和可靠性的论证。

金融产品论证时无论是金融工具设计还是应用型金融产品的设计,都要考虑产品终止问题,如赎回条款对于定价和策略的影响等。

5. 金融产品测试

金融产品的定价模型和策略模型设计完毕后,必须具有测试环节,测试设计出的金融产品是否满足客户的要求。

对于金融工具设计,可以采用理论测试、市场数据实证和计算机模拟等方法来验证产品定价方法。

对于资产管理产品等应用型的金融产品的设计,必须利用市场数据库进行历史回测(back test);必须讨论量化策略参数优化方法,并论证策略参数的稳定性;需要统计量化策略的最大回撤、夏普比例等风险指标,计算策略的收益、风险分布关系。

所有测试都必须考虑样本内和样本外检验,还需要进行必要的压力测试(stress test)和情景分析(scenario analysis)。

如果产品测试结果并不能满足目标金融问题的要求,则必须返回第2步进行再设计。

6. 产品合同条款设计

主要对金融产品所涉及的发行对象、发行规模和份额、权利和义务关系、交易清算和交收安排、产品估值和会计核算、费用和税收、收益分配方案、产品终止等进行设计和阐述。

7. 市场分析与产品推广

为特定客户设计的金融产品可能存在潜在的大量同样需求的客户。在市场调查分析的基础上,可以对相同市场的前景进行分析和论证。

第六节 著名金融产品介绍

一 LOR 产品

1. 需求分析

在美国有需要能限制投资组合价值下跌的风险但同时不限制价值上升潜力的产品。比如养老基金、捐赠基金等希望获得平均预期收益,但随着财富的增加,风险厌恶程度比平均水平上升得更快。能通过选股优势获得高于市场回报的基金经理,对收益的预期比平均水平乐观,但希望减少部分或者所有市场下跌风险同时不丧失市场上升带来的好处。其中,1981年仅养老基金资产共有2 663亿美元投资于股票组合。

2. 金融问题的再定义

这两类投资者投资规模都很大,其资产组合都充分分散化了,非系统风险基本上消除了。因此,这类资产组合主要受系统风险的影响。也就是说,他们需要的是能限制系统风险的产品。

3. 金融问题的求解

一种解决方案是购买关于市场风险的认沽(卖权),或者根据期权平价关系,也可以购买关于市场风险的卖权。第一份 S&P500 1991 年在交易所交易。而场外市场向金融中介询价购买大额卖权、买权不现实,金融中介很难对冲其风险,也存在金融中介违约风险。

另外一种解决方案是用动态交易股票和债券来复制卖权,替代当时还没有公开交易的指数看跌期权。根据 BSM 公式,欧式认沽期权等价于债券多头与股票空头的组合。

4. 金融产品论证

在任意给定时间,将资金在被保险的股票组合和无风险资产之间进行分配。当股票组合的价格增加时,则出售无风险资产,增加股票组合的头寸;当股票组合的价格减少时,则减少股票组合头寸,购买无风险资产。同时,期权到期时的变化和有价证券组合收益率方差的变化都需要对原有复制组合进行调整。这种交易方式构成一个认沽期权,结合投资者股票组合的头寸形成一个认购期权,实现限制投资者股票组合价值下跌的风险,但同时保留价值上升的机会。

对于证券组合的管理者来说,合成所要求的看跌期权可能比在市场上直接购买看跌期权更具吸引力。因为场外期权市场并不总是具有足够容量吸收这些拥有大笔资金的投资者将进行的大笔交易,而且基金管理者要求的执行价格和到期日通常与期权市场可交易合约的规定不相符。

5. 产品测试与产品合同条款设计

留作习题。

二 数量调整型期权

数量调整型期权(Quantity-Adjusting Option,Quanto)是指标的物以货币 A 计价但以货币 B 来结算的金融衍生交易;对于我国而言,就是以其他货币计价但以人民币来结算的金融衍生交易。

$$\text{Quanto} = \text{期权(Options)} + \text{远期汇率协议(FX FRA)}$$

其中,Options 为投资者提供规避风险和获得收益的机会,FX FRA 为投资者规避汇率风险。

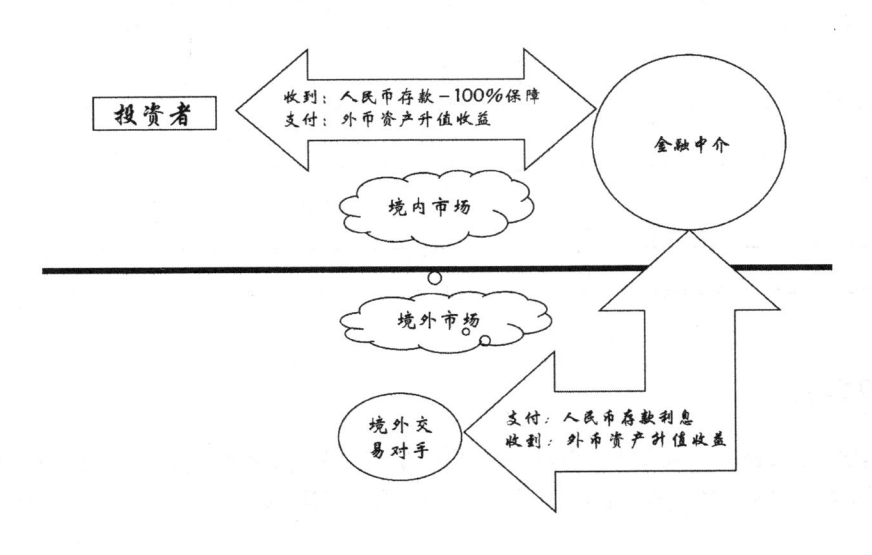

例 10.10　一个 Quanto 产品的主要条款如表 10.1 所示。

表 10.1　　　　　　　　　　　一个 Quanto 产品的主要条款

交易对手	公司客户 A
交易本金	10 000 万元人民币
起止时间	2007/6/1～2008/6/1
产品期限	1 年
计价货币	人民币
利息计算	最大值(0,观察日表现) 观察日表现最大值：7% 如果所有股票比期初都上涨,那么观察日表现＝7% 如果不是所有股票都上涨,那么观察日表现＝每只股票的实际累计表现
计息规则	到期还本付息
涉及资产	中国人寿(2628 HK)、中国石化(386 HK)、招商银行(3968 HK)、中国国航(398 HK)、中海发展(1138 HK)
到期本金	100%保证归还
预计最高收益率	7%
观察日	2008/6/1

客户投资人民币,收益以港股收益率计算,收益支付使用人民币。1 亿元人民币投资期末收益场景分析如表 10.2 所示。

表 10.2　　　　　　　　　　　投资期末收益场景分析

市场环境	中国人寿(2628 HK)	中国石化(386 HK)	招商银行(3968 HK)	中国国航(398 HK)	中海发展(1138 HK)	配息情况	期末本息支付
极好	5%	5%	2%	1%	2%	股票价格均大于期初,产品收益为最大值7%	1.07
较好	5%	－5%	2%	5%	5%	累计收益＝12%>7%,产品收益为最大值7%	1.07
一般	5%	－5%	2%	2%	2%	累计收益＝6%<7%,产品收益取实际收益为6%	1.06
不好	－1%	－2%	－5%	－7%	－10%	累计收益＝－25%,产品收益为0%	1

三　累积期权

累积期权(Accumulator)是以合约形式买卖资产(股票、外汇或其他商品)的金融衍生工具,投资者(客户)与投资银行(庄家)在场外交易,合约期限通常为一年。如果合约规定购买股票，则称累积期权为累计股票期权。

累计股票期权的英文全名是 Knock Out Discount Accumulator，简称 KODA。累计股票期权是投资者与私人银行订立的累积股票期权合约，投资者资产净值不低于 100 万美元，偶尔也有零售。投资者与私人银行订立累积股票期权合约，为期 1 年。

累积期权合约设有"取消价"(Knock Out Price)及"行权价"(Strike Price)，而行权价通常比签约时的市价有折让。合约生效后，当挂钩资产的市价在取消价及行权价之间，投资者可定时以行权价从庄家买入指定数量的资产。当挂钩资产的市价高于取消价时，合约便终止，投资者不能再以折让价买入资产。当该挂钩资产的市价低于行权价时，投资者便须定时用行权价买入双倍甚至四倍数量的资产，直至合约完结为止。

累计股票期权有四个特性：

（1）买入股票的行权价往往比现价低 10%～20%；
（2）当股价升过现价 3%～5%时，合约自行取消；
（3）当股价跌破行权价时，投资者必须双倍吸纳股票；
（4）合约期一般为一年，投资者只要有合约金额 40%的现金或股票抵押即可购买，因此这一产品往往带有很高的杠杆性。

累积期权合约中投资银行(庄家)的损失有上限，投资者没有止损限制。根据合约，如果挂钩资产价格大跌，投资者可被要求增加保证金，资金不足的投资者必须即时补仓；否则，投资者将被迫卖出资产套现，再以行权价接货。如果投资者无法补仓，可被斩仓，并须承担所有亏损。

由于累积期权的设计可能使投资者承担极高风险，有人戏称"Accumulator"为"I kill you later"。

例 10.11 2007 年 11 月 1 日，中国石油日内价格达到 HK\$20 一股，当天收盘价为 HK\$19.90。这天的累计股票期权规定，投资者按照 HK\$14.92/股的价格每天购买 1 000 股中国石油 H 股，合约期一年。如果中国石油的股票价格超过 HK\$21.50/股，合约终止，投资者保留已经购买的股票。每月底，投资者可以出售累积购买的股票。

这份累积股票期权的标的资产是中国石油 H 股，合约行权价为 HK\$14.92/股，比当天收盘价便宜 25%。取消价为 HK\$21.50/股，比当天收盘价贵 8%。这份合约可在柜台零售("Knock-out discount accumulation equity-linked instrument"(KODA ELI))。

众所周知，中国石油 H 股价格在达到历史最高点 HK\$19.90 后，一年之内暴跌约 75%。中国石油 H 股的累积股票期权投资者损失巨大。

本章小结

本章介绍了金融创新的需求因素和过去 30 余年来的创新产品和产品创新过程，然后介绍了金融产品创新的基本原理，或是新产品能以更低的成本达到其他资产能达到的目标，或是新产品能实现已有的产品无法实现的目标,前者使市场更有效率,后者使市场更加完全。金融产品的创新,就是创造不同流动性、收益性和安全性的金融产品的组合,满足企业和投资者的需求。

金融产品创新技术,主要有合约条款转变的产品创新、产品合成的产品创新、合约条款增加的产品创新、条款增加组合的产品创新、复合金融工具创新等。

在前述分析的基础上,本章讨论了金融产品设计的基本问题、目的和原则、思路等,并明确了设计金融产品的主要步骤,最后介绍了部分著名金融产品。

问题与习题

1. 请分析金融创新的需求。
2. 请分析金融创新、科技进步与金融理论发展之间的关系。
3. 20 世纪 70 年代以来出现了哪些创新产品?请举例说明。
4. 请分析金融产品创新过程和价值变化。
5. 什么样的创新使金融市场更有效率?什么样的创新使金融市场更加完全?请举例说明。
6. 请分析金融产品创新技术。
7. 请举例说明复合金融工具创新。
8. 请分析市场中最新的金融产品。
9. 请收集关于 LOR 公司的组合保险产品的信息,并详细分析这个产品。

第十一章

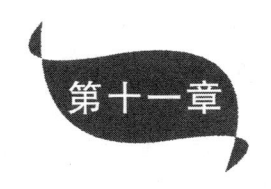

衍生产品交易分析

第一节 衍生产品交易

一 交易类型

衍生工具的交易有对冲交易、套利交易、投机交易三种。对冲也称套期保值或套保。不同类型的交易有不同的目的。

1. 对冲交易

定义 11.1 套期保值就是对一个资产组合 v_t，寻找一个对冲资产或资产组合 h_t，在预定的时间使它们的组合 $v_t^* = v_t + h_t$ 的价值保持在一定范围内。

习惯上，称资产组合 v_t 为保值对象，称资产组合 h_t 为保值工具，称资产组合 $v_t^* = v_t + h_t$ 为保值组合。保值对象 v_t 可以是金融资产组合，也可以是企业经营利润，或者是企业产品销售收入、原料购买成本等。

理想的套期保值，是寻找一个保值工具 h_t，h_t 的空头能复制资产组合 v_t，保值对象与保值工具完全负相关。这样，它们的组合 $v_t^* = v_t + h_t$ 的将来现金流是确定的，资产组合没有风险。根据套期保值原理，正常的市场中没有套利机会。因此，资产组合 $v_t^* = v_t + h_t$ 的收益率就是无风险利率，是无风险资产。

由于金融资产的价值不确定，我们通常采取极小化方差 $Var(v_t + h_t)$ 的方法寻找最优套期保值交易策略。最优套期保值交易 v_t^* 是如下优化问题的解：

$$Var(v_t^*) = \min Var(v_t + h_t) \tag{11.1}$$

方差 $Var(v_t^*)$ 称为套期保值风险。理想的套期保值应该使 $Var(v_t^*) = 0$。在实际进行套期保值交易中，并不总能达到理想的套期保值，因此，套期保值交易的目标是使 $dv_t^* \cong 0$，即

$$dv_t \cong - dh_t$$

套期保值通常是利用远期、期货、期权、互换等衍生工具对冲风险，锁定资产组合将来的价值。其策略是选择适当数量的衍生工具，使原始资产组合（或者企业经营活动）加上衍生工具构成的新资产组合的未来不确定性减到最小。在一定条件下，可以使新的资产组合价值确定，完全对冲不确定性风险。如果是用衍生证券多头进行套期保值，称为**多头套期保值**；当用衍生证券空头进行套期保值时，称为**空头套期保值**。套期保值交易行为产生的成本称为**套期**

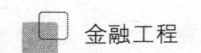

保值成本，如衍生产品保证金带来的机会成本、交易佣金、套保团队的人力成本等。

2. 套利交易

如果一个资产组合能在未来任何时刻完全复制另一个资产组合，即在未来任何时刻两者的现金流都相等，则这两个组合的当前价格一定相等。如果它们的价格不等，则这两个资产组合之间存在**套利**机会。在两种情形下出现套利机会：

（1）两个资产组合未来的现金流完全一样，但当前价格不相等；

（2）两个资产组合当前价格相等，但是，其中一个组合未来每一个时点的现金流都可能大于或等于另一个组合的现金流，并且它们将来现金流不等的概率大于零。

如果发现存在套利机会，则买入价格相对低的资产组合，同时卖空同样数量的价格高的资产组合，可以在不需要任何成本、不承担任何风险的情况下达到盈利的目的。这种交易行为称为套利交易。套利交易至少有两个交易行为，由于存在市场摩擦，完全无风险的套利机会很少见，高收益、低风险的套利则较多。

为了进行套利交易，除了市场存在套利机会外，市场还需要满足一定的基本条件。首先，市场存在足够的金融衍生工具。利用套利机会往往需要用其他金融工具复制某一个金融工具。如果不存在必要的金融衍生工具，则很难复制一个金融工具，套利机会难以实现。

其次，资金能在不同的金融市场之间自由流动。如果资金不能在不同金融市场自由流动，则不同金融市场中的套利机会很难被利用。

再次，存在卖空的市场交易机制。由于套利交易将涉及两个或多个交易，如果不存在卖空的市场交易机制，则必须进行多头偏好的套利策略，套利交易风险不能充分减少。

最后，交易成本必须足够低。所有的交易都有交易成本，这些成本直接降低套利机会。交易成本包括交易费用和完成交易所用的时间。如果套利成本很高，许多看上去存在的套利机会，实际操作起来往往并不可行，许多套利机会将会消失。交易成本不仅表现为交易中发生的费用，而且表现为进行交易所需要的时间。如果交易时间太长，则许多瞬间存在的套利机会就很难被利用。

3. 投机交易

投机交易是指买卖证券或者商品赚取价差的交易行为。投机者根据自己对证券或者商品价格走势的判断，先买进再卖出，或者先卖出再买进，赚取买卖价差。

投机与赌博形式上相似，但差别还是很大的。投机者"赌"价格方向，赚取买卖价差。这点与赌博相同。但是，投资进行投机交易的风险溢价大于零，交易目的是赚钱与承担的交易风险相适应的风险溢价。而赌博行为的风险溢价等于零。赌博者享受赌博的过程，并不因为有财富损失而要求风险溢价。

4. 对冲交易、套利交易与投机交易的比较

投机交易者承担风险以换取获得高收益的机会。投机交易承担价格风险，促进了价格发现，适度的投机减缓价格波动，提高市场流动性。套期保值者趋避风险，以确保现货经营的预期收益，套保并不能为企业赚钱，它只是一种保障企业生产不因原料价格波动而受到影响的操作手段。套利者寻找市场错误定价的机会，利用市场的错误赚钱。但是，套利交易活动本身能减弱甚至消除市场的错误定价。

在市场经济体制下，投机交易者成为对冲交易者的交易对手。对冲交易者希望规避风险，转让风险溢价给投机者。而套利交易者的出现，可以促使商品或证券的市场价格趋于公平。三种交易行为相互竞争，促进市场资源配置效率提高。投机交易与对冲交易在一个时间点通常只有一笔交易，而套利交易至少有两笔交易。投机交易行为不考虑其他交易行为，对

冲交易受到套保对象的严格约束,套利交易可相互对冲风险。

二 衍生品交易操作

1. 期货交易操作

期货市场主要的交易制度包括保证金制度、每日结算制度、强制平仓制度、到期交割制度、持仓限额制度、大户持仓报告制度、涨跌停板制度、保证金存管制度等。其中,每日结算制度也称当日无负债。根据结算价每日计算期货交易账户盈亏、交易保证金及各种费用,并划转资金。如果账户保证金不足,可要求追加保证金或者被强制平仓。

国内商品期货的每日结算价是期货合约当日成交价格按成交量的加权平均价。期货交易的每日账单是按结算价显示账面权益和盈亏的。各期货品种次日的涨跌幅度和涨跌停板是按结算价来计算的。

开仓也称建仓,是指投资者新买入或新卖出一定数量的期货合约。平仓是指投资者买入或者卖出与其所持仓合约的品种、数量及交割月份相同但交易方向相反的合约,以了结期货交易的行为。期货投资者在开仓之后尚没有平仓的合约,称为未平仓合约,也称持仓。所有期货未平仓合约之和称为持仓量或未平仓合约,它是期货市场活跃程度和流动性的标志。

开仓之后股指期货投资者有两种方式了结期货合约:择机平仓,或者持有至最后交易日并进行现金交割。

会员、客户出现下列情形之一的,交易所对其持仓实行强行平仓:

(1) 结算会员结算准备金余额小于零,且未能在规定时限内补足;
(2) 客户、从事自营业务的交易会员持仓超出持仓限额标准,且未能在规定时限内平仓;
(3) 因违规、违约受到交易所强行平仓处罚;
(4) 根据交易所的紧急措施应予强行平仓;
(5) 其他应予强行平仓的情形。

为了进行期货交易,需要进入期货市场,即:选择期货经纪公司;开户,签署代理合同;建立期货交易账户;交收保证金;下达交易指令;报单,进场交易;交易回报和确认;结算。

2. 期权交易操作

期权交易类型有买入开仓、卖出平仓、卖出开仓(需保证金)、买入平仓(成交后释放保证金)、备兑开仓(策略指令,需要100%现券担保)、备兑平仓(策略指令)。其中,卖出开仓需保证金,买入平仓成交后释放保证金。备兑开仓需要100%现券担保,备兑平仓后释放担保现券。

上海证券交易所50ETF期权目前采用盘中双向持仓、日终单向持仓制度,自动对冲相同仓位,见表11.1。

表11.1　　　　　　　　　　上海证券交易所50ETF期权持仓制度

权利仓	非备兑义务仓	备兑持仓	对　冲　后
10	6	0	4张权利仓(释放6张保证金)
10	50	3	2张权利仓(释放5张保证金与3张备兑对应标的证券)
10	12	3	2张非备兑义务仓,3张备兑持仓(释放10张保证金)
0	2	2	2张非备兑义务仓,2张备兑持仓
10	0	15	5张备兑持仓(释放10张备兑对应标的证券)

上海证券交易所股票期权交易制度采用在竞价制度下引入竞争性做市商的混合交易制度，竞价交易为主体，通过做市商连续提供双边报价，平衡市场供给，确保期权定价合理。为避免市场过度波动，期权交易实行涨跌停板制度和熔断机制、断路器机制，主要避免权利金过低时频繁进入断路器。

期权义务方必须按照规则缴纳保证金。每日收市后，登记公司会根据标的证券价格波动计收维持保证金。保证金的收取分级进行，登记公司向结算参与人收取保证金，结算参与人向客户收取保证金。

备兑开仓操作的"三步曲"是：第一步持有标的现货，第二步进行锁券，第三步以标的证券做担保卖出认购期权。具体操作如下：

(1) 购买标的现货。进入证券交易页面，购买标的证券。

(2) 备兑券锁定。备兑开仓以现券作为担保，开仓之前需要对标的进行锁定。点击"其他委托—锁定解锁"，在页面右侧选择想要锁定的现货，输入锁定数量。

(3) 备兑开仓/平仓。备兑券锁定后回到交易界面，选择报价方式、委托数量和委托价格进行下单。

(4) 备兑券解锁。备兑开仓提前平仓后，要将锁定的证券进行解锁操作。

上交所目前推出的期权为欧式期权，只有在到期日当天（期权到期月份的第四个星期三）才可以执行行权操作。投资者到期日当天在页面左侧点击行权，选择需要执行行权操作的合约、行权数量并点击确定。权利方提交行权指令需要钱券充足。

3. 互换交易操作

互换交易通常是做市商与做市商之间、做市商与客户之间进行的双边交易，互换交易操作相对期货、期权而言比较简单，没有涨跌停板制度，没有熔断机制，也没有保证金要求。互换合约是签约双方的信用交易。

货币互换在中国外汇交易中心银行间外汇市场进行，利率互换在全国银行间拆借中心银行间债券市场进行。中国外汇交易中心将人民币外汇市场会员之间货币互换产品的交易期限、起息日/交割日、报价/交易金额等交易要素标准化，即做市商之间的互换合约标准化，借助外汇交易中心提供的信息系统基于双边授信，以限价订单或点击成交等方式达成的外汇交易。做市商和尝试做市机构在交易时间内有义务为标准化人民币外汇产品的相应交易品种持续提供带量的买卖报价。欲查看标准化人民币外汇掉期产品，请访问中国货币网。

人民币利率互换交易系统是指由交易中心管理运作的，向交易成员提供利率互换报价成交及其他交易辅助服务的计算机处理系统和数据通信网络。交易后平台是指由交易中心管理运作的，向交易成员提供交易后处理服务及相关辅助服务的计算机处理系统和数据通信网络。交易成员是指依中国人民银行相关规定进入利率互换市场并依照交易中心有关联网管理办法与交易中心联网的利率互换市场参与机构。交易成员应在交易后平台中开立账户并设定相应权限。交易成员通过其建立的账户在交易后平台中进行利率互换交易确认。交易成员在交易后平台中的所有操作以交易后平台数据库记录为准。

参与者（交易成员）达成互换交易后，需要通过处理服务平台（交易后平台）对互换交易进行确认。确认行为是交易成员达成利率互换交易后，对法律条款、机构信息及账户信息等内容进行补充、修改和确认的行为。交易双方在确认时限内对同一笔交易确认后，交易后平台就成交单和确认内容生成交易确认书，该确认书构成《中国银行间市场金融衍生产品交易主协议》(2009年)所称的交易确认书,对交易双方具有法律约束力。

第二节 对冲交易

一 期货对冲交易

1. 应用期货(远期合约)套期保值

我们主要讨论运用期货进行套期保值。运用远期合约进行套期保值的策略与运用期货的策略相似,我们以两个例子进行说明。

为应用期货进行套期保值,需要购买或出售一定数量的期货合约。**套期保值率**是指投资者为了对保值对象进行保值而使用的期货合约的数量。由于期货合约是标准化了的交易合约,每份合约规定了交易标的资产的具体数量,所以在利用期货合约进行套期保值时必须计算所需要的合约数量。如果用于保值的期货合约允许交易的标的资产的数量与现货市场上资产的交易数量不同,则套期保值不能完全规避风险。

在数值上,套期保值所需要的合约份数应该等于资产现货市场实际交易的数量除以单位合约规定的资产交易数量:

$$合约份数 = \frac{现货实际交易数量}{单位合约规定数量} \tag{11.2}$$

2. 最佳套期比率

在现实交易中,由于期货是标准化合约,其到期日往往与套期保值者实际需要交割的日期不匹配,有时现货市场的交易品种与期货合约的标的资产不相同,套期保值者并不能找到合适的期货合约来进行套期保值。所以,在确定套期保值率时,必须分析现货价格的波动性、期货价格的波动性以及现货与期货之间的相关性,寻找**最佳套期比率**。

套期保值策略共有三个要素:保值对象、保值工具(通常为衍生工具)、衍生工具的标的资产。在运用衍生工具套期保值时,衍生工具合约的头寸不一定与资产风险暴露一致,两者之间存在一个最佳比率,称为**最佳套期比率**。

假定 ΔS 为保值对象价格在进行套期保值时间内的变化量,ΔF 为期货价格在进行套期保值时间内的变化量,σ_S 为保值对象价格变化(ΔS)的标准差,σ_F 为期货价格变化(ΔF)的标准差,ρ 为 ΔS 与 ΔF 之间的相关系数,h 表示套期保值比率。如果套期保值者进行空头套期保值,在保值期间内保值组合的价值变化为 $\Delta S - h\Delta F$。如果套期保值者进行多头套期保值,则在保值期间内保值组合的价值变化为 $h\Delta F - \Delta S$。无论哪一种情况,保值组合价值变化的方差为:

$$v = \sigma_S^2 + h^2\sigma_F^2 - 2h\rho\sigma_S\sigma_F$$

对两边关于套期保值比率 h 求偏导,令偏导数等于零,得到最佳套期比率为:

$$h = \rho\sigma_S/\sigma_F \tag{11.3}$$

最小方差是

$$v = (1-\rho^2)\sigma_S^2 \tag{11.4}$$

通过式(11.3)我们得到了最佳套期保值比率,等于现货价格变化和期货价格变化之间的相关系数乘以现货价格变化的标准差和期货价格变化的标准差之间的比值。在实际应用中,应用最佳套期比率,可以使套期保值风险最小化。

例 11.1 如果 $\rho=1$,$\sigma_S=\sigma_F$,则 $h=1$;如果 $\rho=1$,$2\sigma_S=\sigma_F$,则 $h=0.5$。

例 11.2 假设某企业预期 3 个月后需要购入 1 百万加仑的汽油,已知一加仑飞机燃油在未来 3 个月内价格变动的标准差为 0.03。该企业选择购买原油期货进行套期保值,该期货在未来 3 个月价格变动的标准差为 0.04,并且飞机燃油与原油期货的相关系数为 0.8,则最佳保值比率为 $h=0.8\times 0.03/0.04=0.6$。如果一份原油期货的交易数量为 42 000 加仑,则该公司需要购买的合约份数为 $0.6\times 1\,000\,000/42\,000\approx 14.3$,所以该公司应该购买 14 份原油期货合约。

3. 基差分析

在实际进行套期保值时,并不总能完全消除风险。不能完全对冲的原因主要有以下三种可能:需要对冲其价格风险的资产与衍生工具合约的标的资产可能不完全相同,套期保值者不能完全对冲风险;套期保值者有时不能肯定将来进行资产交易的确切时间,也就无法确定套期保值需要的衍生工具的到期日;即使能确定将来进行资产交易的时间,市场提供的衍生工具合约可能在这个时间之前或之后才到期,于是,套期保值需要的衍生工具可能在到期日之前就进行平仓。由于这些因素的存在,理想的套期保值常常不存在,这时我们称套期保值存在基差风险。套期保值的基差定义为:

基差 = 现货价格 - 期货价格

在套期保值到期之前,基差可能为正,可能为负,也可能为零。显然,基差的大小与套期保值的效果关系密切。基差越小,套期保值的效果越好。

影响基差大小的因素主要有:需要对冲的资产与衍生工具合约标的资产的相关性,购买或出售资产时间的不确定性,套期保值时间与衍生工具合约到期日之间的差异。基差是期货市场最重要的概念之一,其对于理解套期保值过程有着相当重要的作用。由于存在现货商品的运输及储存成本等费用,通常情况下期货合约的价格高于现货商品的价格。在套期保值期内,基差可能随着现货价格以及期货价格的变动而变动,基差的变动将直接影响套期保值的效率。基差风险可以使套期保值者的头寸状况变好或变坏。

假设 T 为套期保值终止的时刻,S_0 为需要套期保值的资产的现货价格,S_T 为已经进行套期保值的资产在 T 时刻的现货价格,F_0 为当前期货价格,F_T 为合约到期时的期货价格,S_T^* 为 T 时刻期货合约标的资产的价格,通过对冲,公司确定的购买(或出售)资产的价格为:

$$S_T+F_0-F_T=F_0+(S_T^*-F_T)+(S_T-S_T^*)$$

如果记 v_t^* 为投资策略收益,不考虑交易成本,则套期保值到期时空头套期保值的价值为：

$$v_T^* = (F_T - F_0) - (S_T - S_T^*) - (S_T^* - S_0)$$
$$= (F_T - S_T^*) - (F_0 - S_0) - (S_T - S_T^*)$$

$S_T^* - F_T$ 和 $S_T - S_T^*$ 是基差的两个部分。当需要套期保值的资产与期货合约的标的资产相同时，$S_T - S_T^* = 0$，套期保值的基差仅为 $S_T^* - F_T$；当需要套期保值的资产与期货合约的标的资产不相同时，套期保值的基差增加 $S_T - S_T^*$。

需要对冲的资产与期货合约标的资产的相关性、购买或出售资产时间的不确定性、套期保值时间与期货合约到期日之间的差异等都是影响基差大小的主要因素。如果需要进行套期保值的资产与期货合约标的资产完全一致，将来购买或出售资产的确切时间与期货合约到期日完全一致，则期货合约到期日时基差应该为零。

基差风险可以使套期保值者的头寸状况变好或变坏。对空头套期保值者而言，如果基差意外增加，即现货价格与期货价格之差增加，套期保值者的头寸状况变好；相反，如果基差意外变小，则套期保值者的头寸状况变坏。对多头套期保值者而言，刚好相反。

如果基差等于零，则套期保值者可以达到完全套期保值；如果基差不等于零，则套期保值者可能遭受损失或者获得收益，两者都不是套期保值的初衷。

4. 期货合约的选择

套期保值有成本因素，也可能有基差风险，这些都影响套期保值的效果。所以，对于套期保值者来说，选择合适的期货合约就显得非常重要。期货合约的选择一般遵循以下原则：

（1）选择流动性高、与被套期保值的现货商品高度相关的合约品种。流动性高，套期保值者的交易成本就小，流动性风险就小。与现货商品高度相关，则可以减少套期保值所需要的期货合约数量。例如，如果投资者希望对银行 CD 利率实施套期保值，可是银行 CD 期货合约并不存在。考虑到银行 CD 实际上是一种短期货币市场工具，我们可以用国债期货合约对其进行保值。

（2）套期保值者持有期货合约头寸的时间应当尽可能接近合约到期日，并且该月份应在该套期保值终止后。通常的做法是选择套期保值终止后的下个月作为期货合约的到期月。

（3）要建立可获利的期货头寸。套期保值的目的是规避现货市场出现的风险，一旦期货头寸发生亏损将增加套期保值者的资金压力，套期保值者不得不继续追缴期货保证金，否则套期保值将无法进行。

（4）权衡期货合约是否被正确定价。如果套期保值者选择做空交易，则在期货市场上卖空期货合约时，应该尽量选择那些定价被高估的合约；反之，如果套期保值者选择做多交易，则应该选择那些定价被低估的合约，这样会更有利于实现期货头寸的盈利。

如果机构或公司希望消除任何汇率波动对将来资产或负债价值的影响，可以使用期货合约或远期合约进行外汇套期保值。

例 11.3 某英国进出口贸易公司 2 个月后得到一笔 213.5 万美元的出口货物货款，3 个月后付出 150.2 万欧元的进口货物货款，公司用英镑支付员工工资并计算利润。该公司面临未来英镑对美元和欧元汇率变化的风险。为消除任何汇率波动的影响，该公司可以采取如下套期保值策略。

策略一：签两份外汇远期合约：一份外汇远期合约在2个月后卖出213.5万美元，获得英镑；另一份外汇远期合约在3个月后买入150.2万欧元，支付英镑。

策略二：在期货交易所购买两份外汇期货合约：一份外汇期货合约在2个月后卖出美元，卖出美元的数量尽可能与213.5万美元接近；另一份外汇期货合约在3个月后买入欧元，买入欧元的数量尽可能与150.2万欧元接近。

这两个策略具有以下特点：

策略一的对冲可以使对冲的期限与将来的外汇收入或支出的期限以及对冲的外汇数量与将来的外汇收入或支出的数量完全一致。因此，对冲的结果可以完全消除将来汇率变化的风险，将来的外汇收益或支出的价值在今天完全确定，消除了外汇风险。由于远期合约对冲没有初始费用，使用远期合约对冲的成本为零。

策略二的对冲受限于标准期货合约的条款，合约到期的期限与将来外汇的收入或支出的期限可能不完全一致，合约买卖外汇的数量与将来外汇的收入或支出的数量也有可能不完全一致。对冲的结果不能完全消除外汇风险。这时候，有必要计算外汇头寸在对冲时的风险暴露。虽然期货合约的购买（签约）没有费用，但由于期货交易保证金的存在，且使用期货合约对冲的成本不为零。

比较应用远期合约与期货合约进行套期保值的特点，我们很容易发现，应用远期合约可以实现完全的套期保值，没有套期保值的成本。但是，应用期货合约进行套期保值时，不一定能实现完全的套期保值，有套期保值的成本。但在实际进行套期保值时，由于远期合约并不总是随时随地可以得到，并且还存在对手的违约风险，而期货合约可以很方便地在期货交易所得到。有时，我们不得不用期货合约进行套期保值。

如果机构或公司希望消除利率变化对公司经营的影响，则可以考虑应用国债期货合约管理利率风险。

例11.4 上市公司CHGF计划发行5 000万元的长期债券，其息票率为10%，一年派息两次，在30年后一次性支付本金，它需要一个月的时间准备有关的文件。该公司担心在它发行债券前市场利率会上升1个百分点。

为了避免市场利率上升增加公司的融资成本，该公司可以通过卖出国债期货来进行套期保值。假设当前年息票率为8%，20年期国债的到期收益率为9%，企业债的到期收益率为10%，市场利率上升时所有债券的到期收益率以同样幅度上升。债券价格及其变化见表11.2。

表11.2　　　　　　　　　　　　　债券价格及其变化

债券面值为100	年息票率为8%的国债价格	年息票率为10%的企业债价格
如果市场利率不变	90.799 2	100
如果市场利率上升1个百分点	82.840 9	91.275 1
债券价格变化	7.958 3	8.724 9

于是，套期保值比率为：

$$套期保值比率 = \frac{将要套期保值的债券的价值波动}{用作套期保值的金融工具的价值波动} = \frac{8.7249}{7.9583} = 1.0963$$

为了对债券进行套期保值，该公司需要为每一张新发行的债券卖空年息票率为8%的国债期货合约1.0963张。因此，该公司需要卖空的期货合约数量由下式给出：

$$合约数量 = 套期保值比率 \times \frac{需要套期保值的本金数量}{套期保值工具的面值}$$

假设每张国债期货合约的本金数量为10万元，则该公司需要卖空的合约数量为：

$$合约数量 = 1.0963 \times \frac{50\,000\,000}{100\,000} = 548(张)$$

如果在筹备发债期间市场利率上升1个百分点，则该公司发债成本增加 $50\,000\,000 \times 0.087\,249 = \$4\,362\,450$；但是它可以从期货合约中获利 $548 \times 100\,000 \times 0.079\,583 = \$4\,361\,148$，获得的利润将冲销掉99.97%的机会成本。

二 期权对冲交易

1. Delta 对冲（套期保值）策略

Delta 对冲策略是基本的应用期权进行套期保值的策略。该策略组合基础资产和以基础资产为标的资产的期权，使这个资产组合在一定的时间内免受标的资产价格微小变动的影响。如果用 Delta 对冲后套期保值资产组合的价值在一定的时间内不随基础资产价格的变化而变化，即套期保值后的资产组合的 Delta 等于零。

记 S 为需要套期保值的资产，对冲这个资产的衍生证券头寸价值为 f，所谓 Delta 对冲，即选择适当的 Δ，使得当 S 有一个小的变化时，$\Delta S - f$ 基本不变，则

$$\Delta = \frac{衍生证券价值变化}{标的资产价格变化} = \frac{\partial f}{\partial S}$$

如果 $\Delta = 0$，则称为 Delta 中性策略。

投资者的保值头寸保持 Delta 对冲状态（或 Delta 中性）只能维持一个相当短暂的时间，这是因为标的资产价格随着时间的变化而变化，衍生证券价值也在不断变化中，Delta 值也在不断地变化。实行这个套期保值操作后，如果希望继续保持套期保值后的资产组合保持 Delta 中性，需要不断调整保值头寸。因此，这种策略称为动态对冲策略。

Delta 对冲后，套期保值后的资产组合的方差为 $v = \text{Var}(\Delta S - f)$，令 v 取极小值，可得最佳套期保值率

$$\Delta = \frac{\partial f}{\partial S} \tag{11.5}$$

套期保值的最小方差为

$$v = \text{Var}\left(\frac{\partial f}{\partial S}S - f\right) \tag{11.6}$$

当不能完全对冲时，即使应用最佳对冲率，仍不能完全消除持有资产的风险，则产生基差风险。

例11.5 假设某股票看涨期权的 $\Delta=0.6$，当前期权价格为10元，当前股票价格为100元，投资者出售20份股票看涨期权（即出售2 000股股票的期权）。

投资者如果采用对冲策略，购买 $0.6\times2\,000=1\,200$ 股股票，则投资者在期权头寸上的损益与股票头寸上的损益抵消（Delta中性），对冲结果是得到瞬时无风险证券组合。

如果股票价格上升1元，持有股票增值1 200元；期权价格上升 $0.6\times1\times100=60$ 元，出售20份股票看涨期权的头寸将损失1 200元。反之，如果股票价格下降1元，持有股票损失1 200元。期权的价格下降 $0.6\times1\times100=60$ 元，出售20份股票看涨期权的头寸将盈利1 200元。

随着时间的变化，股票价格和期权价值也将变化。这时，需要采取动态对冲操作策略，即随时调整对冲比率。

例11.6 在例11.5中，股票价格的上升导致Delta增加，从0.60上升到0.65。

这时，为保持Delta中性，应该持有 $0.65\times2\,000=1\,300$ 股股票，即需要增加购买100股股票。可见，为保持Delta中性，需要随着时间的推移，不断调整对冲头寸，也就是需要动态对冲操作。

为减少使用期权套期保值的成本，必须放弃使用期权套期保值的部分利益。虽然世界上没有免费的午餐，却有可能不需要放弃所有期权套期保值的利益，通过适当接受一定的汇率风险，选择虚值期权对冲外汇风险，可以降低期权溢价。

例11.7 某英国进出口贸易公司在180天内要支付100万美元。该公司面临欧元汇率变化的风险。作为套期保值的目标，该公司既希望防止在美元升值时造成过多的损失，又希望在美元贬值时能从中获利。

该公司可以采取如下套期保值策略：

策略一：按照即期汇率购买美元，考虑到利率因素，使所购买的美元在180天后价值为100万美元。

策略二：购买看涨期权，即按照某一确定的英镑/美元汇率购买100万美元的权利。如果英镑相对美元升值，使该期权处于虚值，则不执行该期权，直接从现货市场购买美元，支付货款；否则，执行该期权，用得到的美元支付货款。

这两个策略具有以下特点：

策略一使对冲的外汇数量与将来的外汇支出数量近似相等，仅在180天后才支付美元的情况下，对冲能完全消除外汇风险；如果支付外汇的时间不确定，不一定能完全消除外汇风险。该策略几乎没有对冲成本。

策略二的对冲能完全消除外汇不利变化带来的风险，获得外汇有利变化带来的好处；但必须支付期权费，因此对冲成本较高。如果使用柜台交易期权对冲，可以使对冲的外汇数量与将来的外汇支出数量完全相等；如果使用交易所交易的标准期权合约，则可能出现对冲的外汇数量与将来的外汇支出数量不完全相等。

期权为投资者提供了一个机会,使投资者能在保留盈利机会的同时避免坏的结果出现。例如,一家人寿保险公司出售了有保证的投资收益的合约(保单)后,答应向投资人支付固定的利息。该保险公司可通过买入一份利率期货的看涨期权来进行套期保值。一家公司如果面临利率上升(或固定收益证券价格下降)的风险,则该公司可通过买入利率期货的看跌期权来进行套期保值。

例11.8 假设某资产管理公司购买了100亿元的年息票率为8%的30年期国债期权,自公司1年前购进债券后市场利率上升了100个基点。为避免未来6个月内由于利率再上升而导致债券价值再度下跌的风险,该公司拟采取措施进行套期保值。

公司可购买一份为期6个月的看跌期权,名义本金是1 000万元,执行价格是6个月后假设国债的到期收益率为9.00%时债券的价格。期权套期保值的可能结果见表11.3。

表11.3　　　　　　　　　　　　期权套期保值的可能结果

国债到期收益率(%)	国债价格	现货头寸的损益	看跌期权的价值	净损益
7.00	112.275 0	2 252 130		2 252 130
7.50	105.849 0	1 609 520		1 609 520
8.00	100.000 0	1 024 610		1 024 610
8.50	94.666 2	491 230		491 230
9.00	89.892 8	3 890		3 890
9.50	85.331 5	−442 240	446 130	3 890
10.00	81.239 5	−851 440	885 330	3 890
10.50	77.479 0	−1 227 490	1 231 380	3 890
11.00	74.016 5	−1 573 740	1 557 630	3 890

若该公司购买这样一份看跌期权,无论未来6个月内市场利率会如何变化,套期保值头寸价值不小于到期收益率在9.00%水平的国债价格。

2. 资产组合保险与指数套期保值

如果机构持有高度分散化的资产组合,机构面临如何保证其价值不低于某一确定目标的问题。这时,仍然可以采取Delta对冲策略,即采取持有指数的看跌期权的套期保值策略。当机构收到高度分散化的资产组合时,机构为保证其价值不低于某一确定目标,仍然可以采取Delta对冲策略,通过出售指数的看跌期权来套期保值。

进行指数套期保值时,为计算最佳套期保值率,我们需要知道需要保值的资产组合的 β 系数。设资产组合的现在价值为 v_0,套期保值期为时刻 t,套期保值的目标价值是资产组合价值保持 v_t 或更高,在套期保值期内无风险利率为 r_f,资产组合的红利率为 r_p,指数的红利率为 r_S,指数现值为 S_0,指数在时刻 t 的价值为 S_t。为进行套期保值,我们需要计算实现套期保值目标的指数期权合约的执行价格。

设指数期权合约的执行价格为 S_t,则在时刻 t 需要保值的资产组合的总价值应为

$$v_0 \times [1 + r_f + \beta(r_s + (S_t - S_0)/S_0 - r_f) - r_p]$$

令

$$v_0 \times [1 + r_f + \beta(r_s + (S_t - S_0)/S_0 - r_f) - r_p] = v_t$$

得到

$$S_t = S_0 \times [1 + r_f - r_s + (v_t/v_0 + r_p - 1 - r_f)/\beta] \tag{11.7}$$

这就是实现套期保值目标的指数期权合约的执行价格。

例11.9 设一个证券组合的 $\beta = 2$,现在价值为 1 百万元,当前无风险利率为每年 12%,证券组合和指数的红利收益率为每年 4%,指数现在价位为 250 点,设保险的目标价值是使证券组合的价值为 0.9 百万元,保险期限为 3 个月。下面我们计算实现套期保值目标的指数期权合约的执行价格。

为计算实现套期保值目标的指数期权合约的执行价格,我们首先将各个年收益率换算为与保值期限相同的三个月收益率,列入下表:

r_f	r_s	r_p
3%	1%	1%

由于 $S_0 = 250$, $\beta = 2$,将这些数据代入(11.7)式,得到 $S_t = 240$,实现套期保值目标的指数期权合约的执行价格为 240。

如果每一份合约的价值是指数的 100 倍,对于证券组合中每 100S,资产管理者买入执行价格为 240 的看跌期权合约,就可以保护证券组合的价值使其免受指数下降到低于 240 的损失。由于 $\beta = 2$,对于证券组合中每 100S 元应买 2 份看跌期权。为实现套期保值,应该购买 $\beta \times \dfrac{v_0}{S_0} = 2 \times \dfrac{1\,000\,000}{250 \times 100} = 80$ 份执行价格为 240 点的看跌期权。

3. 构造合成期权

当为高度分散化的资产组合进行套期保值时,还可以采取构造合成期权的套期保值策略。通过购买标的资产(或其期货合约、期权等),构造一个合成证券,使这个合成证券等价于与理论分析一致的对冲期权。这样,就可以应用这个合成证券达到对冲的目的,实现套期保值。

在实际金融风险管理中,我们发现市场上没有足够的期权满足对冲的需要,或者得不到想要的期权,或者期权执行条件不一定符合要求。这样就产生采取构造合成期权的套期保值策略的需求。

所谓构造合成期权,即根据对冲 Δ,在一定时间卖出占原资产组合的一定比例的资产,

并投资于无风险资产,或者反向操作,卖空无风险资产,买进资产。该策略的实质是使资金在股票和无风险资金之间重新分配。当股票价值增加时,出售无风险头寸,增加股票组合头寸;否则,增加无风险头寸,减少股票组合头寸。著名的 LOR 产品就是一个成功的合成期权产品。

使用指数期货进行套期保值比较便宜,所以,仅在没有合适的指数用于套期保值时,才采取合成期权进行套期保值的方法。当应用合成期权进行套期保值时,必须经常关注市场行情。当市场异常波动时,可能导致合成期权(指数)方法实施困难,不能迅速卖出或买进资产,因而无法构造合成期权。

4. 其他希腊字母

业界中,期权交易员常应用"希腊字母"管理或对冲期权交易风险。其中的一个希腊字母就是前述 Delta(Δ)。其他希腊字母分别为 Gamma、Vega、Theta、Rho。

Gamma 定义为期权价值对标的证券价格的二阶偏导数,即

$$\Gamma = \frac{\partial^2 f}{\partial S^2}$$

Vega 定义为期权价值对标的证券波动率的一阶偏导数,即

$$v = \frac{\partial f}{\partial \sigma}$$

Theta 定义为期权价值对期权剩余到期时间的一阶偏导数,即

$$\Theta = \frac{\partial f}{\partial T}$$

Rho 定义为期权价值对利率的一阶偏导数,即

$$\rho = \frac{\partial f}{\partial r}$$

期权交易员可以分别应用 Gamma、Vega、Theta、Rho 对冲 Delta 风险、波动率风险、剩余期限风险和利率风险。对冲的思想与 Delta 对冲策略相似。

三 互换对冲交易

用互换进行套期保值,就是用互换合约,与对手方交换资产或负债,达到套期保值的目的。利率互换可以用来管理利率风险,货币互换可以用来管理汇率风险,商品互换可以用来管理商品价格风险。

下面的例 11.10 用利率互换进行套期保值,例 11.11 综合利用商品互换、利率互换、货币互换管理企业总风险。

使用浮动利率的借款人可以通过利率互换交易(支付固定利率而接受浮动利率)的方法对利率的变动进行套期保值。

例 11.10 一家 BBB 级的公司借得一笔浮动利率的款项(如一笔银行贷款)。在互换交易中,以 LIBOR 为标准的现金收入冲销了与 LIBOR 相关的现金支出。这样,通过互换,这笔浮

动利率的贷款变成了一笔综合的固定利率贷款。该公司的利息成本从浮动利率 LIBOR+0.50% 变成了固定利率 11.50%，见图 11.1。

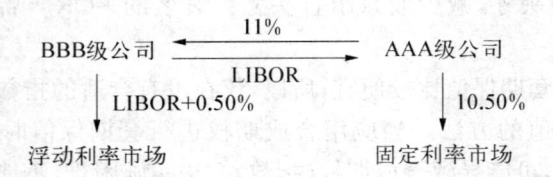

```
              11%
BBB级公司 ←————————→ AAA级公司
         ←————————
            LIBOR
   │ LIBOR+0.50%         │ 10.50%
   ↓                      ↓
 浮动利率市场           固定利率市场
```

图 11.1 利率互换

例 11.11 某德国厂商每 3 个月需要 25 000 桶石油。在国际市场石油用美元定价。因此，该德国厂商面临石油价格变化和欧元兑美元汇率波动双重风险暴露。该德国厂商希望能将石油的价格用欧元固定。当期欧元兑美元汇率为 1.25，7 年石油互换为 70 美元一桶，7 年美元利率互换为 5% 的固定利率换 3 个月 LIBOR，7 年的欧元换美元的货币互换为 4% 换 3 个月 LIBOR。该德国厂商可以执行如下三步互换：

第一步：进入一个商品互换，收到石油现货价格、支付固定价格。25 000 桶石油的固定互换方的价格是每桶 70 美元，总计 1 750 000 美元。

第二步：进入一个美元的利率互换，收到固定利率、支付浮动利率。每 3 个月固定利率支付为 1 750 000 美元，年息为 5%（每季度利息为 1.25%）。这个互换的名义本金为 1 750 000 美元/0.012 5＝140 000 000 美元。

第三步：进入一个货币互换，支付欧元，收到美元。在 5% 的固定互换率下 28 期现金流的现值近似为 41 256 356 美元。在当前欧元/美元为 1.25 的汇率下，41 256 356 美元相当于 33 005 285 欧元。在欧元利率 4%（每季度 1%）下，33 005 285 欧元对应于 28 期支付 1 354 588 欧元的现值。因此，在 4% 的利率下，能产生每季度 1 354 588 欧元支付的名义本金是 135 458 800 欧元。

这个互换的最终结构见图 11.2。该德国厂商在随后的 7 年每桶石油的价格为 54.15 欧元（1 354 588 欧元/25 000）。

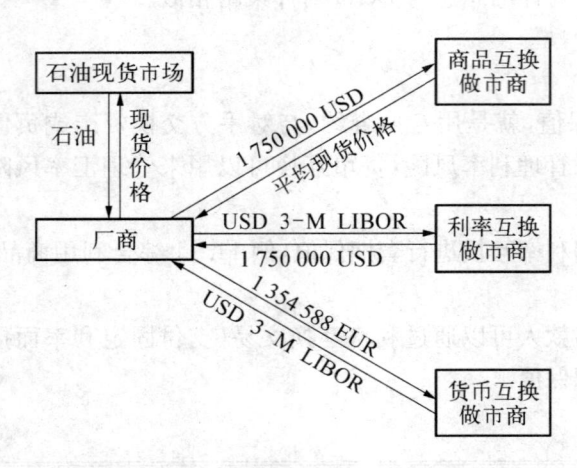

图 11.2 德国厂商互换交易简图

四 减少成本的策略

从前面的分析我们知道,采用不同的套期保值策略,公司需要付出的成本不同,承担的风险也不同。如果机构或公司愿意承担一定的风险,则在选择套期保值策略时可以减少对冲成本。这种付出的减少是以承担的风险增加为代价的。我们看下面的例子。

例 11.12 一家德国进出口贸易公司预计在 90 天内支付 100 万美元进口货款,因此该公司面临欧元汇率变化的风险。公司认为未来外汇市场中很可能 1 美元兑换 0.9~1.3 欧元。作为套期保值的目标,该公司既希望防止在美元升值时造成过多的损失,又希望在美元贬值时能从中获利,并且使对美元的不利变动提供的保护所需的成本小,保护的程度应充分。

当前,欧元对美元的现货汇率为 1 美元换 1.1 欧元,3 个月的远期汇率为 1 美元换 1.2 欧元。期权保险费的报价见表 11.4。

表 11.4　　　　　　　　　　　　　期权保险费的报价

执行价格	美元的看涨期权(欧元的看跌期权)	美元的看跌期权(欧元的看涨期权)
0.900	1 028	72
1.000	682	166
1.100	336	338
1.200	183	692
1.300	101	1 060

为了实现公司的套期保值目标,公司可以承担一定的外汇风险以便套期保值,这样既可以减少对冲的成本,又可以实现套期保值的目的。我们比较下面四个策略:

策略一:不进行套期保值。

策略二:应用期货(远期)合约套期保值。

策略三:购买执行价格为 1.1 的看涨期权套期保值。

策略四:购买执行价格为 1.1 的看涨期权,同时出售一个执行价格为 1.2 或 1.3 的看涨期权来套期保值;或者,购买执行价格为 1.1 的看跌期权,同时出售一个执行价格为 1.2 或 1.3 的看跌期权来套期保值。

在上述四个套期保值策略中,策略一没有成本,但是有风险,即获利或损失都有可能;策略二没有成本,也没有风险,但也没有获利的可能;策略三有一定的成本,但获得将来汇率有利变化时获利的机会;策略四有一定的成本,但是获得了将来汇率有利变化时盈利的机会。策略四的成本比策略三小,但它的获利潜力也比策略三小。

如果公司认为未来外汇市场中很可能 1 美元兑换 0.9~1.3 欧元,则选择策略四是较好的决策。虽然策略四牺牲了可能的潜在收益,但公司认为这个潜在收益发生的可能性不大,很可能仅仅是理论上的收益,实际上不可能出现。

各种组合期权的交易策略可广泛应用于外汇风险对冲,适当地组合多个外汇期权交易策

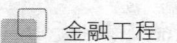

略可以满足不同套期保值者的需求。部分期权的组合方式请参见第二章。

在实际的公司财务决策中,通常可从多种方案中进行选择,我们看下面的例子。

例11.13 在8月中旬,上市公司CHGF的财务人员预计,该公司在11月份中旬左右需要一笔期限为6个月、数量为1 000万美元的款项。银行提出的贷款利率是3个月期的LIBOR+1.00%。当前的收益曲线向上倾斜,预期的3个月的LIBOR的远期利率是5%。预期的贷款利率是6%。

公司的财务人员该怎样对这笔贷款的利率风险进行套期保值呢?他有四种策略:

策略一:不采取任何措施:可能的风险是LIBOR每上升10个基点,利息支付将增加5 000美元(10 000 000×0.001÷2)。

策略二:卖空欧洲美元期货合约:卖空12月到期的3个月期欧洲美元期货合约。该合约当前报价是94.90,即远期利率是5.10%。欧洲美元期货合约的本金数量是100万美元,该公司大约卖出20张期货合约。

$$合约数量 = \frac{6个月}{3个月} \times \frac{10\ 000\ 000}{1\ 000\ 000} = 20$$

该公司将在银行贷款到位时,在9月中旬卖空欧洲美元。在合约到期日之前,公司再将期货平仓,这样公司的风险程度将大为降低。

策略三:利用欧洲美元期货的看跌期权:使公司避免利率上升的风险,并得到利率下跌而带来的机会。套期保值的成本是一笔期权费。假定12月份的看跌期权(执行价格是95.00)的当前价格是400美元。这样,公司就可以通过花费8 000美元($400×20份合约)购买20份期权合约将LIBOR的利率控制在5%的水平。

策略四:购买一份基于LIBOR的远期利率协议(FRA):一家大型的货币中心银行报价为:银行答应支付给交易对方在3个月内开始的6个月期限FRA超过5.05%的利差(按本金1 000万美元计算),而交易对方则答应支付给银行低于5.05%的利差。因此,FRA就把在3个月内开始的6个月期LIBOR锁定在5.05%的水平。

我们将对这四个策略的分析作为习题。

五 套期保值交易评述

基本的套期保值交易策略是应用远期(期货)、期权和互换进行,套期保值使将来资产价值的最终结果确定,减少公司面临的金融风险,并不一定能改进财务绩效。例如,当资产价格上升时,持有的资产价值增加,但空头套期保值的期货空头将有损失;当资产价格下降时,将来要购买的资产价值下降,购买资产付出的成本将降低,但多头套期保值的期货多头将有损失,两者相抵。

但是,套期保值会带来成本。当用期货进行套期保值时,套期保值者希望用期货交易的收益去抵消现货商品发生的损失,但在部分时间内可能出现现货商品的收益和期货合约的损失。由于期货合约是实行每日结算制度,若期货合约产生亏损,套期保值者必须存入额外的保证金以弥补该损失，即使现货商品产生的收益大于期货合约发生的损失，也很难用现货头寸的盈利来抵补期货合约的亏损。因为期货合约的盈利和亏损可以立即确认，而现货损益只有在套期保值终止时才可实现，期货和现货损益的确认时间不同。如果套期保值同时出现现货头寸的收益和期货头寸的亏损，从事后的实际效果来看，不使用套期保值的结果更好。

企业在决定进行套期保值时，必须仔细考虑各种可能性。一旦出现上述情况，企业将为此支付保证金，增加企业资金成本；如果期货合约持续亏损，企业将因为支付追加保证金而减少运营资金，极端情况下将严重影响企业正常的经营活动。如果企业不愿支付追加保证金而提前轧平期货头寸，那么套期保值就无法继续进行，现货头寸将暴露在风险之下。极端情况会给企业带来灾难性影响。

第三节　套利交易策略

套利有很多形式，其中一些需要用到复合金融工具。套利是在不同空间和时间上有效地配置资源的重要手段，同时也有助于资源在不同风险和金融工具之间进行有效的配置。进行套利交易的一个重要特点，是在进行套利交易时不需要初始投资。如果进行套利交易需要支付现金，则从货币市场借入，或者卖空资产得到，或者出售资产得到。

一　空间套利

最基本的套利形式是空间套利（或地理套利）和时间套利。在**空间套利**中，套利者在商品价格较高的市场卖出商品，同时在相对便宜的市场中买进商品，用价格较高出售商品所得的收入购买低价格的商品，贱买贵卖，获得套利收益，套利交易不需要投资。由于在两个市场中的交易是同时进行的，因此交易没有风险。

在实际进行空间套利时，出售商品所得的资金并不总能马上到手，因此有必要进行一些短期投资。另外，进行交易时的实际价格与套利时的报价往往稍有不同。这就有了一些交易风险，当然这种风险与投机的风险比起来要小得多。只要卖出和买进的价格差足以抵消在两个市场间运输商品所需的费用以及其他交易费用，则空间套利就是有利可图的。

二　时间套利

时间套利需要在现在购进（或卖出）资产的同时，预约在将来的某一时刻卖出（或买进）该资产。比如，谷物套利商在现货市场购进现货（用借来的资金）同时签订三个月后卖出的远期合约。三个月后从仓库中提出谷物卖掉。卖谷物的收入用来偿还借款和利息，只要期货和现货的差价足以抵消三个月仓储的费用和三个月的利息，那么套利就是有利可图的。仓储费用和利息的总成本比谷物本身的价值要小得多，称为库存成本。因此，如果期货和现货交易的价格差足以抵消库存成本，时间套利就是有利可图的。

三　风险间套利

风险间套利是指出售低风险债务来为购买高风险资产筹集资金的一种行为。单个资产可能是高风险的，但是，如果适当地对这些单个资产进行组合，则有可能降低总风险，获得利益。例如，保险公司承担了许多单个的大风险保单，但可以通过集中这些风险，大大降低它们的总风险，也就是通过分散化降低风险。通过对证券组合恰当的构造和分散化，多个风险很大的单个证券头寸可仅产生很小的总体风险。如果承受单个风险的单位愿意支付足够大的风险补偿,套利将有利可图。保险、再保险等都是风险间套利的例子。

四 金融工具间的套利

金融工具间套利即把多种资产或金融工具组合在一起,形成一种或多种与原来性质不同的金融工具,这也是创造复合金融工具的做法;反之,一个金融工具也可以分解成一系列的金融工具,且分解后的每一个与原来的金融工具具有不同的性质。共同基金就是金融工具间套利的例子。其他的例子包括抵押贷款支持证券、把息票剥离后得到的零息票债券、用期权组合而成的复合期货、用看涨期权组合而成的复合看跌期权等。

复合证券是指通过组合或分解一组证券的现金流来产生真实证券的现金流。大多数复合证券需要使用期货、远期、期权、互换等衍生工具。通过合成合适的金融工具和衍生工具,可以复合出任何证券的现金流。但是,复合证券和真实证券在质量上存在差别,必须慎重考虑这些差别。

第四节 投机交易与衍生品交易的教训

一 投机交易

投机交易是常见的交易。投机者根据自己对证券或者商品价格变化的判断买进卖出,赚取买卖价差。由于期货、期权、互换等衍生工具交易内在的杠杆效应,衍生工具被投机者广泛使用。

投机交易者对证券和商品价格变化的预测方法主要有基本分析和技术分析。基本分析主要依据经济形势、制度与政策变化等信息进行预测,技术分析主要以标的资产和衍生证券价格、成交量、持仓量等信息进行预测。更多的投机者声称他们将基本分析与技术分析相结合进行预测,以技术分析为主。

衍生工具的投机交易是高风险交易。据说2015年7月中国A股"股灾"期间就有股指期货投机交易者跳楼身亡。

二 套期保值教训

1. 德国金属公司石油套保事件

1992年,德国金属公司(Matallgesellschaft,MG)签约以稍高于当时市场价格的固定价格向客户出售5~10年的石油产品,同时采用期货合约多头进行套期保值。期货合约向前滚动以维持套期保值。1993年底,因为石油价格持续下降,MG需要补充保证金。出于MG公司担心流动性风险,公司平仓所有对冲交易,同时放弃了向客户支付固定价格的合约。MG最终损失了13.3亿美元。

2. 株冶锌期货套保事件

株洲冶炼厂(株洲冶炼集团有限责任公司,简称株冶)是中国最大的铅锌生产和出口基地之一,其生产的"火炬牌"锌是我国第一个在伦敦交易所注册的商标,经有关部门特批,该厂可以在国外金属期货市场上进行套期保值。

1997年株冶的年锌锭产量为25万吨左右,但在伦敦金属交易所株冶卖出了45万吨的期货合约,交割月份为1997年5~8月份,卖出价格基本上在1 000美元左右。由于具体经办人员越权透支进行交易,出现亏损后继续在伦敦市场上抛出期锌合约,在伦敦卖出锌的数量远远超过株冶的年锌锭产量。结果发生逼仓现象,导致亏损越来越大。株冶最后集中性平仓的3天内亏损额达1.758亿多美元,折合人民币14.591亿多元。

3. 沙钢的钢铁套期保值交易

2009年3月27日钢材期货正式挂牌交易,沙钢即积极进场进行螺纹钢期货交易。沙钢是生产钢铁的大型企业,正常的套期保值逻辑下沙钢应该在期货市场卖出钢铁期货。

上海期货交易所的持仓榜显示,4月下旬沙钢在当时螺纹钢主力合约0909上持有空单为31 000手。到7月14日,沙钢持有螺纹钢0909合约为38 744手。

7月15日,螺纹钢突破前期高点,开始了一波猛烈的上涨。从这一天开始,沙钢出现减仓。当日沙钢减仓5 068手,剩余持仓33 676手。随后,螺纹钢主力合约价格一路上升至8月初的5 000元/吨左右,较半个月前上涨了约1 000元/吨。8月10日,沙钢螺纹钢0909合约剩余持仓已经为641手。8月11日,0909合约持仓榜前20位中已经没有沙钢的身影。

8月19日,沙钢再度出现在持仓榜,不过,这次沙钢是螺纹钢期货合约多头。当日,沙钢增仓螺纹钢主力0911合约14 300手,持仓量达16 349手,位居该合约多头持仓榜第5位。当日螺纹钢期价约为4 200元/吨。

事实上,在8月4日前后价格到达顶峰后,螺纹钢就进入下滑区间。在沙钢建立多头仓位后,价格的下滑并未停顿。9月11日,沙钢在螺纹钢0911的多头合约已减仓至1 046手。9月14日螺纹钢期价约为4 000元/吨时,沙钢从多头持仓榜上消失了。

9月21日,沙钢卖出5 271手螺纹钢0912合约,又一次出现在持仓榜第19位。10月12日后,沙钢不断增加0912合约空头仓位。到10月30日,空单增加至14 388手。与此同时,沙钢不断增加1001合约空头仓位,直至持仓9 276手空单,居持仓榜第二位。

从9月21日沙钢重新变成空头起至10月12日,螺纹钢价格一路下滑。到10月12日沙钢再度增加空单后,螺纹钢价格又开始回升。到沙钢增仓至空头榜首位时,螺纹钢价格已较10月12日上涨100多元/吨。在螺纹钢期货市场做空、做多、再做空的三个阶段交易中,沙钢承受了巨大亏损。

三 套利交易教训

长期资本管理公司(LTCM)于1994年2月成立,1994年到1997年的投资回报率分别为19.9%、42.8%、40.8%和17.1%。到1997年底,资产增值75亿美元,在1997年12月,客户赎回了27亿美元,长期资本管理公司在1997年底实际管理资产48亿美元。虽然LTCM资产总值不到50亿美元,却向各银行、券商机构借贷了将近1 250亿美元,负债与资产的比例高达20多倍,最高时LTCM的财务杠杆比率甚至高达26倍。

长期资本管理公司的投资策略主要是做相对价值套利策略,利用融资得到的资金在利率互换市场(interest-rate swap market)做风险中性套利策略(market neutral arbitrage),即买入低估的有价证券,卖空高估的有价证券。

LTCM与其交易对象签约,如果不同国家国债之间的收益率差距(yield spread)在未来变大,就必须支付对方一笔金额;反之,如果利率价差变小,对方必须支付给LTCM一笔金额。该策略的本质就是赌收益率价差变小。

1998年春开始利差快速扩大,导致LTCM投资损失呈几何级数增长。1998年9月中旬LTCM的损失超过40亿美元,资产总值只剩下6亿美元。

四 投机交易教训

1995年尼克利森从事日经225指数期货投机交易,交易亏损接近10亿美元,致使有233年悠久历史的巴林银行破产。

2005年国储局在伦敦期货交易所从事铜期货交易,最终导致亏损8亿美元。2004年中航油衍生品交易总亏损合计达3.81亿美元。

本章小结

本章首先介绍了衍生产品交易类型,解释了对冲交易、套利交易和投机交易以及期货、期权和互换的交易,然后详细介绍了利用期货、期权和互换进行对冲交易、套利交易和投机交易的策略,最后总结了投机交易和衍生产品交易的各种教训。

问题与习题

1. 请解释套期保值原理、多头套期保值、空头套期保值和套期保值成本,并举例说明。
2. 请解释如何应用远期(期货)、期权与互换进行套期保值。
3. 请解释套期保值率和最佳套期比率。
4. 如果在进行套期保值时间内的保值对象价格变化量与期货价格的变化量的相关系数$\rho=0.9$,保值对象价格变化的标准差$\sigma_S=35\%$,期货价格变化的标准差$\sigma_F=37\%$,请计算最佳套期保值率。
5. 假设某企业预期在5个月后需要购入120万加仑的汽油,已知1加仑飞机燃油在未来5个月内价格变动的标准差为0.04。该企业选择购买原油期货进行套期保值,该期货在未来5个月价格变动的标准差为0.043,并且飞机燃油与原油期货的相关系数为0.8,如果一份原油期货的交易数量为42 000加仑。请计算最佳保值比率,该公司应该购买多少份原油期货合约?
6. 什么是应用期货进行套期保值的基差?产生基差的原因有哪些?
7. 在应用期货进行套期保值时,选择期货合约时应该遵循哪些原则?
8. 如何利用期权进行套期保值?什么是Delta对冲策略?如何计算对冲率?
9. 什么是Delta中性策略?Delta中性策略为什么是动态对冲策略?
10. Delta对冲的基差风险是如何产生的?
11. 假设某股票看涨期权的$\Delta=0.56$,当前期权价格为12元,当前股票价格为105元,投资者出售20份股票看涨期权(即出售2 000股股票的期权)。如果投资者采用Delta中性对冲策略,请问需要购买多少股股票?
12. 在题11中,如果股票价格的上升将导致Delta从0.56上升到0.60,为保持Delta中性,投资者应该持有多少股股票?如果股票价格的下降导致Delta从0.56下降到0.50,投资者应该持有多少股股票?
13. 什么是资产组合保险?

14. 如何进行指数套期保值?

15. 设一个证券组合的 $\beta = 1.5$,现在价值是 100 万元,当前无风险利率是每年 10%,证券组合和指数的红利收益率为每年 4%,指数现在价位为 250 点,设保险的目标价值是使证券组合的价值为 0.9 百万元,保险期限为 6 个月。请计算实现套期保值目标的指数期权合约的执行价格。

16. 什么是合成期权?合成期权有哪些用途?如何构造合成期权?

17. 举例说明如何用互换进行套期保值。

18. 某进出口贸易公司经常收到或支付外汇,公司希望消除任何汇率波动对公司现金流的影响,请问该公司可以采取哪些套期保值策略?

19. 假设在 7 月中旬上市公司 CHGF 的财务人员预计该公司在 10 月份中旬左右需要一笔期限 6 个月、数量为 100 万美元的款项。银行提出的贷款利率是 3 个月期的 LIBOR+1.00%。当前的收益曲线向上倾斜,预期的 3 个月期 LIBOR 的远期利率是 4.5%。请问公司的财务人员可以选择哪些策略对这笔贷款的利率风险进行套期保值?

20. 请对例 11.11 关于利率风险的四种套期保值策略进行分析。

21. 什么是减少成本的套期保值策略?请举例说明。

22. 什么是套利交易?什么是套利交易策略?套利存在的基本条件有哪些?

23. 套利的主要形式有哪些?请举例说明。

24. 举例说明复合金融工具构成的原理。

25. 资产配置策略与传统的证券组合管理的联系与区别是什么?

26. 什么是投资组合保险策略?它有哪些缺点?

27. 程序化交易的机制是什么?

28. 什么是指数投资策略?其理论依据是什么?

29. 什么是资产配置策略?资产配置策略主要包括哪些类型?

第十二章

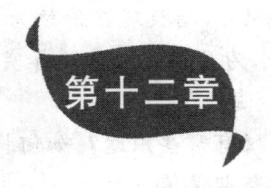

风险价值与风险管理

公司在运营中需要承担各种风险,包括利率风险、货币风险、经济周期风险、通货膨胀风险、商品价格风险和行业风险。如果公司应对风险不当,可能给公司带来损失甚至破产,因此,世界各地的公司花费大量的资源用于风险管理。金融机构采取更有效的风险控制,已成为重要的管理要求;对新的衍生工具和结构产品的管理,也成为现代金融机构经营管理的重要任务;同时,随着《巴塞尔协议》的逐步推广,关于金融交易活动的资本充足率的法律要求也逐步增强,风险管理成为金融机构的核心业务。

公司需要估价和管理各种风险来源的暴露,通过使用各种金融衍生工具和保险等策略,使公司能在各种情况下生存和发展。估价风险的最基本方法是 VaR 技术。最常见的风险管理策略是套期保值。在第十一章我们介绍了套期保值策略,在本章中我们主要介绍度量金融风险的 VaR 方法,以及该方法在风险管理和资产管理中的应用。

第一节 风险、风险价值与风险度量

一 金融风险与风险暴露

金融风险是指经济活动中引发的金融实体在财务经营方面的不确定性。主要的金融风险包括市场风险、信用风险、流动性风险、操作风险、模型风险、法律风险等。

市场风险是指由于商品或金融市场价格水平的变化或波动引起的不确定性。金融市场风险有四种不同的类型:利率风险、汇率风险、权益风险和商品风险。它们分别由将来利率水平、外汇水平、股票价格水平和商品价格水平的不确定性带来的。

市场风险通常用绝对风险和相对风险两种形式表示。所谓**绝对风险**,就是用货币价值表示可能的损失;所谓**相对风险**,就是用相对于某个基准指数表示的损失。绝对风险集中于总收益的波动性,风险用未预期结果的标准差(或 $sigme(\sigma)$)度量,标准差也称为波动率。**相对风险**测量跟踪指数误差,未预期结果相对于作为基准指数的收益差作为风险的度量。

信用风险是指信用事件出现时,资产组合相对市场价值(盯市)的潜在损失。当对手方履行义务的能力发生变化时,信用事件发生。债券市场价格的变化(由于信用评级的变化或在市场中出现违约的感觉)也可以被视为信用风险。所以,信用风险和市场风险有交叉。

信用风险源自对手方不愿意或不能完全履行合约义务,信用风险可以用假设对手方违约时替换现金流的成本来度量。这个损失包括风险暴露(风险数量)和恢复率(偿还的比率)。

风险暴露是指信用风险发生时总的可能损失。恢复率是指在总的损失中,有多少比例的损失最后可以追回。例如,一笔500万元的贷款在发生信用风险时,总的风险暴露是500万元。如果在清算欠债公司的资产后银行还可以追回320万元,则恢复率为64%。债券、贷款和衍生产品都有信用风险暴露。

信用风险还包括主权风险(外币)和结算风险。

流动性风险有**资产流动性风险**和**资金流动性风险**两种形式。**资产流动性风险**也称为市场/产品流动性风险,是指交易不能按照当前市场价格进行。如果相对正常交易量而言需要交易的资产头寸很大,就很难按照当前的市场价格进行交易,通常需要按照一定的折扣成交,导致成交价格小于市场价值。

资金流动性风险(现金流风险)是指机构没有能力满足当前支付义务,可能导致机构被提前清算,账面损失因此转换为现实的损失。

操作风险一般可被定义为人或技术错误或事故导致的风险,包括欺诈、管理失败、不充分的措施和控制。

现代金融投资和资产组合管理中,广泛应用资产定价模型为资产估价。**模型风险**是指由于估价头寸的模型错误可能带来的风险。

法律风险是指交易不受法律保护可能带来的风险。

金融机构在日常经营活动中,面临的金融风险可以分为信用风险、市场风险、操作风险三种。信用风险通常是指违约风险,当一个机构不能或不愿履行其金融义务时,就发生信用风险;操作风险是指公司在日常操作与工作流程中产生的风险,金融欺诈行为也是其中之一;市场风险是指金融市场的不断变化导致的不确定性,包括外汇风险、利率风险、权益风险、流动性风险等。

外汇风险是指由于汇率变动而带来的风险;利率风险是指由于利率波动而带来的风险;权益风险是指股票价格水平或股票市场价格波动带来的风险,因为股票价格的波动会影响公司价值和融资成本;流动性风险是指资产不能按照价值出售带来的损失。

对监管机构而言,要遵循的风险管理的基本原则是:风险必须由愿意接受风险并且有能力承受风险的市场参与者承担;必须严格限制市场参与者承担超出其能力的风险;不能强迫机构或个人接受他们不愿意承担的风险。

风险暴露(Risk Exposure)是指金融机构在各种业务活动中容易受到风险因素影响的资产和负债的价值,或者暴露在风险中的头寸状况。

例 12.1 某基金公司拥有有价证券,如果它的一个证券组合今天的价值为 $500\,000$,显然这个资产组合的价值会随市场行情的变化而不断变化,因此公司面临市场风险,风险暴露为 $500\,000$。

二 风险价值(VaR)

风险度量的使用已经成为现代金融风险管理的必要工具。在现代金融分析与管理中,定量风险度量与收益模型的位置同样重要,是金融机构经营管理的重要组成部分。风险度量被

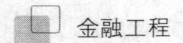

广泛应用于投资决策、监管决策、风险资本配置和外部监管。风险暴露的度量方法并不唯一。根据应用风险度量标准目的的不同,可以用不同的方式进行风险度量。

金融风险会导致潜在的损失,资产价值的损失通过基础金融变量的波动性和对这个风险来源的暴露而定。风险价值(VaR)描述波动性和金融风险暴露的组合效果,是被广泛接受的风险测量标准,也是风险管理的标准方法。

定义 12.1 风险价值是指在一定期限内,在正常市场条件下,对给定的概率,资产最大的潜在损失不超过的数量,即

$$VaR_\alpha = \inf\{l \in R: P(L > l) \leq 1 - \alpha\} = \inf\{l \in R: F_L(l) \geq \alpha\} \tag{12.1}$$

其中,$F_L(l)$ 是资产损失的分布函数。

如果资产损失的概率密度函数连续,则式(12.1)也可以改写为

$$P(L \leq VaR_\alpha) = \alpha \tag{12.2}$$

即 VaR 表示在一定期限内对给定的置信水平下资产期望的最大损失。

VaR 提出了一个简单问题:"最坏情况会怎样?"仅用数字 VaR 就抓住了风险的要点,容易理解。

为了计算投资组合的风险价值 VaR,我们假设初始时间为 0,给定的期限为 T,给定的置信水平为 α,定义 W_0 是资产(组合)的初始投资,R 是投资期内资产组合的收益率,收益率 R 的期望和波动率分别为 μ 和 σ,则期末资产组合价值为:

$$V_T = V_0(1 + R)$$

在 $[0, T]$ 内资产组合的损失有相对损失和绝对损失两种计算方式。

相对损失定义为:

$$L = V_0(1 + \mu) - V_T$$

绝对损失定义为:

$$L = V_0 - V_T$$

相对损失是预期 T 时的资产价值与 T 时的资产价值之差。显然,$-L = V_T - V_0(1 + \mu)$ 就是投资者通常所说的资产组合的相对收益。绝对损失是期初 0 时资产价值与期末价值之差。显然,$-L = V_T - V_0$ 就是投资者所说的绝对收益。

如果用资产组合相对损失定义 VaR,则我们计算得到的是**相对 VaR**;如果用资产组合绝对损失定义 VaR,则我们计算得到的是**绝对 VaR**。

绝对 VaR 是相对于初始价值损失而言的,没有参考资产的期望收益。相对 VaR 是相对资产期望收益的价值损失。如果投资期很短,资产组合的均值 μ 很小,就可以使用绝对 VaR。例如,投资公司管理市场风险时,需要每日盯市,时刻观察所管理的资产市场价值及其变化。这时,由于每天资产组合收益率的均值近似为零,用绝对 VaR 度量所面临的风险就是适当的选择。

对商业银行等机构,它们不需要每日盯市,风险管理的目标是关注相当长时间内资产价值变化的情况。这时,就不能假设资产组合的均值为零,相对 VaR 是更合适的概念,因为它根据目标期偏离均值(或预算)来观察风险,适当地考虑金钱的时间价值。它的缺点是必须估

计收益的均值。

VaR 的最大好处是将风险度量透明化、规范化,用统一的风险度量尺度比较不同类型的风险。

VaR 被监管当局以及金融机构用来确定资本金的持有量。对于市场风险,监管人员所要求的资本金等于 10 天展望期的 99% VaR 的一定倍数(至少 3 倍)。对于信用风险和操作风险,《巴塞尔协议Ⅱ》规定,监管人员要求在资本金计算中采用 1 年展望期及 99.9% 的置信区间。

对应于 99.9% 置信度和 1 年展望期,某交易组合的 VaR 为 5 000 万元,这意味着在极端条件下(理论上讲,每 1 000 年出现一次),金融机构在 1 年时损失会超过 5 000 万元。或者说,如果金融机构持有 5 000 万元的资本金,我们会有 99.9% 的把握,金融机构不会在 1 年内完全损失自身持有的资本金。

根据 VaR 的定义,容易证明下面的性质:

性质 12.1 假设资产组合的收益服从正态分布。特别地,$V_T \sim \varphi(V_0(1+\mu T), \sigma^2)$,风险度量需要考虑的时间区间是 Δt 年,则相对 VaR 为:

$$VaR_r = V_0 \gamma \sigma \sqrt{\Delta t} \tag{12.3}$$

绝对 VaR 为:

$$VaR_a = W_0(\gamma \sqrt{\Delta t} - \mu \Delta t) \tag{12.4}$$

其中,γ 的大小与显著性水平 α 有关,可以根据正态分布函数计算。

这种方法可以推广到其他类型的分布函数。只要资产收益的不确定性可以由波动率 σ 表示,我们就可用式(12.3)或式(12.4)计算 VaR。分布函数不同,计算需要的 N 也不同。当分布函数不是正态分布时,VaR 的计算就比较复杂,不能直接利用波动率来计算,需要用模拟方法估计 VaR。

例 12.2 假定一个资产组合 6 个月展望期的期望收益为 1 万元,方差是 1 万元,资产收益服从正态分布。如果资产收益为 $V_T - V_0$,则绝对收益服从正态分布,即 $V_T - V_0 \sim \varphi(10, 1)$;如果资产收益为 $V_T - V_0(1+\mu)$,则相对收益服从正态分布,即 $V_T - V_0(1+\mu) \sim \varphi(10, 1)$。根据正态分布的性质得出分布的 1% 分位数为 $1 - 2.33 \times 1 = -1.33$(万元)。因此,对于 6 个月展望期,在 99% 置信度下的 VaR 为 1.33 万元。特别地,根据收益的定义确定 1.33 万元是绝对 VaR 还是相对 VaR。

例 12.3 假定一个 1 年的项目的最终结果介于 500 万元损失和 500 万元收益之间,500 万元损失和 500 万元收益之间的任意结果具有均等的可能。项目的最终结果服从由 -500 万元到 $+500$ 万元的均匀分布,损失大于 490 万元的可能性为 1%,对于 1 年的展望期,在 99% 置信度下的 VaR 为 490 万元。

三 风险度量和 CVaR

在金融理论和金融实践中,风险测量是一个重要的课题。最常见的风险度量标准是金融资产的标准差。如果金融资产的收益服从正态分布,或者投资者具有二次效用函数,则标准差是很好的风险度量标准。

如果风险度量被看作资产组合价值 W 的函数,用单一数 $\rho(W)$ 表示,理想的作为资本充足性要求的风险度量标准应该具有下面四个性质。

单调性:如果 $W_1 \leqslant W_2$,则 $\rho(W_1) \leqslant \rho(W_2)$,即如果资产收益比其他资产低,则它的风险较大。

传递性:$\rho(W+k) = \rho(W) - k$,即在资产组合中增加现金 k,则风险减少 k。

齐次性:$\rho(bW) = b\rho(W)$,即增加资产组合规模,则风险同比例增加(不考虑流动性效应)。

次可加性:$\rho(W_1 + W_2) \leqslant \rho(W_1) + \rho(W_2)$,即合并资产组合并不增加风险。

这里的讨论没有考虑资产组合的期望收益问题。在实践中,金融资产的风险增加,通常其期望收益也增加。

如果资产组合收益率是正态分布,则基于标准离差的 VaR 满足以上四个性质。然而,当资产组合收益率不满足正态分布时,基于分位数的 VaR 通常不满足次可加性。也就是说,在资产组合收益非正态分布的情况下,基于分位数的 VaR 可能不理想。作为改进,人们提出 CVaR(条件 VaR)风险度量标准。

定义 12.2 CVaR 是指在 T 时间段的损失超出了第 X 分位数的条件下损失的期望值。

根据定义 12.2,CVaR 给出当市场条件变糟而触发损失的条件下损失的期望值为多大(有时称为条件风险价值、条件尾部期望、尾部损失),它是资产组合的条件损失。VaR 满足风险度量的单调性、传递性和齐次性 3 个条件,但不一定永远满足第 4 个条件,而 CVaR 满足单调性、传递性、齐次性和次可加性 4 个条件。

VaR 是为了展示损失会糟成什么样。两个具有同样 VaR 的投资组合,CVaR 却可能差距非常大。从风险分散的意义上讲,CVaR 要比 VaR 有更好的性态。但是,CVaR 的计算远比 VaR 复杂,也比 VaR 更难以理解。当用历史数据来检验 VaR 可靠性时,CVaR 的准确性很难得到回顾测试。

第二节 风险价值(VaR)模型

在所有 VaR 的计算中,资产组合以市场价值表示,需要估计资产组合收益率的分布。在实际应用中,资产组合收益率的标准差的计算是关键。获得资产组合收益率的标准差,就可以按照性质 1 计算资产组合的 VaR。

各种 VaR 模型的主要差别是资产组合分布的估计不同。VaR 模型可以被分为因素模型(如 RiskMetrics)和资产组合模型(如历史分位数)。

一 因素模型

在因素模型中,资产收益用有限因素表示。假设已经知道因素的波动率和相关性,资产组合风险随时间的变化与因素的波动率和相关性的变化而变化。假设需要计算的 VaR 与资产组合的标准差成比例,通常假设资产收益率为正态分布。

资产的相关性是资产组合风险中本质性驱动力量。资产组合的风险主要由组合中个别资产之间的相关性决定。当资产组合中的资产数目很大时,计算这些资产的协方差很困难。

随着资产个数的增加,它们之间相关系数数量的增加也很快。在计算 VaR 时,如果资产组合比较大,包含的资产个数很多,则这个问题可能很严重,相关系数可能无法精确地估计,计算出的 VaR 可能小于零。

在实践中,应用许多方法近似估计协方差矩阵。最基本的做法是将证券收益用一般风险因素表示,风险暴露也用适当的风险暴露指标代替,这些指标称为一般市场风险。剩余部分称为特别风险。经过这样的处理,协方差的计算工作被大大减轻。下面我们介绍常见的几种因素模型。

1. 零 VaR 度量

零 VaR 模型并不考虑资产组合收益由哪些因素构成,直接通过资产组合中个别资产之间的协方差计算资产组合的方差,结果为:

$$\sigma_p^2 = w'\Sigma w \tag{12.5}$$

其中,Σ 是个别资产之间的协方差,是正定矩阵,w 是资产组合的权系数向量。

在实际应用中,需要估计协方差矩阵 Σ。为了保证估计的协方差矩阵是正定的,必要条件是历史观测样本数 T 大于资产组合中的资产个数 N,组合中资产收益不线性相关。但是,在现实世界中,当资产数目多时,资产收益近似线性相关,这可能导致严重的问题。在应用中,如果发现 VaR 度量相对头寸而言异常小,则应该检查资产收益的不相关性条件;如果相关性的改变会导致 VaR 大的变化,则说明资产收益近似线性相关,计算得到的 VaR 值可能不可靠。

2. 单因素模型

在零 VaR 模型中,资产组合方差的计算可能非常复杂,而且可能存在资产收益相关性问题。一个简化和解决办法是假设所有资产收益仅受一个共同的因素影响,即仅受市场因素的影响,即:

$$\begin{aligned} R_i &= \alpha_i + \beta_i R_m + \varepsilon_i \\ E[\varepsilon_i] &= 0 \\ E[\varepsilon_i R_m] &= 0 \\ E[\varepsilon_i^2] &= \sigma_{\varepsilon,i}^2, \; i = 1, 2, \cdots, N \\ E[\varepsilon_i \varepsilon_j] &= 0, \; i, j = 1, 2, \cdots, N, \; i \neq j \end{aligned} \tag{12.6}$$

即资产 i 的收益由市场组合收益 R_m 和个别因素 ε_i 决定,与市场收益不相关,也与其他资产的个别因素不相关。资产 i 收益的方差能分解为:

$$\sigma_i^2 = \beta_i^2 \sigma_m^2 + \sigma_{\varepsilon,i}^2, \; i = 1, 2, \cdots, N \tag{12.7}$$

两个资产的协方差为:

$$\sigma_{ij} = \beta_i \beta_j \sigma_m^2; \; i, j = 1, 2, \cdots, N; \; i \neq j \tag{12.8}$$

所有资产的收益波动性仅受一个共同因素影响。所有资产的协方差矩阵为:

$$\Sigma = \begin{bmatrix} \beta_1 \\ \vdots \\ \beta_N \end{bmatrix} \begin{bmatrix} \beta_1 & \cdots & \beta_N \end{bmatrix} \sigma_m^2 + \begin{bmatrix} \sigma_{\varepsilon,1}^2 & 0 & 0 \\ 0 & \ddots & 0 \\ 0 & 0 & \sigma_{\varepsilon,N}^2 \end{bmatrix}$$

用矩阵的形式可以写为:

$$\Sigma = \beta\beta'\sigma_m^2 + D_\varepsilon \tag{12.9}$$

由于 D_ε 是对角矩阵,协方差矩阵的参数个数由 $N\times(N+1)/2$ 减少到 $2N+1$。

如果资产组合很大,组合被充分分散化,则资产组合的方差可以被大大简化。因为:

$$Var(R_p) = Var(w'R) = w'Rw = (w'\beta\beta'w)\sigma_m^2 + w'\Sigma_\varepsilon w = (w'\beta\beta'w)\sigma_m^2 + \sum_{i=1}^N w_i^2\sigma_{\varepsilon,i}^2 \tag{12.10}$$

其中,第二项随资产组合中证券个数的增加将变得很小。因此,资产组合的方差收敛于

$$Var(R_p) \to (w'\beta\beta'w)\sigma_m^2 \tag{12.11}$$

即资产组合的方差主要依赖于一个因素。

3. 多因素模型

如果单因素模型仍然不能充分描述组合的方差,则可应用多因素模型。假设所有资产收益由有限个因素决定:

$$R_i = \alpha_i + \beta_{i1}y_1 + \cdots + \beta_{ik}y_k + \varepsilon_i, \quad i = 1, \cdots, N \tag{12.12}$$

这里 R_i 是 N 个资产收益,y_i 是 N 个相互独立的因素。所有资产的协方差矩阵为:

$$\Sigma = \beta_1\beta_1'\sigma_1^2 + \cdots + \beta_k\beta_k'\sigma_k^2 + D_\varepsilon \tag{12.13}$$

协方差的参数个数为 $N\times k+N+k$,仍然相对很少。

因素模型可以用来决定在每个市场计算 VaR 所需要的基本资产个数。例如,政府债券市场的债券到期期限从 1 天到 30 年。为了计算债券资产组合的 VaR,我们需要多少个基本债券来表示资产组合?资产个数能充分表示代表市场?应用统计学的**主成分分析**方法可以回答这个问题,这里我们就不讨论了。

知道资产组合的方差,则应用式(12.3)或式(12.4),我们容易计算资产组合的 VaR,

$$VaR_r = \alpha W \sigma_m \tag{12.14}$$

根据 VaR 模型的不同,可以写出不同的 VaR 计算公式。

二 资产组合模型

资产组合模型通过构造资产组合的历史收益来模拟当前资产组合过去的表现,根据构造的当前资产组合的历史表现,基于统计模型计算资产组合的 VaR,将特定资产组合风险的变化与这个资产组合的历史经验相联系。

尽管我们在实际应用中很难完全构造资产的历史收益,但我们感兴趣的仅是预测分位数,即估计 VaR,而不是准确构造资产组合的历史收益。估计 VaR 的方法有多种。例如,首先用统计方法估计资产组合的波动率,然后计算资产组合的 VaR。我们可以用 GARCH 模型或指数平滑方法估计资产组合的收益率,在假设资产组合收益率服从正态分布的条件下,可以直接计算资产组合的 VaR。也可以假设在任何时期资产组合的收益是等可能的,然后计算资产组合的历史分位数(VaR),将历史分位数外推来计算资产组合的收益率。

从时间 t 到 $t+1$ 资产组的收益为:

$$R_{p,t+1} = \sum_{i=1}^N w_i R_{i,t+1} \tag{12.15}$$

这里，N 是资产组合中个别资产的总数，$R_{i,t+1}$ 是资产 i 的收益，w_i 是资产 i 在资产组合中的权重，$w_i = W_i/W$，W_i 是资产组合中资产 i 的市场价值，W 是资产组合的市场总价值。

资产组合的 VaR 将组合中个别资产定义为风险因素，w_i 为这个风险因素的线性暴露，用矩阵形式可以表示为：

$$R_{p,t+1} = w_1 R_{1,t+1} + \cdots + w_N R_{N,t+1} = w'R \tag{12.16}$$

这里，w' 是权重向量的转置，R 是组合中个别资产的收益向量。资产组合的期望收益为：

$$E(R_p) = \mu_p = \sum_{i=1}^{N} w_i \mu_i \tag{12.17}$$

资产组合的方差为：

$$Var(R_p) = \sigma_p^2 = \sum_{i=1}^{N} w_i^2 \sigma_i^2 + \sum_{i=1}^{N} \sum_{j<i}^{N} w_i w_j \sigma_{ij} \tag{12.18}$$

用矩阵的形式表示为：

$$\sigma_p^2 = (w_1, \cdots, w_N) \begin{pmatrix} \sigma_{11} & \cdots & \sigma_{1N} \\ \vdots & \ddots & \vdots \\ \sigma_{N1} & \cdots & \sigma_{NN} \end{pmatrix} \begin{pmatrix} w_1 \\ \vdots \\ w_N \end{pmatrix} = w'\Sigma w \tag{12.19}$$

如果以货币表示资产潜在的损失，则 VaR 为：

$$\sigma_p^2 W^2 = x'\Sigma x \tag{12.20}$$

这里，x 表示投资在每个资产的货币数量的向量。

为了把资产组合的方差转换为 VaR 度量，我们需要知道资产组合收益的分布。如果资产组合的收益是正态分布的，我们仅需要将置信水平 c 转换为标准正态偏离 α，使观测的损失比 $-\alpha$ 多的概率是 c，即：

$$VaR_p = \alpha \sigma_p W = \alpha \sqrt{x'\Sigma x} \tag{12.21}$$

将每个个别资产的风险定义为：

$$VaR_i = \alpha \sigma_i |W_i| = \alpha \sigma_i |w_i| W \tag{12.22}$$

个别资产的相关系数为：

$$\rho_{ij} = \sigma_{ij}/(\sigma_i \sigma_j) \tag{12.23}$$

如果相关系数小或者资产数目很多，则资产组合的风险小。

在实践中，为了计算资产组合的 VaR，我们按照下列步骤进行：以市场价格作为资产组合价值，测量风险因素的波动率，设定时间水平或持有期，设定置信水平，报告最坏损失。

三 极值模型

计算 VaR 的另外一种方法是应用极值理论。要计算在一定时期内资产组合的极值的分布函数，如果我们知道资产组合极值的分布函数，则给定置信水平 c，计算极值分布函数对应这个置信水平的分位数，就是这个资产组合的 VaR。

应用极值理论的困难在于估计资产组合极值分布函数或极值模型。

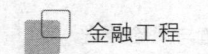

四 数量因素的选择

持有期长度和置信区间水平是计算和应用 VaR 数的重要数量因素。在进行 VaR 计算时，必须首先确定持有期长度和置信区间水平。在应用中，持有期长度和置信区间水平的选择依赖于使用 VaR 数的目的。使用 VaR 数的目的不同，则置信水平 α 和持有期长度 Δt 也不同。

1. VaR 作为风险基准度量

VaR 最一般的作用是提供一个在公司范围比较不同风险的标尺。如果仅用 VaR 比较公司范围内的不同风险，则可以任意选择持有期长度和置信区间水平。这时，应用 VaR 的核心是注意 VaR 跨部门和时间差别。

2. VaR 作为潜在损失度量

VaR 可以给出一个机构潜在损失的度量，给出机构最坏损失的一般印象。如果 VaR 是应用于这个目的，则持有期长度的选择由资产组合的本质决定。例如，持有期长度应该代表清偿期或对冲市场风险所要求的时间一致。而置信水平的选择就不很重要，可任意选择。

3. VaR 作为权益资本

如果 VaR 是直接应用于设定机构资本储备的选择，则恰当选择持有期长度和置信区间水平就很重要。置信水平的选择应该反映公司风险厌恶程度和损失超过 VaR 的成本，持有期长度的选择应该考虑出现损失时采取行动所要求的时间。损失开始扩大时采取改正行动所要求的时间，要求与持有期长度对应。

为了这个目的，我们必须假设 VaR 度量包括机构面临的所有风险。风险度量应该包括市场风险、信用风险、操作风险和其他风险。

第三节　VaR 工具与资产管理

在进行资产管理时，经常需要知道资产组合部分头寸的改变对组合 VaR 的影响。如果资产组合的 VaR 很大，则应该考虑出售什么资产对降低资产组合的 VaR 最有效？或者说应该对哪个资产进行套期保值？当需要进行新的交易时，新交易对组合 VaR 的影响是什么？组合中不同资产的风险是不相同的，当前资产组合的风险与个别资产的风险的关系如何？这些，需要应用下面的 VaR 工具来回答。

一 VaR 工具

1. 边际 VaR

定义 12.3　个别资产头寸的变化对资产组合 VaR 的影响称为**边际 VaR（Marginal VaR）**。记第 i 个资产的边际 VaR 为 ΔVaR_i，则 $\Delta VaR_i = \dfrac{\partial VaR}{\partial w_i W}$。

根据定义，边际 VaR 可以用资产组合的 VaR 对个别资产权重的偏导数来计算。根据式 (12.18)，

$$\frac{\partial \sigma_p^2}{\partial w_i} = 2w_i \sigma_i^2 + 2\sum_{j=1,\,j\neq i}^{N} w_j \sigma_{ij} = 2\mathrm{cov}(R_i, R_p)$$

因此，

$$\frac{\partial \sigma_p}{\partial w_i} = \frac{\text{cov}(R_i, R_p)}{\sigma_p}$$

转换到 VaR 数，我们得到边际 VaR 表达式，用具有下面元素的向量表示：

$$\Delta VaR_i = \frac{\partial VaR}{\partial w_i W} = \alpha \frac{\partial \sigma_p}{\partial w_i} = \alpha \frac{\text{cov}(R_i, R_p)}{\sigma_p} \tag{12.24}$$

边际 VaR 与 Beta 系数密切相关，根据 CAPM，

$$\beta = \frac{\text{cov}(R_i, R_p)}{\sigma_p^2} = \frac{\sigma_{ip}}{\sigma_p^2} = \frac{\rho_{ip} \sigma_i \sigma_p}{\sigma_p^2} = \rho_{ip} \frac{\sigma_i}{\sigma_p}$$

它度量一个证券对总资产组合风险的贡献。Beta 也称为系统风险，用回归系数表示为：

$$R_{i,t} = \alpha_i + \beta_i R_{p,t} + \varepsilon_{i,t}, \quad t = 1, \cdots, T$$

Beta 的向量表示为

$$\beta = \frac{\Sigma w}{w' \Sigma w} \tag{12.25}$$

于是边际 VaR 为：

$$\Delta VaR_i = \alpha(\beta_i \sigma_p) = \frac{VaR_i}{W} \beta_i \tag{12.26}$$

应用：假设投资者希望降低资产组合的 VaR，准备减少固定数量的所有头寸，则投资者应将所有边际 VaR 数排序，选择出售具有最大 ΔVaR 的资产，或者对具有最大 ΔVaR 的资产进行套期保值。因为它是改善 VaR 最有效的头寸，有最大对冲效果。

2. 增量 VaR(IVaR)

增量 VaR 考虑增加新的交易对资产组合 VaR 的影响。在资产管理中，经常采用套期保值策略。进行套期保值策略就需要增加新的交易，而新的交易对资产组合 VaR 的影响是我们关心的问题。

定义 12.4 对交易头寸 p 和 $a + p$，分别用 VaR_p 和 VaR_{p+a} 表示它们的 VaR，定义 $IVaR = VaR_{p+a} - VaR_p$ 为增量 VaR，即组合中增加 a 头寸后组合的 VaR 的变化值。

增量 VaR 评估新的交易对资产组合的总影响。如果增量 VaR 减少，新交易是风险减少的或对冲的；否则，新交易是风险增加的。

如果直接应用 IVaR 的定义，则需要估价两次资产组合的 VaR，这在实际应用时可能需要很多计算时间，这是它的主要缺点。考虑到

$$IVaR_{p+a} = VaR_p + (\Delta VaR)' a + \cdots \tag{12.27}$$

如果 a 比较小，忽略高阶项，我们可以得到计算 IVaR 的近似公式：

$$IVaR \approx (\Delta VaR)' a \tag{12.28}$$

在实际应用中，我们经常需要权衡计算时间和计算精度，选择计算增量 VaR 的方法。

IVaR 方法可以应用于多个风险暴露的资产的一次交易中，如果资产组合价值从 W 变化为 $W_N = W + a$，其中，a 是投资在资产 i 上的数量，则：

$$\sigma_N^2 W_N^2 = \sigma_N^2 W^2 + 2aW\sigma_{ip} + a^2\sigma_i^2$$

新交易带来的新资产组合风险的变化为：

$$\frac{\partial \sigma_N^2 W_N^2}{\partial a} = 2W\sigma_{ip} + 2a\sigma_i^2$$

当 $a^* = -W\dfrac{\sigma_{ip}}{\sigma_i^2} = -W\beta_i = \dfrac{\sigma_p^2}{\sigma_i^2}$ 时，新资产组合风险的变化为零。

3. 成分 VaR(CVaR)

定义 12.5 CVaR 的定义为

$$CVaR = (\Delta VaR_i) \times w_i W = VaR_i \beta_i w_i \tag{12.29}$$

CVaR 表示一个成分(资产)从资产组合中去掉后资产组合 VaR 的近似变化。当这个成分的头寸很小时，线性近似效果较好。

对大的资产组合，可以进行如下风险分解：

$$CVaR_1 + CVaR_2 + \cdots + CVaR_N = VaR\left(\sum_{i=1}^{N} w_i \beta_i\right)$$

而成分 VaR 表示当给定成分从资产组合中去掉时资产组合 VaR 的近似变化，所以

$$CVaR_i = VaR w_i \beta_i = (\alpha \sigma_p w_i W)\rho_i = VaR_i \rho_i$$

成分 i 对资产组合 VaR 贡献的百分比为：

$$\frac{CVaR_i}{VaR} = \beta_i w_i \tag{12.30}$$

在风险管理实践中，经常需要调整组合头寸以改变组合风险 VaR。这时，边际 VaR、增量 VaR、成分 VaR 常被用来作为选择被调整头寸的参考。根据边际 VaR、增量 VaR、成分 VaR，风险管理者很容易找到对组合风险 VaR 影响最大的头寸或组合。

4. 组合 VaR 的分解与加总

风险度量 VaR 满足齐次性，即增加资产组合规模，则风险同比例增加。因此，根据欧拉定理，

$$VaR = \sum_{i=1}^{M} \frac{\partial VaR}{\partial x_i} x_i$$

这表明投资组合的成分 VaR 的总和等于投资组合的整体 VaR。因此，成分 VaR 可以方便地将整体 VaR 分配到子交易组合，甚至到单一交易中。比如，可以应用欧拉定理将整个银行的经济资本金在各个业务部门间分配。

有时，风险管理部门可能使用同样的展望期和置信区间计算银行不同业务领域的多个 VaR，并希望将这些 VaR 聚合起来求得整体 VaR。这时，可以考虑应用下面的公式：

$$VaR_{总} = \sqrt{\sum_{i,j} VaR_i VaR_j \rho_{ij}}$$

上式在损失(收益)为期望等于 0 的正态分布时严格成立，并且在其他情况下也提供了很好的估计。

二 VaR 方法（对大的资产组合）

对大的资产组合，计算组合的 VaR 需要对资产组合进行估价。经常应用的估价方式是局部估价和全局估价（Local valuation and full valuation）方法、Delta-Gamma 近似等。

1. 局部估价

局部估价方法也称为 Delta 估价方法，该方法依赖于资产收益服从正态分布的假设（Delta-normal valuation），仅考虑组合价值关于资产价格的一阶导数，估价资产组合在初始点的价值变化。假设 $V_0 = V(S_0)$，定义 Δ_0 为资产组合对价格的一阶偏导数，它代表资产组合对价格变化的敏感性，则当前头寸潜在损失为：

$$dV = \frac{\partial V}{\partial S}\bigg|_{t=0} \times dS = \Delta_0 \times dS \tag{12.31}$$

表示价格变化 dS 下资产组合价值的近似变化。如果资产组合是固定收益证券组合，则 Δ_0 就是久期；如果资产组合是衍生产品，则 Δ_0 就是衍生产品的 Delta。

如果是资产组合收益服从正态分布，则资产组合的 VaR 是：

$$VaR = |\Delta_0| \times VaR_S = |\Delta_0| \times (\alpha a S_0) \tag{12.32}$$

这里，α 是相应特定置信区间的标准正态偏离（分位数）。对固定收益证券组合，价格—收益关系是：

$$dV = -D^* V dy$$

这里，D^* 是修改的久期，在这种情况下，

$$VaR = (D^* V)(\alpha \sigma)$$

2. 完全估价

在有些情形下，局部估价方法不能充分反映资产风险，需要采用完全估价方法。完全估价方法比较在不同的价格下资产组合价值的实际变化，即

$$dV = V(S_1) - V(S_0)$$

其中，S_0 是资产组合初始价格，S_1 是新的价格，可以用模拟方法产生。

如果事先给定资产价格的分布函数，则可以用蒙特卡罗模拟方法估价资产组合的价值；也可以采用历史模拟方法，从当前历史数据抽样得到资产价格数据，对每个样本估价资产组合，然后计算 VaR。

三 模型检验

模型检验是检查模型是否充分的一般过程，可以通过一些工具来实现，这些工具包括回塑测试、压力测试、独立的评论和监督。

1. 回塑测试

回塑测试是检验实际损失与预测的损失一致的正式的统计框架，包括系统地比较历史 VaR 预测与相关的资产组合收益。

为什么要回塑测试？因为较长的时间区间减少了独立观测个数和校验的效力。置信水平的选择应该导致一个有效力的检验。置信水平太高，则减少落在尾部的期望的观测数量，

因此也降低了检验效力。VaR模型仅在它们被证明有合理精确度时(能合理地预测风险)才是有用的。因此,模型使用者必须通过比较预测损失和实际损失来系统地检查估价模型和风险模型的有效性。

真实检查步骤对 VaR 使用者和风险管理者而言是基本的,他们需要检查 VaR 预测是很好标定的。如果不是,则应该重新检查模型是否假设不完善、参数是否错误或不准确。这个过程同时提供改善的思路。

一种回塑测试方法是考察落在 VaR 之外的观测数。如果模型是完美标定的,则落在 VaR 之外的观测数应该与置信水平一致。如果有太多的观测样本落在 VaR 之外,则模型低估风险,监管者可能实施惩罚,提高资本充足性要求。如果有太少的观测样本落在 VaR 之外,则模型高估风险,导致资本配置无效率。

2. 压力测试

压力测试可以描述为识别和管理可能导致极端损失的情形。进行压力测试的目的,是测试在标准 VaR 下不会发生的异常场景,确定在极端情形下机构可能的损失。风险管理的基本目标是防止机构破产。通过进行压力测试,指出机构面临的最大可能损失,实现风险管理目标。

压力测试有场景分析、模型分析等。我们这里简单介绍场景分析方法。场景分析主要是模拟两种冲击:过去从未发生或比历史观测数据提示的更可能发生的事件;模拟永久性结构变化和短暂统计模式变化的冲击。

场景分析是指在各种状态下估价资产组合。典型的做法是应用完全估价方法计算关键变量出现大的变化时资产组合价值的变化。压力测试的直接应用是序贯地让关键变量出现大的变化,看看资产组合价值变化情况。当然,这样的压力测试没有考虑变量之间的相关性。场景分析也可以分析金融变量联合变化时的情形。经济变量的联合变化关系既可以从历史数据得出,也可以从预期场景中得出。

历史场景分析就是用历史数据模拟金融变量的联合变化,假设历史上出现的情形将来还会出现,用历史数据表示将来可能出现的情形,计算资产组合可能出现的极端损失。风险管理的作用是识别 VaR 窗外的场景。所有这些场景将产生金融变量的联合变化,这些联合变化自动考虑了金融变量的相关性。这种方法的缺点是历史上极值事件可能太少。

预期场景分析,就是预测将来可能出现的极端场景,分析在这个场景下对金融市场的意义。

3. 独立的评论和监督

独立的评论和监督是由外部或内部与 VaR 模型人员独立的机构对模型进行分析,提供外部独立意见。

第四节 著名风险管理系统介绍

一、CreditMetrics

J. P. Morgen 主持开发的 CreditMetrics 系统用于计算信贷类、银行非信贷类资产组合的信用 VaR(Portfolio Value at Risk due to Credit)。CreditMetrics 系统将银行资产的资产

组合划分为贷款类(债券、贷款等)资产组合和非贷款类(互换、远期、贷款承诺等)资产组合两种,先分别估计贷款类组合和非贷款类组合的分布以及它们之间的相关系数,然后应用式(12.5)计算组合的 VaR。

对于非息应收款项(贸易信贷)、放款承诺、市场驱动的工具(互换、远期等)等表外业务,CreditMetrics 系统可根据定价模型计算这些资产的公允值和将来的分布。

对信贷类资产,CreditMetrics 根据资产组合中不同债务人信用质量、信用迁移概率矩阵、远期贴现结构和相关性等,根据 Merton 模型计算信贷资产或信贷资产组合在给定的未来价值变化分布。在处理信贷资产的相关性时,需要根据资产所在国家、行业、地区和债务人资产结构的因素进行调整。

最后,CreditMetrics 系统根据所有信贷资产与银行非信贷资产组合中的相关性、将来的分布,最终计算出组合资产中由于信贷质量变化而导致的组合资产的 VaR 值。

CreditMetrics 系统属于盯市类模型,它不仅能识别传统的贷款、债券等投资工具的信用风险,还可以运用于互换等金融衍生工具的信用风险识别。

CreditMetrics 系统的逻辑架构见图 12.1。图 12.1 展示了 CreditMetrics 系统的四个模块。第一模块计算个别信贷类资产价值的分布、标准差;第二模块计算各种信贷类资产与非信贷类资产的相关性;第三模块计算非信贷类资产分布;在前面三个模块的基础上,第四模块根据 VaR 理论计算组合信用风险价值。计算组合信用风险价值流程见图 12.1。

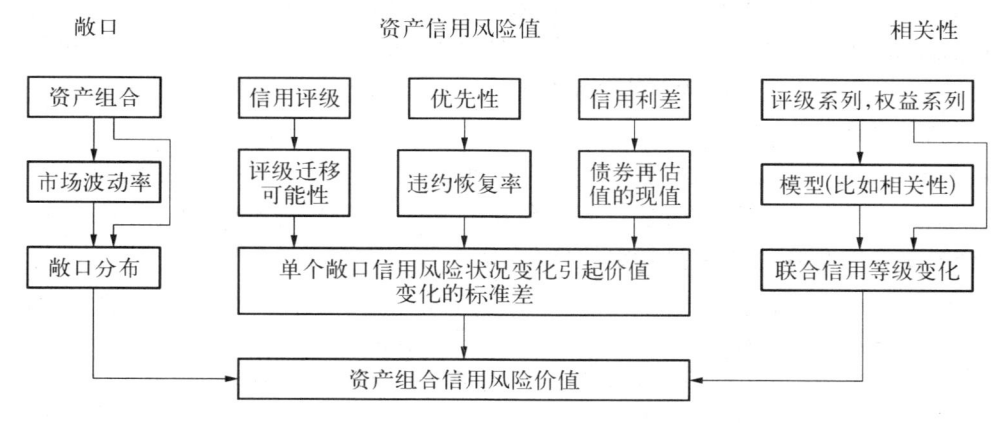

图 12.1 CreditMetrics 系统的组合信用风险价值

(1) 确定风险期,通常设定为 1 年。

(2) 确定信用评级系统,每一债务人被赋予一个信用评级,可采用权威中介机构的评级结果,也可采用内部评级结果。在应用模型时,要将内部评级转换成相应的外部评级。

(3) 确定债务人信用评级转移矩阵,即债务人在风险期信用评级转移至其他所有状态的概率。

(4) 确定信贷利差溢价,以计算贷款或债券在不同评级上的现值。CreditMetrics 系统采用合同现金折现流量法(DCCF)来计算贷款将来价值。如果贷款评级调整,贷款的现值就不是合同约定的将来现金流量的价值,而是其回收价值。

(5) 确定不同评级级别债券的违约回收率。CreditMetrics 系统假设不同借款人的违约回收率的相关性为零,同时假设同一借款人不同种类借款的违约回收率的相关性为零。

(6) 估计非信贷类资产的风险暴露的分布。

(7) 估计资产之间变化的相关性。由于公司资产价值不能直接观测到，所以对那些上市公司而言，可以用股价作为替代变量来计算资产相关系数。由于在实际使用 CreditMetrics 系统时，债券与债务组合很庞大，为了减少估计维数问题，CreditMetrics 系统使用了 VaR 的多因素分析模型(式(12.13))。

(8) 估计资产之间的联合违约概率以及联合转移概率。CreditMetrics 系统以股票价格替代公司资产价值来推导公司之间的违约相关系数，进而推导转移概率与违约概率。

(9) 计算贷款或债券组合的信用风险值，即 VaR。该模型通过 VaR 的数值计算力图反映出银行某个或整个信贷组合一旦面临信用级别变化或拖欠风险时所应准备的资本金数值。

二、CreditRisk＋

瑞士信贷银行(CSFB)开发的 CreditRisk＋系统(又称信用风险附加模型)是一个关于信用违约风险的统计模型。CreditRisk＋系统通过使用违约率波动率(default rate volatilities)和行业分析(sector analysis)分析违约损失，可适用于公司贷款、零售贷款、衍生工具和可交易债券等的信用违约风险分析。CreditRisk＋系统基于简约式模型，不直接使用违约相关性分析组合信用风险。而 CreditMetrics 系统基于结构化模型，需要使用违约相关性分析组合信用风险。

CreditRisk＋系统假设计算 VaR 时间期限固定(通常假设一年)，在任何时候贷款仅有违约和不违约两种状态，用资产组合在指定将来期间资产组合的违约损失表示信用违约风险，通过计算贷款组合在指定期间的违约概率分布、违约损失，进而计算金融资产违约损失分布、确定信用风险 VaR。

CreditRisk＋系统假设不同贷款违约事件彼此独立，用泊松分布描述在给定时间内贷款的次数。只有债务人发生违约时，债权人才会发生损失，损失额等于债务总额减去回收的债务额。违约损失是不确定的，服从特定的分布。

CreditRisk＋系统估计组合违约损失分布时，将违约损失(风险暴露)分组，在每组中分别用一个数字均值代表风险暴露等级。违约损失由风险暴露和回收率来确定。

CreditRisk＋系统将违约风险分解为两个因子：违约频率、损失严重程度。模型的输入数据主要包括：债务人违约概率；违约概率的波动性；每一个债务人的风险暴露；收复比率。通过 CreditRisk＋系统的计算，最终可以确定信贷组合的信用风险 VaR 及相关的准备金、资本金、经济资本和信用风险额度等风险管理指标。

CreditRisk＋系统的基本框架如图 12.2 所示。具体计算步骤如下：

(1) 假设计算 VaR 时间期限固定，通常假设一年。

(2) 将资产组合分组。每个债务人(每笔贷款)有违约损失率(LGD，loss given default))即风险暴露、违约概率和预期损失。CreditRisk＋系统将贷款分组。取固定的数 L，风险暴露小于 L 的贷款放在第一组，风险暴露大于 L 小于 $2L$ 的贷款放在第二组，以此类推。假设共有 m 组。

(3) 计算每个组别贷款的平均违约贷款数量和违约损失。根据历史统计数据估计每个组别预期违约次数和预期违约损失，组别 j 的预期违约次数为 $\mu_j(j=1,2,\cdots)$，预期违约损失为 $v_j(j=1,2,\cdots)$。

(4) 确定在每个组别违约贷款个数的分布。在每个组别内，每笔资产的违约概率相同，

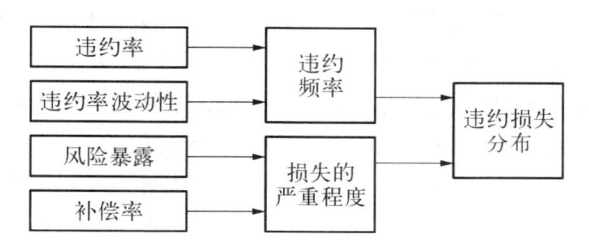

图 12.2 　CreditRisk＋系统的组合信用风险价值

债务人违约行为相互独立。组别 j 内发生违约的贷款笔数（违约次数）服从泊松分布

$$p_j(n) = \frac{\mu_j^n e^{-\mu_j}}{n!} \quad (j=1,2,\cdots; n=0,1,\cdots) \tag{12.33}$$

（5）确定贷款在每个组别损失的分布。对每个组别 j，CreditRisk＋系统根据前面计算的违约概率、违约损失，计算相应的概率生成函数：

$$G_j(z) = \sum_{n_j=0}^{\infty} p(n_j) z^{n_j v_j} = \sum_{n_j=0}^{\infty} \frac{\mu_j^{n_j} n_j e^{-\mu_j}}{n_j!} z^{n_j v_j} = \exp\{-\mu_j + \mu_j z^{v_j}\} \quad (j=1,2,\cdots) \tag{12.34}$$

根据这个概率生成函数，可以计算组别 j 在 1 年后的损失分布。

（6）确定整个贷款组合的损失分布。根据 CreditRisk＋系统的独立性假设，整个贷款组合的违约概率生成函数就是所有组别概率生成函数的乘积，即

$$G(z) = \prod_{j=1}^{m} \exp\left\{-\sum_{j=1}^{m}\mu_j + \sum_{j=1}^{m}\mu_j z^{v_j}\right\} \tag{12.35}$$

由于采用风险暴露 L 对贷款进行分组，因此，整个贷款组合的发生损失额为 nL 的概率可以表示为：

$$P_{nL} = \frac{1}{n!} \frac{d^n G(z)}{dz^n}\bigg|_{z=0} \quad (n=0,1,2,\cdots) \tag{12.36}$$

式中，n 为投资组合的违约次数。根据该式可以计算各种损失金额的概率，构建投资组合的预期违约损失的分布。

三　Credit Portfolio View

Credit Portfolio View 用统计方法估算信用风险。宏观经济因素影响国家信用及行业信用的整体信用转移及违约风险。经济萧条时，信用降级和违约事件增加，经济繁荣时则相反。国家与行业整体的违约数量与宏观经济周期关系密切，违约率和迁移率都与经济情况直接相关，宏观经济状况是贷款组合信用风险的系统性风险。应用宏观经济因素的多元线性回归可以预测国家信用及行业信用的整体信用转移及违约风险。基于这个原理，McKinsey 公司提出了 Credit Portfolio View 系统，用于模拟多个国家、不同行业、各个评级组的违约率和迁移率的条件联合分布。

Credit Portfolio View 假设违约概率可以用统计模型 Logit 模型拟合，而 Logit 模型的自变量是宏观经济要素的函数。Credit Portfolio View 的联合违约分布变量有失业率、GDP 增长率、长期利率水平、外汇、政府支出和综合储蓄率等宏观经济指标。

Credit Portfolio View 不用历史信用等级迁移和违约数据估计累积违约分布和迁移概率,而是将宏观经济要素与违约率和迁移率联系起来,各个债务人的信用评级情况都依赖于宏观因素。对每个国家指定宏观经济变量,每个宏观经济变量假设服从二阶自回归模型(AR(2)),标定(calibrating)国家或行业的联合违约率,对所有国家(行业)模拟联合违约概率分布,最后对每个国家(行业)推断出唯一的无条件马尔柯夫转移矩阵,最后一步是产生累积违约分布和迁移概率。

Credit Portfolio View 采用自下而上的方法,即从一个关于违约事件状态的概率假设开始,对无条件的信用迁移矩阵进行修正校准,在获取了有条件的信用迁移矩阵后,计算信用风险价值 VaR。Credit Portfolio View 的计算步骤如下:

(1) Logit 模型拟合违约概率

Credit Portfolio View 系统将违约率假设为:

$$P_t = (1 + e^{-Y_t})^{-1} \qquad (12.37)$$

其中,P_t 是在当前(t 时期)某一国家或行业中债务人的违约条件概率,Y_t 是当前宏观经济指数。

(2) 建立当前宏观经济指数指标

Credit Portfolio View 系统用多因素模型描述当前宏观经济指数:

$$Y_t = \beta_0 + \beta_1 X_{1,t} + \beta_2 X_{2,t} + \cdots + \beta_m X_{m,t} + v_t \qquad (12.38)$$

其中,X_t 是特定国家(行业)的 m 个宏观经济变量,$X_t = (X_{1,t}, X_{2,t}, \cdots, X_{m,t})$,$\beta = (\beta_0, \beta_1, \cdots, \beta_m)$ 是模型系数估计值,v_t 是独立同分布的残差项,$v_t \sim N(0, \Sigma_v)$。

(3) 宏观经济变量的自回归建模

Credit Portfolio View 系统假设宏观经济变量指标 X_t 具有记忆性,服从二阶自回归(AR(2))模型,即

$$X_{i,t} = \gamma_{i,0} + \gamma_{i,1} X_{i,t-1} + \gamma_{i,2} X_{i,t-2} + \varepsilon_{i,t} \qquad (12.39)$$

其中,γ_i 为估计对于过去信息的敏感度;$\varepsilon_{i,t}$ 为独立同分布的残差项,$\varepsilon_{i,t} \sim N(0, \sigma_i)$,$\varepsilon_t \sim N(0, \Sigma_\varepsilon)$,$\Sigma_\varepsilon$ 为 $m \times m$ 阶协方差矩阵。

(4) 校准模型与模拟

Credit Portfolio View 系统用实际数据对式(12.37)、式(12.38)、式(12.39)进行校准,校准后系统能对所有债务人的违约概率的分布进行模拟,得到违约概率 P_t。

(5) 计算条件的信用迁移矩阵

假设在通常经济环境下,我们获得了信用等级迁移矩阵,称为无条件信用等级迁移矩阵。无条件信用等级迁移矩阵没有反映当前的宏观经济形势,如果直接使用无条件信用等级迁移矩阵预测将来债务违约问题,预测效果不好。Credit Portfolio View 系统用当前的信用风险状态调整无条件信用等级迁移矩阵,用调整后的信用等级迁移矩阵计算 VaR。

评级机构用不同国家、行业的长时间范围内(跨越了多个商业周期)的统计数据编制信用等级迁移矩阵,记为 ϕM,Credit Portfolio View 系统称之为无条件信用等级迁移矩阵。在 ϕM 中,ϕSDP 为其中表示违约概率的部分,即无条件违约概率。Credit Portfolio View 系统先通过第 4 步计算的违约概率 P_t 计算 $P_t/\phi SDP$,然后用 $P_t/\phi SDP$ 对矩阵 ϕM 中的迁移概率进行调整,获取基于宏观经济情况调整的迁移矩阵

$$M_t = M(P_{j,t} / \phi SDP)$$

（6）计算信用风险价值

Credit Portfolio View 系统用上述步骤进行 Monte Carlo 多次模拟计算，可以多次产生条件迁移矩阵，产生累积违约和迁移概率分布，这个累积违约和迁移概率分布用以计算信用风险价值 VaR。

第五节　套期保值与风险管理

所有的财务决策实际上是在风险与收益之间进行权衡。面临不确定未来的决策，不可避免地具有风险，为减少风险暴露而进行的效益—成本权衡及采取的行动，称为风险管理。风险管理分为风险识别、风险评估、风险管理技术的选择、风险管理技术实施、风险管理的检查与反馈5个步骤。

在进行风险管理之前，首先要识别风险。风险识别是分析公司面临的各种风险暴露因素；对识别出的风险因素，要分别评估其对公司营利可能带来的影响，风险评估就是分析公司面临的风险、可能采取的各种管理方案的效益—成本。这时，风险度量是重要的风险评估和决策参考依据，VaR 已成为行业风险度量的标准。

在识别和评估风险后，就需要在各种潜在的风险管理技术中，根据风险管理的目标，选择最优的风险管理技术。基本的风险管理技术分为规避风险、承受风险、转移风险、分散化风险等。规避风险是避免做可能带来风险的业务，即不作为。防范和控制风险即采取必要的措施减少风险暴露。承受风险即承受一定的风险，以期得到相应的风险回报。转移风险是通过一定的市场交易，将不愿意承受的风险转让给愿意承受风险的其他机构或个人。分散化风险实际是应用多样化的投资策略，分散个别资产的风险。

风险管理的策略也有很多种。除了应用 VaR 工具进行风险管理外，常见的有购买保险、风险分散化和套期保值等。购买保险的风险管理策略即通过支付保险费来避免损失的方法。公司通过向保险公司买保险来避免潜在的损失；风险分散化的风险管理策略即通过分散化投资策略，来消除投资的非系统风险。

套期保值策略的最广泛的应用是风险管理，前面我们已经对套期保值策略进行了详细介绍。在实际进行套期保值时，无论是利用期权进行风险管理，还是应用期货、互换进行风险管理，我们都很难做到完全消除风险。在用期货进行套期保值时，常常需要面对基差风险；在应用期权进行套期保值时，需要动态调整对冲比例；互换合约面临合约可得性和流动性问题。因此，应用套期保值策略进行风险管理，并不总能完全对冲风险，仍然需要关注风险价值 VaR，而 VaR 的计算方法与以前的介绍相似。

在进行资产组合保险时，必须在获得潜在收益与承担风险之间进行选择，经常进行对风险价值的分析。特别是在构造合成期权对资产组合进行套期保值时，必须经常关注市场行情。当市场异常波动时，可能导致合成期权（指数）方法实施困难，不能迅速卖出或买进资产，因而无法构造合成期权，潜在风险很大。

理想的套利交易没有风险，但是，由于市场通常是不完善和不完全的，几乎没有理想的套利机会。因此，对套利交易策略，也必须分析其风险，估价套利交易策略的潜在风险。

本章小结

本章主要介绍了度量金融风险的 VaR 方法，以及该方法在风险管理和资产管理中的应用。首先分析了金融风险的类型和金融风险的度量方法，主要介绍了风险度量的风险价值（VaR）方法以及风险价值的计算模型。

风险价值模型主要有因素模型（零 VaR 度量、单因素模型、多因素模型）、资产组合模型和极值模型。在计算风险价值时，数量因素选择的原则应该根据风险价值的应用不同而不同。

在应用 VaR 技术进行资产管理时，经常用到的技术有 VaR 工具、增量 VaR、成分 VaR。对很大的资产组合进行风险分析时，经常采用局部估价和完全估价方法。为了避免模型风险，需要进行模型检验，回塑测试和压力测试是两种主要方法。

本章详细介绍了著名风险管理系统 CreditMetrics、CreditRisk＋、CreditPortfolioView 的原理与应用，最后解释了套期保值与分析管理。

问题与习题

1. 什么是金融风险和风险暴露？常见的金融风险有哪些？
2. 什么是风险价值（VaR）？相对风险价值和绝对风险价值的区别是什么？如何计算 VaR？
3. 计算 VaR 的合理模型应该解决哪些问题？
4. 风险度量标准应该具有哪些性质？基于分位数的 VaR 具有这些性质吗？基于标准离差的 VaR 在什么条件下满足这些性质？
5. VaR 的最大好处是什么？
6. 请解释各种风险价值模型。我们为什么需要这些模型？
7. 分别解释如何用零 VaR 度量、单因素模型、多因素模型、资产组合模型、极值模型等计算风险价值。
8. 计算风险价值时，选择数量因素的原则是什么？
9. 有哪些 VaR 工具？这些工具是如何应用在资产管理上的？
10. 对大的资产组合管理可以应用的 VaR 方法有哪些？
11. 为什么要对 VaR 模型进行检验？有哪些模型检验方法？请说明这些方法是如何进行的，它们有哪些应用？
12. 风险管理的基本步骤是什么？风险管理的策略有哪些？

参考文献

1. Marshall, John F. and Vipul K. Bansal, Financial Engineering, Allyn & Bacon, Inc. 1992.
2. Galitz, Lawrence, Financial Engineering: Tools and Techniques to Manage Financial Risk, Pitman Publishing 1995.
3. 约翰·赫尔著,王勇、索吾林译:《期权、期货及其他衍生产品(第7版)》,机械工业出版社2009年版。
4. Shreve, Steven E., Stochastic Calculus for Finance, Springer, 2004.
5. Brandimarte, Paolo, Numerical Methods in Finance, A Matlab-Based Introduction, John Wiley & Sons, Inc., 2002.
6. Jorion, Philippe, Value at Risk: The New Benchmark for Manage Financial Risk, 2nd edition (2001), McGraw – Hill.
7. [美]安东尼·G.科因等编著,唐旭等译:《利率风险的管理与控制》,经济科学出版社1999年版。
8. Stephens, John J., Managing Currency Risk Using Financial Derivatives, John Wiley & Sons, LTD, 2001.
9. AZEK/ILPIP,CIIA, Derivative Valuation and Analysis, 2013.
10. Wang, Anxing, Studies of Chinese Bond Markets: An Empirical Approach, Peter Lang, 2003.
11. 王安兴:《利率模型》,上海财经大学出版社2007年版。